创始人精神
中小企业如何应对黑天鹅

黑马学院 / 编著

中国科学技术出版社
·北京·

图书在版编目（CIP）数据

创始人精神：中小企业如何应对黑天鹅 / 黑马学院编著 . —北京：中国科学技术出版社，2020.5

ISBN 978-7-5046-8636-7

Ⅰ .①创… Ⅱ .①黑… Ⅲ .①中小企业—企业管理—研究—中国 Ⅳ .① F279.243

中国版本图书馆 CIP 数据核字（2020）第 062687 号

总 策 划	秦德继　顾　斌
策划编辑	申永刚
责任编辑	申永刚　陈　洁
封面设计	侯向晨
正文排版	锋尚设计
责任校对	吕传新
责任印制	李晓霖

出　　版	中国科学技术出版社
发　　行	中国科学技术出版社有限公司发行部
地　　址	北京市海淀区中关村南大街 16 号
邮　　编	100081
发行电话	010-62173865
传　　真	010-62173081
网　　址	http://www.cspbooks.com.cn

开　　本	710mm×1000mm　1/16
字　　数	325 千字
印　　张	20
版　　次	2020 年 5 月第 1 版
印　　次	2020 年 5 月第 1 次印刷
印　　刷	北京盛通印刷股份有限公司
书　　号	ISBN 978-7-5046-8636-7/F·891
定　　价	79.00 元

（凡购买本社图书，如有缺页、倒页、脱页者，本社发行部负责调换）

这次危难，我们靠什么走过来的？那就是我们的基因，请记住它。

　　　　　　　　——谨以此书献给全国中小企业的创始人

Sequence 序

重拾创始人精神

/ 牛文文　创业黑马集团董事长、黑马学院院长

人一生当中，碰到一次大的危机，既是不幸的，也是幸运的。

不久前，黑马城市学院的8个城市分院，其中包括武昌分院，400多位同学上课时，请我录了一段视频。我说："这场疫情对于每一个中小企业、每一家创业公司，每一名创业者，都是一次给自己带来基因记忆的考验。"

经过这次考验，公司就会获得一种独特的基因，它是一种难得的免疫力，留在公司最深层的记忆里。在将来，无论遇到什么风风雨雨，这种基因总会发挥作用。

与此同时，我们每一名创业者自身，经历这一次危机的考验，也会有一个大的飞跃。你会明白，创办一家公司，自身有那么多的责任、那么多的利益要照顾到，是多么不容易。

责任担当：创业者的"五伦"

在2020年2月1日的直播当中，梅花创投的吴世春导师讲了一句话："一个企业比一个家庭更容易破产。一个家庭碰到这种大灾难，可以向亲朋好友求助，但是中小企业、创业公司只能靠自己。"

❖ **创始人精神：** 中小企业如何应对黑天鹅

  大家记住这句话。无论企业大小，一旦变成创始人，变成创业者，我们身上的责任就是"终身无限连带责任"。"终身"，只要你创办这个公司，你的责任就是一直延续的；"无限"，很多人觉得办的是"有限公司"，其实不是，当你遇到事情就知道了，你的责任无限大；"连带"，这种责任有时候还会连带到你的亲朋好友。

  所以，我们说一个创业者，是一个背负了很大社会责任的人。尽管我们在企业界很弱小，我们是小人物，但是我们背负的责任不比大公司小。通过这次疫情，不仅我们这些黑马成员、这些创始人会清晰地认识到，社会也会认识到我们身上的责任。

  我们要平衡多重角色。这就是我之前说过的创业者的"五伦"——创业以后，一名创业者就会有五个伦理相关方：第一，你是创始人；第二，一定会找几个核心员工，就是团队；第三，你会融资，会有股东；第四，你会生产一种商品或提供服务，就会有用户或客户；第五，所有的企业不管大小，是处在一个现实空间中，会有当地的社区和政府。创始人、员工、股东、用户、政府，这五个方面都要照顾到，都要平衡好。

  此时，一切归根到底要靠我们自己。这段时间最考验一个创始人，你是不是身先士卒，是否想到了你的社会责任，是否已经做好所有的预案，是否走在了社会的前面、员工的前面、业界的前面、股东的前面。

  我们看到，这次疫情期间黑马实验室的导师们身先士卒，一方面在直播中给大家带来正能量，另一方面也第一时间直接捐助灾区。

  外冷内热的梅花创投吴世春导师，在春节这几天做了非常多的事，联合被投企业，捐助了价值100万元以上的物资，首批物资1万件防护服已经发往湖北。

  嘉御基金创始合伙人卫哲导师，捐赠了160万元，而且联合被投企业，采购了108万个医用口罩，通过一家基金公司发往湖北。

不惑创投的李祝捷导师，在2020年1月23日除夕前一晚发起火线驰援武汉的援助活动，三个小时就集齐了近170万元的爱心援助资金。

美年大健康的俞熔导师，捐出了总价值1800万元的检测试剂及医疗仪器，并派遣200余位医护人员前往武汉进行支援。

加华资本的宋向前导师，捐赠了150万元，还有大量的物资，包括医疗物品、食品饮料等。

黑马创业者们也是如此，春节前期，由黑马营第18期同学发起，第19期、第20期同学陆续加入善款筹集活动，共筹集了100多万元的善款。为了寻找靠谱、性价比高的物资，大家对接了全球29个国家，通过基金会支持了湖北等近百家医院。

另一位黑马创业者，也是我的实验室和俞熔实验室学员，聚陆医疗的许昌军，捐了价值500万元的医疗产品。其他行业的黑马创业者也都在积极行动，捐款、捐物资。

毫无疑问，面对疫情，我们所有的黑马创业者都面临着巨大的生存压力，但我们更要坚持自己的社会担当。这时候，创始人最重要的是搞定自己，既不能慌，也不能退缩。好在我们是黑马团队，数百位黑马导师和专家，1万多名黑马学员，还有更大数量的黑马会会员，我们是个大家庭，不管别人多么恐慌、多么孤独，我们是有力量的，我们能彼此传递能量。

在危机当口，唱响《坚持》，我们就找到了彼此。

自救：创业者的压力测试

这段时间，我们也找到了一些应对疫情危机的方式、方法，下面，我讲五个黑马学员如何坚持，以及如何自救的案例，希望可以帮助创业者，特别是黑

❖ **创始人精神**：中小企业如何应对黑天鹅

马同学们。

艾上AI-艾宾浩斯智能教育邓亚：普通创业者的预案能力

我们第一场直播的嘉宾是黑马营第18期和重度垂直实验室2期的学员，艾上AI-艾宾浩斯智能教育创始人邓亚。为什么是他？

那是2020年除夕，疫情恶化的消息刚刚爆出不久，大家都处于非常恐慌的状态。正当我还在紧张焦虑地思考该怎么应对的时候，我发现他们班级的群非常活跃，邓亚抛出了一个非常完整的疫情之后复工的方案，包括如何保护员工、如何面对成本压力、如何做好防护措施等，就是一个复工指南。同学们很高兴，我也很高兴，我对黑马同事说，让他给大家讲一讲，因为他已经有预案了。

一个创始人、一个创业者，在任何情况下，有预案和没预案是有很大区别的。如果有预案，你已经跟90%的人拉开了差距。创业过程中经常遇到想象不到的危机和考验，创始人要睁开"第三只眼"，在别人睡觉的时候，你就要思考假使有危机发生怎么办，这叫B计划（Plan B）。

我曾带黑马学员游学以色列，那里的创业者告诉我，以色列男孩有一个教育传统，一定要准备好"巴拉干"（希伯来语），就是一定要有B计划。以色列四面都是敌人，很多企业家和创始人一周上五天班，还要有一天去军队服役。他们说："我们要有'巴拉干'，要应对预想不到的混乱。"

邓亚做的是K12教育培训，平时话不多，相对有点内敛、羞涩，看上去不像洋溢着领袖魅力的人，但是他靠谱。疫情来了，线下活动不能搞了，大部分同行都歇业了，可他没有。他不但有开工预案，而且按照预案，从大年初二（2020年1月26日）就开始通过三次会议统一公司内部管理，考勤、绩效、早晚会、线上活动怎么做，全都明明白白。最终直播的时候，还拿出一个"艾·家计划"。

通过"艾·家计划",截至2020年2月15日,两三周内他的线上日活用户从4万名涨到了47万名,沉淀下了18万名线上学员,发展了30家加盟商,营业收入达500万元。

K12领域线下机构很多,大家一片哀号,都认为面临很大的危机。但艾上AI-艾宾浩斯智能教育三箭齐发,老师直播、学员日活、线上招商,两三周时间,为疫情之后储备了大量的师资、用户和加盟商。

这就是创始人的预案能力,不管公司大小,创始人始终要有B计划。

黑马实验室导师卫哲曾经跟我分享过他在担任百思买全球线下连锁店CEO(首席执行官)时的故事,他告诉我,作为创始人,不论大小、不论中外、不论行业,都必须有预案,不能等危机到来的时候才去想,一定要先别人半步。

我认为,尽管艾上AI-艾宾浩斯智能教育的邓亚看起来是一个"普通青年",教育行业中跟艾上AI-艾宾浩斯智能教育差不多规模的公司很多,但是从这一点可以看出来,他能脱颖而出。作为创始人,他有"预案力",这种预案力会形成整个公司的文化记忆,形成一种传承基因,让这个公司始终处于一种有备而来的状态。

松鼠AI 栗浩洋:主动、勇敢刺破危机的能力

2020年2月18日晚上,另一个K12教育领域的黑马也出现在直播当中,他是黑马营第12期的明星大师兄,黑马会副会长,黑马上海分会会长栗浩洋。栗浩洋的松鼠AI是K12教育领域的明星,从黑马出发,已经具有了较大的全球影响力,吸引很多国际顶尖AI科学家加盟。如果说邓亚是羞涩的人,那么栗浩洋就是一个"狂人"。

我清楚地记得在2016年黑马运动会上,有一个项目是有上百人一起比赛平板支撑,其中还有专业运动员,没想到瘦瘦弱弱、从未专门练过、那天恰好感冒的栗浩洋竟然坚持到最后,得到了年度冠军。当时,他那张趴在地上"咬

牙切齿"的照片，我认为就是他递给这个世界的投名状。他告诉这个世界，只要我想干成一件事，我就一定能干成。

松鼠AI的第一轮天使融资就过亿元，累计融资超过10亿元，年初账上还有资金3.26亿元。但是栗浩洋做出了一个决定：80%员工工资3.5折，可能持续5～6个月；核心高管零工资。这件事引起了轩然大波，很多人都在议论。

一个独角兽，一个创业明星，一个成功过一次的人（栗浩洋是上市公司昂立教育的联合创始人），模式先进，现金流跟其他同行比没问题，想要一鸣惊人有很多办法，何必冒天下之大不韪做这种事？

听了直播以后，我就明白了。凡是"疯狂"的人，他的另一面一定是细腻和精细的。栗浩洋做这件事确实很狂，可他是鲁莽吗？不是。

做这事之前，他做了大量的准备工作。在他开大会以前，已经让主管一对一摸底，然后提出了五六条细致的补充解决方案。因此，他在会上宣布这些内容就很从容。

如果说邓亚是个地派创业者，那么栗浩洋就是个天派创业者。天派创业者梦想很大，但是很麻烦的是要不断地融资，恨不得半年融资一回，甚至更快。因为这类公司一直是亏损的，而且开支很大，规模要迅速冲上去，最大的危机就是现金断流。栗浩洋没有现金流危机，他的实力很雄厚，想投资他的机构很多，他为什么还要这样做呢？这就是一种文化基因，一个创始人要提前主动刺破危机。

在邓亚身上体现的是预案能力，在栗浩洋身上体现的是主动、勇敢地刺破危机的能力。我们看过太多独角兽和天派公司，在市场好的时候疯狂扩张，恨不得一夜之间从500人发展到10000人，走廊里都是面试的人，但是到不好的时候，树倒猢狲散。因此，一个天派创始人应该有能力主动刺破危机，"如果连几个月的工资降低都接受不了，就不要跟着我干了"。

对于天派公司来说，钱并不是核心竞争力，更重要的是发展节奏的主动权。有时投资人上个季度还让你快点烧钱，下个季度就突然逼你赚钱。但是，怎么可能一夜之间从烧钱转变成赚钱呢？因此始终记住这一点，要把命运掌握在自己手上。

栗浩洋的案例给我的另一个启发是，一个创始人的"五伦"应该怎样排序？

马云曾说员工第一，用户第二，股东第三，但是也要看是什么样的员工，是否能共命运。栗浩洋这一次实际上是努力把用户放在第一。如果松鼠AI的员工通过了这次考验，我相信松鼠AI这家公司在文化底蕴上就拥有了两个基因：敢于迎接突如其来的挑战，并且可以主动应对危机。

众能联合杨天利：用社会责任建立与公众的情感联系

接下来是2019年黑马社群中新涌现的两个明星企业案例。整个2019年是资本的寒冬，但是有两个黑马创业者在这一年连续融资，天使轮、A轮、B轮，而且作为几个创业实验室的学员，每个实验室的导师都跟投，都想投。

这两个项目都是产业互联网中重度垂直创业者的代表，巧合的是两位都姓杨，一位是众能联合的杨天利，另一位是锅圈的杨明超。

听过黑马学院课程的人，都知道产业互联网就是重度垂直，每一个产业都值得重做一遍。怎么重做？最主流的方式有三种：第一种是像栗浩洋和邓亚，在服务领域里做用户、做社群；第二种是在一个细分产业里做供应链、做产业链整合平台，众能联合与锅圈就属于这一类创业公司；第三种是做自营品牌。

先说众能联合。众能联合的杨天利曾经是山东的一名公务员，但他不甘心做公务员，所以跑到南京去创业。他做的行业非常窄——高空作业机械。他做了一个平台，上游是生产厂商、设备所有者，平台通过协议把设备租过来，在全国开门店，面向下游，比如建筑公司、施工队，出租设备。两头都是针对商家（To B）的，中间做门店平台，包括需求数据分析及设备维修、整备、检测等，线上的App功能非常强大。

这种项目很冷门，普通人完全无感。但是，即使你做的是偏门、冷门，是中间产品，你都可以跟普通人联系起来。

杨天利就是用社会责任抓住了跟普通人情感连接的机会。疫情来了，建筑工地都停工，门店只能歇业，按道理这是最惨的日子。但杨天利非常敏锐，一方面，为了保证安全，他把门店关了；另一方面，他敏锐地感觉到一定会像2003年非典型肺炎疫情（以下简称"非典"）时的北京小汤山一样，修建大型专业医院，他做好了准备。

结果很快，武汉宣布要建设火神山医院和雷神山医院，需要全套的高空作业设备服务。他提供机器，出油钱、出人、出设备，免费把众能联合的高空作业机械拉到火神山和雷神山，不只是武汉，郑州和北京的工地上也都是众能联合的设备。

对一家创业公司来讲，这笔钱也是很有压力的，但这件事让我们看到了杨天利身上的情怀。

一个做高空作业设备的公司，整个生命周期有几次奉献大爱的机会呢？几乎没有。只有国家遇到大灾大难的时候，才有你的机会。但是遇到这种事情的时候，你是否知道挺身而出？这就体现了你的情怀。中国做工程机械的人太多了，但是当武汉疫情发生时，是我们的一家创业公司，一个黑马创业者——众能联合，冲到了前面，驰援了武汉，实现了自己的价值。

杨天利抓住了这次机会，为祖国奉献自己的爱心。因此，当你做该做的好事之前，要有准备，而且要坚决、果断。

我们说，创业家是冬天的孩子。普通人害怕冬天、害怕危机，但正如陈小华导师在直播中所说："对所有人都危险的危险不是危险，对所有人都是机会的机会不叫机会。"危机在我们这些创业者看来，也许就是上天赐给我们的机会。

锅圈杨明超：发挥模式优势抢占先机

另一个案例是锅圈的杨明超，他是一名小城市走出来的创业者。

杨明超来自河南省鹿邑县，总是一副穿着很不合身的大号西服的形象，肤色很深，说话很慢，但是力量很大。他过去开火锅店，又开烧烤店。中国每一个人都可以开火锅店，但是杨明超不一般。他的店火了之后，旁边冒出了很多家类似的店，他一看别人都在竞争，就不开店了，改去给大家的火锅店配食材、供材料。

这件事也没什么出奇，但是他进入黑马创业加速平台以后就厉害了。他把模式进行了平台化，认真地做食材连锁超市，把超市开在了小区门口，目前已经覆盖了8个省，3个直辖市，104个地市，667个县城。他开了170家超市连锁店，然后在门店基础上，又做了线上化的食材供应链。通过模式的迭代，把一家火锅店的商业模式做得极具特色，黑马实验室的导师李祝捷、卫哲等几乎全投了他一轮，后来的还投不进去。

在这次危机中，因为锅圈已经深入到社区，而且它又是送配料的，不产生直接接触，生意暴涨。2020年除夕（1月24日）的业绩比往年翻番，品类在快速扩张，线上生鲜配送平台也在快速扩张，服务器都不够用了。2月17日开工以后，他一下发出了978人的招聘启事，要在全国招人。

这些天来，我们听到了很多消息，说餐饮行业都完了，但是你看看锅圈，给我们上了一堂课：无论如何，你是可以有作为的，没办法也能变出办法来。

我特别喜欢看到小镇青年在冷门、偏门的产业里，坚持做接地气的苦活、脏活、累活。我们的好多导师气质跟我们一样。吴世春导师说喜欢投"小镇青年"，李祝捷导师说喜欢投"传统企业的聪明人"，还有刘纲、卫哲、宋向前、王岑等导师。几年以前，我们讲重度垂直，讲"天地融合"，但当时大机构都

❖ **创始人精神**：中小企业如何应对黑天鹅

喜欢天派项目、喜欢风口项目，这让我很憋闷。但是从2018年、2019年到2020年，我很高兴地看到主流投资机构大量投资了黑马。

杨明超也罢，杨天利也罢，我们都是"资本素人"，但我们是未来的主流。黑马的愿景就是"让创业者不再孤独"，让普通创业者提高成功率。把创业"素人"变成"达人"，把普通青年变成青年才俊，这就是黑马学院的价值。我天天做这件事，真的很开心。

黑奥秘吴庆辉：开源节流，带货为王

黑马营第17期学员吴庆辉，江西省南丰县林前村人。他的项目之前叫"再出发"，现在叫"黑奥秘"，做的是头发护理。黑马创业者中有很多是做美业项目的，黑马基金也投了几家，包括黑奥秘，人民对美好生活的向往可以从"美"开始。

吴庆辉的公司也是纯线下模式，全国有700多家门店，2019年营业收入达5亿元。危机来了怎么办？大家可以想象一下。现在美业不太乐观，做头发本不是刚需。吴庆辉的挑战更大，他的品牌刚刚升级，请了赵雅芝做代言，还在分众上打了广告，刚刚准备发力，可是疫情来了，怎么办？

吴庆辉做了两件事。

第一件事，700家门店全部关店。线下店不关，一旦出现疫情更加麻烦。这个动作大多数企业都会做。

关键是关了店之后，他做的第二件事。正是这件事，让他在闭店期间，业务不但没停，还有新的突破。

我很佩服吴庆辉这个创始人，进入黑马营第17期的时候，他是纯地派，我说，要搞线上，把模式升级一下。他主动出击，在此前的黑马同学中找到一个"生命中的IT人"，一起来做。在升级模式的同时，他组织了非常强的直播培训，建立了一个培训学院，组织503位店长和加盟商做测试，评出了113个优秀奖，然后教这些人如何利用抖音、快手、火山视频，做直播带货。

所以，疫情发生后，尽管关了线下店，但他们把全国的门店划分为五大"战区"，委任"司令员"负责培训、运营，店长们都做在线短视频直播，维护老用户。他们的用户社群也做得特别好，每天让大家梳头打卡，搞限时秒杀。门店培训不但不裁员，还加补贴。

3周下来，700家线下门店都关店的情况下，黑奥秘75%的门店每天都有收入，50家以上的门店单日销售额过万元。

关于吴庆辉的案例，我的感慨是：重度垂直、天地融合，一个地派创始人只要有心，进入产业互联网时代比传统的互联网人要快。因为，多数精英出身的天派创业者往往会觉得抖音带货丢人，不愿做苦活、脏活、累活。

我自己也是刚转过这个弯。江南春导师在2019年提醒了我：每个人、每名企业家，当他成为网红以后的最大责任，是给自己的公司带货。一个创始人本身就应该变成自己公司的IP。短视频是地派的机会，是小镇青年的机会，是最"土"的产品的机会。

实际上，以上这五个案例体现的是两堂创业课：一是重度垂直；二是创始人自我认知。实现重度垂直有三条路径，无论你是做服务、做自营品牌，还是做供应链，都能找到一个升级的办法，危机就是你升级的最好时机。

而在"搞定自己"方面，我想跟大家说一句话："一个创始人、一个创业者，在危机当口，要主动迎接挑战，主动刺破它，让属于创业者的机会迸发出来。"

创业者的三种角色

一个创业者，是三种角色的混合体。

首先,你是一个创办人,从无到有创办了一家公司。美国创业者特别喜欢把创始人的名字变成公司的名字,美国杜邦公司是杜邦创建的,戴尔公司是戴尔创建的,还有很多这样的例子。创业者要对自己作为创办人的角色有认知,创办人要有"杀手"气质,从无到有创办一家公司,不只是给公司起了一个名字,最重要的是第一个产品是你做的,前五个员工是你招的,第一批天使用户是你发展的,第一个投资人是你找的……你要有创办能力,一个人办公司,能做完70%的事。

很多创始人,尤其是天派创业者,喜欢搞明星组合,其实我并不提倡这个。你是老板,你是创始人,你创办了公司,你自己要在最危急的时刻能把公司救活,靠什么呢?就靠自身的"杀手"气质,能够一个人把事情干了。一个创始人不能虚到失去了创业的"手感"和"体感",不能什么事都依赖合伙人,尤其是你要知道你的用户是怎么想的,员工是怎么想的,对手是怎么想的,投资人是怎么想的。这次危机,把优秀创始人的"杀手"本质暴露无遗。

其次,你要变成企业主。什么是企业主?就是公司注册表里的大股东,甚至绝对大股东。好多创业者喜欢把大比例股权分给别人,搞一字并肩王,对此我不建议。的确,栗浩洋现在股份占比不高,但是他有控制力,掌握了投票权,我们的导师刘强东也是这样。这样的玩法需要有相匹配的本事,绝大多数人玩不了,也学不了。

作为一名企业主,意味着遇到灾难时你会是最后一个下船的"船长"。这个企业是我的,我是绝对大股东,我必须终身负责。船长精神就是企业主精神,即使别人都觉得没戏了,可你还得挽救,要是没有这股劲,就会树倒猢狲散。

最后,你是精神领袖。你要给公司注入一种基因、一种文化,这种基因和文化在你的企业做得很大、年头很长之后,依然不会稀释,这样的公司组织力很强。那么,这种基因是哪来的呢?就是在危机的时候形成的。所谓企业文化,就形成于企业对危机和灾难的记忆力。每次灾难中,要善于总结,把它提炼出来，变成企业文化的核心部分。

很多创始人喜欢把企业文化写到墙上，爱国、创新、敬业……这不是基因，这不叫文化。必须是你自己相信，员工也相信，那才叫基因。在你创办公司的过程中，经历了九九八十一难，你是靠什么走过来的，那个支撑你走向胜利的东西就是基因。

对于栗浩洋来说，危难时减薪，但员工都不走，基因就这样形成了。投资人一看，别人都快倒闭了，你还敢这么干，而且还能把别人的市场接过来，自然会为你投资。

吴庆辉也是，700家门店，一夜之间都关店了，75%的门店还赚钱。哪怕公司再土，都要有救命的法子，门店不开，就把店开到抖音上去，这就是基因。

这次危机，给我们一个机会，更深刻地理解创始人的五个伦理关系和三种角色。在危机之下，我们看到了栗浩洋这个"狂人"背后的细腻以及他对企业的掌控力，看到了邓亚身上的预知力，看到了杨天利身上的社会责任感和品牌敏感性，看到了杨明超创造的新商业模式的力量，也看到了吴庆辉和他的团队的顽强生命力。

我们创业者，要把这场仗、这场疫情看得时间长一些，把困难想得足一点，把疫情危机当成激发我们创始人精神的一个机会，把它变成提取公司基因的一个场景，让我们的公司不但活下去，而且在危机过后爆发成长。

我们会让中国社会变得更美好一点，让所有身边的人都因为我们的创业变得更好一些。

目 录

Contents

序　　重拾创始人精神/牛文文

开篇　从"公益直播"到"共生计划"——中国创业者的危情
　　　自救行动 /002

应对篇　积极自救 /007

1　创始人心态——正视与直面危机

1.1　中小企业生存压力巨大，只能靠自救 / 吴世春（梅花创投）/010

1.2　如果活不过三个月，请先"卧倒" / 李祝捷（不惑创投）/018

1.3　疫情炼狱，坚持下来的你必将更强大 / 刘纲（深圳市创新投资集团）/026

1.4　最大的挑战不是疫情，而是存量博弈 / 江南春（分众传媒）/035

2　健康开工——在线办公的必要准备

2.1　疫情下如果必须开工，请做好以下五点 / 常兴龙（薪人薪事）/048

2.2　疫情之下，"健康"开工之法 / 邓亚（艾上AI-艾宾浩斯智能教育）/055

2.3　凝聚人心才能向死而生 / 吴志祥（同程集团）/061

经营篇　生存下去/069

3 在线办公——工具的选择与高效实用

3.1 钉钉、企业微信、飞书，数字化工具到底该怎么选？
/ 金宏洲（e签宝）/072

3.2 数字化办公可快速提升50%的人均单产
/ 后显慧（三节课、TeamMark）/079

3.3 线下业务线上化转型的痛点与难点 / 袁文辉（小鱼易连）/088

3.4 想提高远程办公效率，先学习这些"军规" / 乔迁（印象笔记）/094

3.5 如何提高云办公的协同效率？ / 李瑞阳（上上签）/099

实操小贴士：

如何利用互联网工具高效办公和构建私域流量体系？/陈鹏（联拓数科）/104

4 开源节流——合理开源、合法节流

4.1 疫情下，我的现金流告急怎么办？又该如何融资？
/ 李涛（文康律师事务所）/107

4.2 营销获客和服务的全流程在线化与数字化 / 史彦泽（销售易）/114

4.3 疫情下，不懂这些"钱规则"只能坐以待毙 / 姚宁（易后台财税）/122

4.4 疫情期间，我能不能不付租金或者少付租金？
/ 陈洁（文康律师事务所）/129

4.5 疫情期间，裁员合不合法？工资应该怎么发？
/ 郭春明（天津华盛理律师事务所）/136

4.6 西贝和盒马的员工共享之法 / 祝挺（校聘、猎聘、勋厚人力）/140

4.7 疫情下，企业如何享受国家财税优惠政策渡过难关？
/ 顾永明（中税集团）/146

4.8 企业如何借助IT资产管理开源节流？ / 胡祚雄（小熊U租）/152

目 录

5 数字营销——回归用户、重构关系

5.1 疫情之下，离开"用户"这两个字，我们什么也不是
/ 韦凯元（设计思维商学院）/161

5.2 疫情之下，企业如何靠抖音和快手自救？/ 徐扬（微播易）/167

5.3 疫情之下，如何重构营销体系和客户关系？/ 罗旭（纷享销客）/173

5.4 ToB 企业如何实现客户互动的全流程在线化？/ 黄金（易企秀）/179

5.5 新营销成为疫情下的"救命三节课"/ 李博（乐天电商）/183

实操小贴士：
找到 2020 年占据客户心智的新品类 / 唐十三（品类咨询）/188

6 模式升级——从物到人重构商业模式

6.1 企业如何构建自己的"免疫系统"？
/ 潘定国（艾佳生活、环保水圈、五格货栈）/192

6.2 活下去，成为"数字化基础设施"/ 陈小华（到家集团）/198

6.3 产业互联网如何赋能？/ 王国彬（土巴兔）/206

6.4 假如从此我们不再拥有办公室 / 贾伟（洛客设计平台、洛可可创新设计集团）/211

行业篇 共克时艰 /217

7 消费趋势——托底经济，场景重建

7.1 吹哨经济，三条军规，消费服务抗疫守业 / 宋向前（加华资本）/220

7.2 面对疫情只有一个字：打 / 王岑（消费王、BV 资本）/228

7.3 小众市场也有大生意 / 邵俊（德同资本）/236

7.4 不要指望报复性反弹，餐饮业想自救得靠它 / 孔令博（奥琦玮）/242

8 连锁商业——转战线上，生态共荣

8.1 从濒临破产到逆势上扬 / 孙来春（林清轩）/252

8.2 持续打造跨越功能到情感的爆品 / 司德（泡泡玛特）/260

8.3 疫情之下，健康产业更需砥砺前行 / 张贺锋（天亿集团）/266

9 教育和互联网服务行业——敢为人先，刺破危机

9.1 教育行业创业者的危机自救指南 / 宁柏宇（蓝象资本）/274

9.2 疫情下学生上课时长实现 8 倍增长，我是如何绝地反击的？
/ 栗浩洋（松鼠 AI）/280

9.3 音乐人在线工作的时代机会 / 陈华（唱吧）/288

后记

疫情期间，黑马企业接连逆势融资 /293

❖ 创始人精神：中小企业如何应对黑天鹅

开　篇

从"公益直播"到"共生计划"

中国创业者的危情自救行动

与全国人民同步，面对新型冠状病毒肺炎（COVID-19）疫情，中国创业者打响了两场没有硝烟的战役：一场是救人——支援抗疫前线；另一场是自救——让自己的企业活下来。

中小企业、创业公司担负着中国50%以上的税收、60%的GDP、80%以上的城镇劳动就业，随着疫情的暴发，线下门店基本全部停业，大量订单退订，他们面临巨大的挑战。

2020年大年初一（2020年1月25日），创业黑马董事长、黑马学院院长牛文文在自己的微博上表达了对疫情下中小企业生存状态的担忧："面对疫情，创业企业自己还很弱小，但社会责任与家国情怀并不小。普通人的目标是自己和家人健康活着，创业者则是一边要救人，一边要自救。"

随着疫情的不断扩大，人们的担忧也越来越重。在这种情况下，黑马创业者社群率先行动起来，在联合黑马导师和更多创业者捐款、捐物驰援武汉的同时，他们于1月30日通过创业黑马旗下产业加速云平台"黑马大学App"发起大型公益直播活动"战疫情"，积极展开自救行动。

借由社交媒体和网络媒体的传播，很快这一行动就在全国广大中小企业经营者当中引起巨大反响，并吸引各创投机构、媒体服务乃至创业公司纷纷效仿，成为中国创业者应对疫情，进行自救并彰显社会责任的一面旗帜。

让创业者不再孤独

截至2020年2月28日，公益直播活动前两期共持续了30天。正如牛文文在直播中所说："我们一起做了一件有意义的事情，让中小企业不再恐慌、不再孤独，让大家感到温暖；更重要的是，我们找到了一些方式、方法，应对疫情危机。"

"战疫情"直播活动每天都会邀请1~2名企业家、投资家、黑马创业者与行业专家，在线分享应对疫情的创业实战经验，帮助创业者定策略、降损失、积蓄力量。2020年2月11日以后，为了更有针对性地帮助创业者，黑马大学App还上线公益"在线问诊"，邀请行业专家来分享远程办公、财税、组织、法律等方面实操经验，并进行一对一辅导，为创业者找到问题的最佳解决方案。

在直播中，分众传媒创始人江南春、58到家CEO陈小华、洛客创始人贾伟等企业家导师，梅花创投创始合伙人吴世春、加华资本创始合伙人宋向前、不惑创投创始合伙人李祝捷等黑马实验室导师，以及松鼠AI创始人栗浩洋、设计思维商学院院长韦凯元等黑马大师兄，累计48位嘉宾进行了在线开讲或问诊。其内容覆盖教育、大消费、餐饮、娱乐、企业服务等近20个行业，以及人力、财税、法务等多个重要领域。

在2020年2月1日吴世春以《中小企业生存压力巨大，只能靠自救》为题进行的分享中，他从行业与趋势认知、战略转型、团队调整等方面，帮助创业者梳理出一套清晰的"战时"应急框架。仅报道稿件就在全网获得近百万阅读量，100多家微信公众号转载，4.9万人分享到朋友圈。很多创业者在i黑马和创业家公众号的后台留言称，找到了方向，收获了鼓舞。

优质的直播内容赢得了用户的积极反馈。截至2020年2月28日，公益直播视频全网累计播放量达1417.77万，最高一场播放量为138万。

这些直播内容也吸引来了新浪财经、凤凰财经、百度App、咪咕视频、腾讯看点、同花顺、Wind、创客猫8家媒体平台的合作，他们对公益直播活动做了重点推荐。

借助直播，创业的相关认知与资源对接活动突破了北京、上海、广州、深圳一线城市的创业圈层，深入到遍布全国的二、三线城市当中。凭借创业黑马上市后在全国30多座城市的探索与布局，这次直播内容直接下沉并触达中小企业老板聚集之处。他们坚持参与学习、交流，同时也促进了不同城市相同产业之间的互帮互助与资源联动。

创业服务的"在线时代"

中国创业者社群的形成，可以追溯到2008年"创业家"杂志社的成立。经过十多年的发展，中国创业者们已经在线下构建了全世界规模最大的创业生态圈，以黑马社群为例，数百位黑马导师和专家，1万多名黑马学员，还有更大数量的黑马会会员，构成了一套完整的信息、资源、资本的创业服务供应链，也形成了一个具有极大丰富性的内部市场。

在疫情当中，线下业务的滑落促使大家全面转向线上，当中国创业者们在网络上团结起来，一起来做生意，互相救助时，同样也迸发出了巨大的力量。

"战疫情"直播活动中形成的优质直播内容，不但增加了黑马社群的用户黏性，也延伸出新的交易场景。在每一次直播结束之后，都会有一个以行业或业务为主题的创业者社群成立，通过资源对接、业务合作等形式，促进大家的自救与共生。黑马社群中以"一亿中流""产业重做""重度垂直"等为代表的黑马创业知识与价值体系，成为这些创业自救活动中的指导原则，赢得了更多的关注与认可。

随后，许多基于互联网组织形态的新形式创业相关服务产品出现在人们的视线当中。创业黑马在2020年2月25日推出了"黑马企业共生计划"：精益黑马大学直播课、上线"黑马商圈"小程序、启动"CEO直播带货季"、免费开放企业远程办公平台等一系列活动上线，这场中国创业者的自救活动有了更多的内涵和外延。

精益黑马大学直播课：这是一种更加聚焦的直播形式，一方面以垂直行业为切入点，滚动上线行业解决方案直播课程；另一方面，由实操型导师教练带来各家"一招鲜"直播课程，旨在系统化帮助创业者寻找突围路径。

"黑马商圈"小程序："黑马商圈"小程序基于对社群开放的1W+创始人资源。黑马会会员、黑马学院学员可以在"黑马商圈"上找合作、推业务、卖产品等；非黑马社群创业者可以在平台上申请与发布需求的黑马企业合作。

"CEO直播带货季"：创业黑马邀请黑马会会员、黑马学院学员自荐或推荐，一起来严选好项目，在黑马大学App线上直播，共享产能、共享合伙人、共享渠道、共享资质等，而且在直播过程中，还邀请知名企业家、投资人导师在线连麦点评，让创业者为自己代言，老板对老板直销。

企业远程办公免费服务：创业黑马联合三节课、印象笔记、小鱼易连、销售易、易企秀等在线办公平台，为黑马创业者赠送免费体验福利，帮企业降低运营成本。

这些网上活动，打破了时间、地域、场景的诸多限制，让更多的创业者能够即时获得导师面对面授课的机会，解决实际问题，开启了在线企业培训的新常态。

疫情正在改变整个中国社会的商业与组织生态，也将改写有关创业者的信息生产与传播方式。对中国每一个中小企业、每一家创业公司及每一名创业者来说，这将是一次深植基因记忆的考验。

应对篇

积极自救

❖ 本次疫情对中国社会经济造成的冲击远远大于2003年SARS("非典")。对于广大中小企业来说,无论如何,损失已经产生了,此时更重要的是从危机中获得历练与成长:作为创始人,要变得更勇敢、更冷静;作为创业团队,要变得更有凝聚力和战斗力。

创始人心态
正视与直面危机

保持积极 — 消极的人在没有疫情的时候也是消极的,而积极的人看到的永远是升级、改进、进步和迭代。今天,靠的就是创始人不怕死的那股劲,而不是看各类新闻。

别　　慌 — 一旦慌张,你做决策的错误概率会加倍。创业者要有一个强大的心力,才能够稳定军心。创业者应该把每一次危机都当作一次历练,团队和组织形态要随时做更好的迭代和优化。

仁者不忧 — 明确企业的长期使命,短期的讲困难,长期的讲蓝图,合伙人才能拧成一股绳。

1.1 中小企业生存压力巨大，只能靠自救

在所有组织里，企业是最脆弱的。如果一个家庭破产或负债表上的负债很多，它可以通过长时间的还债来修复负债表，但一家企业的负债表过于恶化，这家企业就会消失。

口述 | 吴世春【黑马实验室导师、梅花创投创始合伙人】
整理 | 马继伟

01 认知篇：穿行在"地狱模式"

2019年年初，王兴说过一句话："2019年将会是过去十年最难的一年，也是未来十年最容易的一年。"他是个预言家。我本以为2020年只是个"困难模式"，谁知道现实的挑战是"地狱模式"。

这场疫情的影响已经远远超过了2003年的非典型性肺炎（以下简称"非典"）。现在线上线下网络的发达，使得疫情传播得比原来更广，给整个社会造成如同海啸般的影响。每一个创业者必须深刻认识其中的影响，才能做出正确的决定。

我的总体判断有以下几点：

1）这场疫情的影响时间可能会超过三个月。

这意味着至少一个季度，很多行业是没有收入的。这将给很多行业带来巨大影响。对于很多中小创业者来说，这些影响是不可逆转的创伤。如果一个家

庭破产或负债表上的负债很多，它可以通过长时间的还债来修复负债表，但一家企业的负债表过于恶化，这家企业就会消失。

在所有组织里，企业是最脆弱的。因为一旦员工拿不到工资，军心不稳，整个团队就会很快丧失战斗力。因为，相比国家还能继续收税，家庭还能继续还债，中小企业是当下最容易受伤的一个群体。

2）社会的恐慌心理造成的损害要远远大于实质性的疫情损害。

基于恐慌，大家可能会减少出门消费，减少其他经济活动，这将导致社会消费和经济活动的收入大幅下降。接下来一些行业，一季度甚至半年的收入都会下降。但刚性成本，像税收、房租、人员工资是不可能降低的。整个社会的消费水平下降，将打断或冲击很多原有的经济链条。

3）过度的社会动员造成的资源消耗也非常大。

现在，很多人的时间都用在群防群控上，过度的社会动员会造成资源的过度浪费。

4）大灾大疫之后，整个社会经济可能有衰退风险。

如果这场大灾大疫之后，国家没有诸如大幅降税、大幅减租、银行保持持续的续贷，整个社会经济可能有衰退风险。这个风险比"非典"加贸易战对中国的影响都要大。

导师观点

当大危机来临，创业者应该怎么办？

（1）提高我们对危机的认知力，提高应对危机的心力。

（2）认知清楚，才能决策正确，才能转危为机。

（3）创始人心力强，才能稳定军心，才能顺利转型。

（4）跑赢同行，你的微观努力，能够部分抵消很多宏观上的影响。很多行业都会出现"剩者为王"。在这次危机中，有些体质比较弱的企业可能会消失。

（5）制订出清晰的2020年目标。生存和保住份额是2020年的目标，而不是盈利。

> （6）丘吉尔说过一句话：不要浪费一场好危机。也许这个危机是你脱颖而出、跑赢市场的一个转机。所以，创业者要把危机变成转机。

哪些商业模式会遇到比较大的挑战？所有面对面接触的行业，比如旅游、航空、餐饮、线下教育等，都会受到比较大的影响。南方的春节素有花市传统，很多从业者一年的收入就靠春节花市这几天，突然之间，一场疫情把一年的期望和一年的收入都化为乌有。而滑雪场全年肯定是亏本的。这会连带性影响链条上下游的从业者、线下供应商，甚至会打击到房价。

哪些商业模式会有所利好？所有能够线上化、IP化的行业，都会被看好。所有跟健康、医药相关的行业，都会被看好。例如，电商、短视频、在线游戏、社交、VR替代的旅游将迎来利好。《王者荣耀》于2020年除夕（1月24日）当天的收入达到了历史最高峰，有20亿元之多。无人配送、无人机行业也将迎来利好。我对私人医生和一些医药行业也极度看好。同城的跑腿服务、同城物流，也会迎来比较好的机会。

危机中，哪些商业模式会演进和分化？直播和很多行业的结合会加速，比如直播相亲、直播教育、直播健身。梅花创投投资了一个黑马学员，他做的是直播健身，最近的数据也很好。线下便利店、生鲜电商接下来会有很大的分化。能够提供更高质量的产品、更好的组织方式、更快物流的生鲜，会迎来很好的发展机会。

02 心力篇：稳住自身与团队心态

对于每一个中小企业、每一位创业者来说，除了提高对疫情和行业的认知力以外，还需要有一个很强大的心力。一旦慌张，你做决策的错误概率会加倍。创业者要有一个强大的心力，才能够稳定军心。创业者应该把每一次危机都当作一次历练，团队和组织形态要随时做更好的迭代和优化。因此，这次疫情对创业者的坚定性、团队稳定性是一个巨大的考验。如果创业者能够赢得这场考验的最终胜利，将会得到市场巨大的奖赏。

> **导师观点**
>
> ### 如何稳定自身和团队？
>
> （1）立即开展全员就地工作，为疫情之后积蓄势能。
>
> 首先，高管需要统一思想。黑马成员经常唱的一首歌叫《坚持》。坚持就是胜利。在这样一场大危机面前，高管要统一思想，把公司对于危机的认识，对于"坚持就是胜利"的认识传递下去。如何稳定自身和团队？
>
> （2）让全员尽快进入工作状态。
>
> 一年之计在于春。一个企业和组织一旦闲的时间过长，非常容易军心涣散。所以，不能停下来，不能闲下来。企业必须保持一种不断打胜仗，积小胜为大胜的状态。有些不能面对面开展的工作，就需要远程协作，必须确保每一位员工都能在线，保证工作状态，哪怕做一些线上的客户回访、客户服务，或者做一些漏洞的修复都行。
>
> （3）创新业务模式。
>
> 现阶段，一定要考虑多使用直播和短视频的方式进行获客。直播可能改变很多行业，短视频可能成为很多行业获客最主要的手段之一。
>
> （4）在工作中，多使用远程工作软件，确保在家的工作效率可量化。
>
> 现在，远程工作软件有很多，像钉钉、企业微信、飞书和华为云（WeLink），都非常成熟且稳定。
>
> （5）公司一定要成立防控小组，关心全员身心健康。

> 我们在履行企业责任的同时，也要履行社会责任。一些非关键岗位，可以通过兼职人员和外包来做。现阶段，公司一定要减员增效，不能再增加额外的人员了。
>
> （6）调整组织结构。
>
> 调整组织结构可以释放员工的潜能，我们可以适当下放经营权。小单位负责制是一个抵御大灾大难的重要方式。在大危机下，阿米巴制度会让公司变得更加有活力。

联产承包责任制就是最小的阿米巴。推行联产承包责任制，化整为零，把公社变成一个个小家庭，每个人都会为自己的那一碗饭去负责，积极性和主动性就调动起来了。

我们需要关注每一个阿米巴组织的销售利润，控制住运营费用，关注每一个小组织的业绩目标和更小颗粒度的考核指标。

很多创新来自发挥员工的积极性。我们要让每一个员工都变成火车头，而不是车厢。通过充分调动员工的积极性，我们做创新和业务的优化。把降低成本纳入到员工的考核里，与员工的业绩、激励挂钩。这样，企业的成本会降下来，"跑冒滴漏"会被控制住。

如果企业的业务碰到巨大挫折，应该往哪个方向转型？

大危机之下，去满足人们的基本需求是非常重要的。当下，有哪几种需求？

第一，机器替代。机器替代就是避免人员的参与和干预，能够用软件和机器去替代原来需要人工作的场景和环节。机器替代包括泛机器人，像无人机、工业机器人、智能AI和人工智能软件都是机器替代的一种方式。

第二，刚性需求。刚性需求是维持人们基本的生活、娱乐和企业运转所需要的需求。衣食住行、企业运维、企业获客等都是刚性需求。

第三，口红效应。在经济不景气的时候，"口红效应"也会变得很明显。

第四，线上替代，或者远程替代。远程替代人去现场，这类产品和服务将会大行其道。

03 战略思考力篇：迅速盘点现金可用月数

对于创业者来说，现在要考虑哪些核心关键指标呢？

（1）迅速盘点危机时现金可用月数

假如疫情延续3个月、5个月甚至更长时间，收入突然降为0，公司还能运转多长时间？如果账上的现金可用月数超过18个月，是非常安全的；超过12个月是相对安全的；超过6个月是处于危险边缘的。如果公司账上资金只能维持3个月，则处于危机之中，需要立即裁员、降薪。

公司还需要关注应收/应付账款，争取降低公司的应收账款数额，把应收账款尽量收回来。公司还应该积极地跟上游沟通，争取更长时间的账期。创业者应该在账期上下大功夫。大危机下，公司应该跟上下游一起协商，获得上游更长的账期，减少下游应收账款的占用，保障企业安全。

（2）提高线上化收入比例

有多少业务可以依赖纯线上去获得收入，去完成业务？多少业务必须依赖面对面的线下交付，需要跟客户接触才能够完成？线上化率是一个非常重要的指标。对于很多企业来讲，需要提高线上化收入比例。

（3）提高业务的IP化能力

一个企业IP化的能力有多强，抵御危机的能力就会有多强。我们需要更加注重建设企业的品牌，包括专利、知识产权、私域流量等的建设，像企业公众号、企业抖音号、企业快手号、企业B站号，都要如火如荼地建设起来。

（4）尽快创新业务模式

在这次危机之后，资本市场给予纯SaaS软件的企业很高的估值。原来10倍PS的估值模型，会提高到12~15倍的估值模型。因为在抵御危机的时候，SaaS特别有效。资本市场将给予IT化率很高的商业模型非常高的估值。

（5）创新组织模式

刚提到的阿米巴加合伙人制度就属于创新组织模式，把公司的部门组织结构的颗粒度变得更小，将经营权下放，激发组织的活力。

04 沟通力篇：短期极度看空，中期谨慎乐观

最后，分析一下疫情之后，资本市场的融资情况会是什么样。

这次危机之后，融资市场短期极度看空。对于很多投资人来讲，首先要判断接下来好不好募资？二级市场有什么影响？二级市场的影响会不会很快传导到一级市场？可以预见，整个A股将会进入一个相对低迷的状态，甚至可能重演千股跌停。

短期内，一级市场，不管是天使投资还是风险投资（以下简称风投），都会看空。接下来，三个月以内，融资事件会减少。

如果融资，我建议关注以下顺序：第一，确定性；第二，到账速度；第三，融资条款，不要对赌、不要回购；第四，融资金额；第五，估值。首先，在这个时间节点，创业者不应该在估值上纠结。其次，创业者需要多种渠道开始融资。除了正常的风险资本还要继续跟进，创业者可以考虑一些债权，从政府申请一些补贴和引导资金。面对投资人，创业者需要有更好的应变能力。现在，观望的投资人比较多，创业者需要见更多的投资人，才能遇到欣赏你的投资人。

中期来讲，谨慎乐观。在危机中，验证自己生存能力的企业，会迎来一波比较好的融资机会。虽然2019年市场整体的募资比2018年少了很多，但大部分风投手上还是有钱的。从五年、十年视角来看，中国还是处于几百年来罕见的上升通道中。

资本对于创业项目的判断标准会发生一些变化，由原来重视现金流，变成更加看空重资产的模式。资本会对像人员工资、房租、设备租赁等这些成本占比过高的重资产模式更加谨慎。资本对组织的灵活性会有考核，希望公司的组织能够有小组织和活力。

资本会更加关注业务收入里的线上化率和IP化率。线上收入越多、IP收入越多，资本越会给予企业更高的估值。资本对于创业项目的判断标准，会发生一定程度的偏移和变化。对于梅花创投来讲，我们主要还是看人，看你对于认知力、心力的成长认知。

面对这次大危机，所有人面临的困难是一样的，如果你能跑赢同行，一定

会"剩者为王"。就像"非典"成就了阿里巴巴，把刘强东从柜台逼到电商，这次疫情也一定会成就一批新的创业者。

危机是你赶超同行的好机会。

Q&A 黑马问答

Q 黑 马 业务模型是不是都要搬到线上？如果有线下交付，如何降低疫情带来的交付？

A 吴世春 我觉得不是每一种业务模型都能够搬到线上，但可以把业务模型里的一些环节搬到线上，比如客户培训，可以用远程方式进行技术支持。再比如客户关怀，也可以在线上完成。如果线下交付必不可少，我们尽量把线下交付的环节减到最少，先把预付款做好，尽可能采取会员制预收的方式，获得收入。

Q 黑 马 原本现金流很吃紧的创业公司，如何面对这次疫情带来的打击，守住现金流的生命线活下去？

A 吴世春 裁掉部分不必要的员工，高管降薪，加强对应收账款的催收，转变收入模型。活下去是每一个创业者的重中之重。

Q 黑 马 餐饮行业和旅游行业怎么破局？

A 吴世春 2020年，餐饮行业不用想了，只是亏多亏少的问题。旅游行业也很难。但我们投的一些旅游行业项目，是给景区提供SaaS化服务的，这种企业的收入还是比较稳定的。需要依赖人去实际场景消费的餐饮和旅游，受到的影响比"非典"时期还要大。

1.2 如果活不过三个月，请先"卧倒"

创业者通常都很忙，忙到没有时间反思，现在终于不得不停下来了。当疫情让一切静止，每位创始人都应该反思，深度思考之前无暇思考的关键问题。

口述 | 李祝捷【黑马实验室导师、不惑创投创始合伙人】
整理 | 马继伟

01 不虚度疫情，不浪费寒冬

先聊一下"非典"和新型冠状病毒肺炎疫情（以下简称新冠疫情）的异同点。古今中外，防疫最核心的点是物理隔离，最好的防疫方法就是让所有人待在家里阻断病毒传播，这改变了很多用户习惯。就两次疫情的相同点来讲，都加速了很多业态从线下往线上转移。"非典"触发了京东商城和淘宝的上线，如今的电商巨头都是从那个时候起步的。携程从电话销售公司转成在线旅游公司（OTA），"非典"结束的当年，火线美股IPO。此次疫情，让在线卖生鲜、在线教育、在线办公、在线娱乐都迎来一波强劲的增长。

那么，两次疫情的不同点是什么？

1）"非典"覆盖面没有新冠疫情那么广泛。"非典"主要影响的城市是广州和北京。新冠疫情覆盖的城市更多。

2）新冠疫情时间更长。"非典"从2003年二三月份发酵，1个多月后进入平台期。5月气温回升，"非典"就过去了。而新冠疫情于2019年12月底开始有感染案例，春节期间发展成为一个非常严重的公共卫生事件。

3）2003年，中国的GDP是约11.7万亿元，增速为9%～10%。受"非典"影响，Q2经济增速降低接近2个百分点，Q3、Q4就恢复到10%。2003年的中国经济是一个青春体，好像一个年轻人，受到一点点挫折，但在高速成长中，并没有受到特别大的影响。2019年，中国的GDP约为100万亿元，增速为6%左右，增速已经降下来了。现在，中国经济更像一个中年体，即便新冠疫情影响一个百分点，但整个国民经济的损失将达到1万亿元。

当时，中国有一个可以媲美改革开放的事件——2001年加入世界贸易组织。2003年，城镇化也刚刚开始。北京东四环的房子均价才五六千元一平方米。今天，中国成长为世界第二大经济体，第一波城镇化已经完成。现在经济的修复能力和上升动能没有2003年充足。

4）从行业影响来看，2003年，"非典"推动中国互联网公司从C端向线上化转型。2020年C端的线上化已经完成，新冠疫情期间从需求侧的在线化转向供给侧的在线化和数据化，B端的不少业务也开始线上化。

因为疫情，大家不得不在家办公，在线办公协同变成一个很大的需求。最近，大家频繁使用钉钉的在线会议系统、腾讯视频群会议等。在线教育也是典型的受益行业。爱奇艺和哔哩哔哩等线上娱乐在美股的走势创了新高。新冠疫情是催化剂，它会加速这种趋势。无人行业迎来春天。远程诊疗的用户习惯也正在改变。

此次疫情带来的负面影响也有目共睹。例如，旅游、餐饮、酒店以及线下消费的购物中心等线下业态都受到巨大的冲击和影响。没有人能想到今年的电影贺岁档、元宵节档、情人节档都没有了。

我们将新冠疫情的影响归纳为三类：直接负面、直接正面、正面和负面复杂交杂。直接负面、直接正面已经提到了，我重点讲一下正面和负面的复杂交杂。理论上，大家认为企业服务正面提升，但通过实际调研，我们发现很多企业服务公司都受到重大打击。那些需要去大客户那里做本地化部署的企业服务公司深受其害，因为现在没有人敢出差，而客户也在砍预算。前面提到的在线办公，是明显的受益行业。

虽然线下业态受疫情影响严重，但偏民生刚需的消费连锁，如果多美、锅圈等社区便利店的收益是增长的。锅圈卖几百种自有品牌的火锅食材。疫情期间，店里的货常被一扫而空。虽然也是线下业态，但贴近社区，便利老百姓的刚需消费，反而迎来增长。

从疫情影响周期来看，有些影响是临时性利好，有些是长期利好。在线游戏最近比较火，但会长期火吗？疫情总会过去，大家总得要回去上班。但一些线上业态有了留存以后，用户可能养成了在线习惯，比如在线办公也许以后就会成为传统办公的补充。

总之，所有行业、所有人在当前的危机中都不得不躬身入局，或多或少有些损失，或多或少在贡献自己的力量。

我想告诉大家的是，不要虚度疫情，不要浪费寒冬。

> **导师观点**
>
> **不浪费寒冬，创业者应该做什么？**
>
> （1）复盘反思。平时，大家都忙，忙到没有时间反思、复盘。这时候，每家创业公司都应该反思，可以反思一些平常不能思考的问题。例如，行业有什么趋势和变化？你所处行业的壁垒是什么？核心竞争力是什么？如何构建核心竞争力？你还可以思考一下战略。什么是战略？战略就是不做什么，只做什么。战略决定了一家公司的生死。
>
> （2）升级认知。现在还有升级认知的时间点。如果认知不升级，公司未来也跑不出来。我们需要利用疫情，来学习进步，提升认知。
>
> （3）优化产品。有很多C端、B端的公司，平时没有时间停下来去看看产品好不好，有无可以改进的点。此时正是时候。
>
> （4）优化管理。是否可以调整管理架构、优化组织架构、改进运营？这段时间会是非常好的优化时间。
>
> （5）组织建设。公司的企业文化是什么？组织应该怎么搭？决策机制需不需要调整？创始人都可以在这段时间思考。

> （6）培训学习。磨刀不误砍柴工。这段时间，创始人可以加大行业研究的力度，组织员工学习，对业务进行培训，对销售话术进行提炼。

02 疫情之后，供应链与线下连锁行业如何调整方向？

供应链的重要性相信大家都有深刻体会。例如2020年春节期间，口罩怎么买都买不着，这是一个典型的爆发式需求，一个无法被预测的突发需求。即便需求再大，如果供应链搞不定，也等于零。

疫情对供应链平台赛道产生了非常大的影响。例如，某些城市的蔬菜批发市场要往更远的郊区迁移或被关停。这些关停和外迁，意味着后续交易都会被转到线上。

专业供应链对各行各业的影响越来越大。专业的医药供应链平台九州通接手武汉红十字会仓库，最快可以2个小时完成分发。这就是专业供应链的价值。各行各业整合成一个或几个大平台，这是一个非常确定的趋势。我们看到了几个趋势：

1）各行各业的供应链，未来一定会被线上化。

2）未来各行各业的供应链平台龙头公司，会更好地为我们调配上下游资源，连接需求端和工厂端的生产。

3）数字化。行业零售端、流通链条都完成数字化后，才能通过数据做运营，替代人脑做决策，决策进什么货、不进什么货，往哪儿匹配，最终变成IT系统去分发。这样，整个行业的效率才能够提高。

4）自动化。供应链端完成平台化、线上化、数字化，工厂端再完成工业4.0，工厂可以根据需求端的变化自动化生产。最后，通过中间强大的供应链平台，迅速满足需求端的变化和趋势。

大家可以看一下美国的对标公司，都是市值几百亿美元的公司。我们可以预计在供应链平台行业，中国一定会出现数以百计的百亿美元的上市公司。在完成高效分发过程中，我们也在帮助中国制造高效生产以及平抑市场物价和满足市场需求。这是创业带给市场的东西。

下面，谈一下我对线下连锁行业的建议。虽然线下连锁行业遭到非常大的打击，但疫情终将过去，无论是3个月还是12个月，线下终将还会有人流，线下行业终将面临重建和再生产。未来，线下连锁行业重新开业需要做哪些调整？我们总结了以下几点：

1）注重线下的独特体验。例如，在迪士尼乐园，小朋友和年轻人都会玩到尖叫，非常高兴，因为迪士尼乐园能够为用户提供独特的体验。疫情过后，它还会人满为患。只有独特的体验，才能保持非常好的用户黏性。反之，没有线下独特体验的业态，都会消亡，都会被取代。提供独特的新体验，是线下连锁行业必须要做的事情。

2）重点关注新人群。我们一直在说没有人关注银发族。有一家卖足力健的老年人鞋的公司照顾到了他们的需求和体验，在线下有很好的生命力。同样，也要有服务小镇青年的业态。年轻人被康师傅、冰红茶"教育"，从小喝糖茶长大，所以现在他们喝的是喜茶、奈雪，是水果茶。喜茶、奈雪抓住了机会。

3）一定要做好线上化。线上消费和线下消费可以完成闭环。现阶段，如果餐馆没有外卖产品，只能关门了。如果有外卖，餐馆至少还有一定的收入。如果你是开服装店的，能够在线直播卖货，疫情期间依旧会有生存、增长的机会。

4）社区便利化。线下连锁服务一定要贴近社区，贴近终端用户群，提供更好的产品和更触达用户的服务。

5）多维商业模式。目前，西贝或眉州东坡这样的餐饮公司面临非常大的压力。它们如何进行多维的商业模式？除了做外卖，如果早一些意识到这一点，他们有品牌、粉丝、用户群，便可以做很多事情。例如，某个做南京盐水鸭的餐饮品牌，它把招牌菜做成可以电商化的产品。这是一个多维的商业模式，可以进行跨业态的商业合作。业态越丰富，收入也会更多元。

无论对供应链公司还是对连锁型企业，我们总结了一句话：用制度去驱动事，用文化去驱动人。做事情要靠制度去驱动，要靠体系、靠组织去驱动。但面对危机，创始人必须要靠文化驱动人。文化就是仁者不忧。创始人要思考一下仁德是什么，以及使命、愿景、价值观是什么。

同时，这也是考验核心团队的重要机会。核心团队永远是剩下来的，永远是少数人。这时候是考验核心团队的重要时刻。这也是真正考验业务骨干和合伙人的机会。所以，创始人在心态上首先要做到仁者不忧。

创始人不要盲目乐观。我在跟所有CEO连续开电话会议时强调的第一点就是，不要盲目乐观。虽然悲观者往往正确，乐观者才能成功，但现在，盲目乐观的人最先死掉。疫情过后，到达彼岸的只会是少部分人。

如果对此次疫情你只做了3个月的打算，肯定是错误的。你的预期过于乐观了。预期6~12个月才是正确的。创始人要考量一下，如果6个月没有收入，公司能不能活下来？如果12个月没有收入，公司能不能活下来？这也是知者不惑。创始人要知道做什么样的极端预测。

创始人要忘掉融资，忘掉资本输血。2020年上半年的资本市场，我可以明确告诉CEO不要指望，除非一些公司基本面特别好。大部分投资公司都在自救，照顾好已投的公司。下半年要不要指望？下半年肯定出现马太效应。一些好的公司会跑出来，资本会投它们。知者要全力自救。

但与此同时，创始人也不要畏惧，首先要做好自己，不慌不乱。战略上，创始人必须藐视困难，战术上不能忽视困难。这不是你一家的困难，只要熬下来，未来胜利的天平就会倾向活下来的公司，这些公司就会得到青睐。创始人要确保自己能活下来。"勇者不惧"的前提是，要让公司一定能活下来。

熬到什么时候？熬到可以冲锋的时候。能冲锋时，创始人要敢于参与进来（All In），敢于抓住机会。有些行业就是"剩者为王"。千团大战，美团熬下来了，最后"剩者为王"。疫情之后，如果你还活着，账上还有钱，执行力还在，一定要勇于冲锋。一定会有一波公司，在疫情之后收割市场。大的波折之后，大公司一定会出现。

> **导师观点**
>
> ### 知者不惑，仁者不忧，勇者不惧
>
> 现阶段，我想和创始人分享三句话：知者不惑，仁者不忧，勇者不惧。这三句话出自《论语·子罕》。创始人在心态上应该做到这三点要求。
>
> 仁者不忧，即有仁德的人不会忧愁。为什么这句话很重要？一个企业需要有使命、愿景、价值观。创始人要明确企业的长期使命。短期，企业怎么度过危机？创始人要跟团队所有人讲困难。而长期，创始人要和所有人讲使命、愿景、价值观，讲未来宏伟的蓝图。创始人有仁德、使命、愿景、价值观，所有人才能拧成一股绳。
>
> 知者不惑，即智慧的人不会被迷惑。怎样才能不被迷惑？首先，创始人必须把做与不做搞明白。在这个基础上，创始人要力争提高自己的决策水平。做好关键决策，比如如何进行业务转型，门店关还是不关。一定不要虚度疫情，一定要顺应业务往前变化。转，是转向平台化还是转向B2B2C，还是往上游转。这时候，创始人要做好关键决策，要记得"办法总比困难多"。
>
> 勇者不惧，字面意思是勇敢的人不会畏惧。创始人面对危机不能慌，怕也没有用。此时只能往好的方向看。

03 明确目标、明确预算、明确行动

最后，和大家分享一些具体执行层面的建议：明确目标、明确预算、明确行动。

（1）明确目标

调整正确预期，现在关键绩效指标（KPI）只有一条——活着。活得越久，越接近成功。

（2）明确预算

我们的方法论是做各个版本的极端情况模型。如果3个月没有收入会怎么办？如果6个月没有收入会怎么办？如果12个月没有收入会怎么办？做3个月没有收入打算的公司，大部分会死掉；做6个月没有收入打算的公司，可能百分之七八十会死掉；做12个月没有收入打算的公司，大概率能够活下来。12个月的极端模型会倒推出公司应该干什么、团队应该干什么。

（3）明确行动

测算了3个月、6个月、12个月三个极端模型，公司已经知道应该做什么，剩下的就是行动。如何行动？我们将其分解成以下关键词：降本增收、进化、卧倒、收割。

关键词一：降本增收。

"非典"时期，携程的业务量极度萎缩，有很多电话座席员没有事干。怎么增收？携程用电话座席员帮助招商银行推销信用卡。这样的案例还有很多。例如，眉州东坡在社区门口卖菜；西贝把员工调去跟盒马生鲜合作。这样，可以挣一份收入养活大家。我们自己投的一家酒店公司，把酒店变成了一个可以睡觉、办公的场所。现在已经有了一些订单。

关键词二：进化。

进化就是利用疫情倒逼自己进化。老业务能不能换新引擎？此次疫情对所有公司都是一次倒逼。该早转型的逼你转型；对新兴产业、新兴模式犹豫观望的逼你进场。

关键词三：卧倒。

一个公司怎么算都活不过3个月时，这种情况下，创始人可以卧倒。疫情之前，我们投了一家公司，投入几百万元。这家公司的商业模式不太对，烧了一半的钱。创始人和我们共同回顾了一下，停掉业务，遣散员工。卧倒将近3个月，创始人又找到了一个新方向。共同讨论之后，我们觉得值得一试，又重启项目。卧倒相当于先休眠，等有机会，东山再起。

关键词四：收割。

活过12个月以上还有"子弹"、还有人的公司，可以在某个时间点进入市场，在市场里冲锋。竞争对手都消失了，这些公司就有机会收割市场，成为大公司。当然，这是少数人的机会。但是机会永远属于少数人。

1.3 疫情炼狱，坚持下来的你必将更强大

创业是创业者和企业的修炼之旅，疫情则是对创业者的大考。此时，企业家及企业可以选择五个方向进行修炼：系统思考、自我超越、心智模式、共同愿景和团体学习。

口述 | 刘　纲【黑马实验室导师、深圳市创新投资集团执行总经理】
整理 | 胡　漾

疫情是一次大考。很多线下生意受到重创，比如春节档电影票房断崖式下跌；而线上办公迎来利好，飞书、腾讯会议、钉钉等办公软件被广泛使用。

在海啸般的疫情和不断传播的恐惧、焦虑情绪中，创业面临的关键考验是什么？我认为有两个层面，一层是企业家自身，另一层是创业组织。

从另一个角度来看，疫情也是修炼创业者人性和组织系统能力的一次机会。

> **导师观点**
>
> **疫情对企业家和企业的最大的考验是什么？**
>
> 对企业家来说，疫情最大的考验是意志力、认知力、决断力和行动力。
>
> **意志力：** 企业家的意志力，可以用一句话来总结：我们不可能不恐惧，但要战胜盲目的恐惧，要保持理性的恐惧。在人云亦云的疫情中，坚定的意志力可以避免自乱阵脚。

> **认知力：** 企业家要能在纷繁复杂的信息中抽丝剥茧，洞察本质，看到趋势。
>
> **决断力：** 企业家要勇于承担责任，迅速采取果断行动，在关键点上做出决策与选择。
>
> **行动力：** 企业家要以高度的组织性、严格的纪律性，表现出超强的执行力，以此应对危机。
>
> 从组织层面来说，疫情最大的考验是组织的系统能力。无论是公益组织还是企业组织，组织的响应规划、动员组织、生产作业、供应链、销售链、服务链的能力强，才具备强大的系统能力，从而抵御重大危机。

01 疫情下的五项创业修炼

首先我们来看企业家的修炼。我个人认为，对于创业者来说，有两种能力非常重要。

第一，抓住问题本质的能力，即在纷繁复杂的信息中快速抽丝剥茧，了解全局，理出核心问题。例如，疫情暴发之初，能不能快速把握到切断传染源这一关键，以最快的速度封城，以最大的力度隔离传染源，能不能围绕这一点对疫情做出前瞻性的判断，看到后续的发展和演变，预先做好应对准备。

第二，决断力。企业家能不能主动和果断地采取措施，采取措施后能不能执行到位，并承担起相应的责任。例如锅圈，在疫情暴发时，在跟有关部门充分沟通的情况下，社区生鲜店持续营业，供应链备货充足。最后它的生意不仅没受影响，反而在增长。从中我们也看到餐饮业的一个机会，线下就餐的模式是不是可以变成售卖后厨处理好的菜品？如何把握家庭厨房的机会？

《第五项修炼：学习型组织的艺术实践》中提到了五种提高企业家及企业

自身能力的方法。

（1）系统思考

对疫情的判断，最重要的是认知能力，是系统思考能力。什么是系统思考？基于整体，既能够看到事件的关联性，又能看到它的渐变形态，以系统和动态的视角看问题。

自疫情暴发以来，我们一开始只看到一个点、一个区域的暴发，后来看到了它的全局性，看到了对企业经营活动产生的系统性影响。很多人发现，供应链是个"卡脖子"的环节，还比如信息的沟通系统不完善，在口罩、消毒水、双黄连抢购潮中，你还没反应过来，口罩就脱销了。这反映出信息的断裂和分散。未来有没有可能沿着这个方向，找到解决断裂点的信息沟通系统呢？这是我们可以投资的方向。

（2）自我超越

受疫情影响的很多企业被迫转线上，有人说这很难，实在不会。但我们必须认识到，创业者必须要有一种超越自我局限的能力。

锅圈杨明超能很好应对疫情，为什么你就不能呢？优秀企业家的经营管理能力来源于什么？除了来源于他的创业实践，还来源于他的持续学习和自我超越。如果你不能超越自己，别人就会超越你。

导师观点

如何进行自我超越？

（1）要建立起个人愿景和个人理想。理想越高远，动力就越强劲。

（2）保持你的创造性张力，创新的活力和弹性。在疫情中，有的人躺在家中不想动，但有的人在夜深人静、独自一人时去跑步、阅读、思考，这就是活力。

（3）要看清结构性的冲突，只有看清楚内心的矛盾结构，才知道朝哪个方向超越。要看清楚自己的能力，即长项和弱项是什么，才知道怎么去超越。

> （4）要诚实地面对真相。企业家的决策风格分为四种：极大极大值、极小极小值、极大极小值、极小极大值。极大极大值和极小极小值是指看最乐观和最悲观，极大极小值和极小极大值则是指两方面都看到，是更诚实地面对真相。
>
> （5）运用潜意识。例如，清晨5点的时候突然醒来，潜意识会帮助我们把过去没有关联性的认知瞬间连接起来，从而实现认知突破。

（3）心智模式

什么叫心智模式？它是根植于内心的一种思考和认知，是判断的倾向性，心智模式决定你的行为方式。它影响你对周围事物演变的认知，你是偏积极还是偏消极，你认为自己能搞定还是不能搞定，以及你采取很多行动的假设。

如果我们拥有过多消极的假设，或者过多的成见和不良印象，消极的思维定式会反映到决策上。这也是为什么在疫情中，有的人极度焦虑、消极应对，有的人则看到危机中的机会。

丘吉尔说："不要浪费一场好危机。"心智模式直接影响我们创新的动力程度和强度。如果我们不能调整自己的心智模式，消极的前提、假设、成见会让你无法突破自己，找到创新的方向。

黑马深蓝实验室第2期学员鼓坊的创始人、Pearl（珍珠）鼓形象代言人陈坤明，曾经谈到要做在线音乐，但一直没下决心。在这次疫情中，鼓坊团队在技术和内容都是零的情况下，只用了9天的时间急速搭建了Zumpus云课堂平台，在这种急速的战略调整下，以及团队的高速适应下，目前销售课程1000多套，创收30万元左右。刚开始直播课程，就有500人在线观看。

（4）建立共同愿景

要有远大的理想，这是让人深受感召、深受鼓舞的力量，它能构成组织、企业和群体的精神支柱。共同愿景是企业在经营过程中形成的共同远见、共同价值观、共同企业文化。共同愿景越强大，越能够抗击危机。

如果没有共同愿景，在应对挑战时，企业从基层员工到中层、高层就很难达成共识，也很难有活力、动力与组织同进退。

我们正好利用这段居家时间，从过去盲目和烦琐的事务性工作中解放出来，可以通过远程会议、头脑风暴来密集沟通，思考一下企业的共同愿景。企业少则一起创业三年，多则一起创业十几年。之前是什么样，现在是什么样，十几年以后我们又会怎样？大家作为一个小群体，能不能为自己创造一个更好的未来？敢不敢一起去付出？

（5）团体学习

个人认知的提升，不足以提升系统的能力。企业既要有个体的学习能力，也要有团体的学习能力。疫情中很多企业面临着数字化和在线化的挑战，如果不能够形成自上而下和自下而上的学习能力，一定会面临人才瓶颈。你可能会说可以招人，但招的人能不能迅速融入，成本能不能控制得住，都是问题。

企业领导人和每一个团队成员，内心必须有一种理念，就是没有什么事情能难住我们，因为我们有强大的学习能力。

企业要做在线化的产品，创始人自己不懂，只依靠别人的话，这肯定会出问题。你可以找专业的人，但你还应该卷起袖子，与专业人员一起钻研，在钻研的过程中，你是最重要的体验者，你是超级产品经理。当你把事情搞透了，专业人员才能够根据你洞察出的核心需求创造出好产品。

创业最终是自己为自己负责，如果你不能够为自己负责，也不能期望别人为你负全部责任。你不承担100%的责任，没有100%的投入，别人怎么可能会为你投入呢？

最后小结一下，疫情是对创业者的大考，创业是创业者和企业的修炼之旅，企业家及企业进行修炼有五个方向：系统思考、自我超越、心智模式、共同愿景和团体学习。

02 疫情后投资的变与不变

疫情改变了很多，很多业务出现了拐点。传统生意面临冲击，产业互联网的进程加速了。中国正在大踏步跨入到在线化、数字化、智能化时代。与之相关的业务，比如在线电商、网红营销、连锁店在线化、餐饮产品化、家庭厨房、在线娱乐、在线教育、在线知识付费、在线办公、柔性生产、产业互联网和人工智能等，都有巨大机会。

（1）具体的改变

1）心态的改变。很多人从原来忙忙碌碌的心态中，突然意识到健康、家庭、亲人、朋友是最重要的。相关的需求瞬间被引爆了——更健康的食品、更安全的环境；而不良的生活习惯，如过去城市中心嘈杂的菜市场，都要从城市搬出去，会由窗明几净的连锁超市所替代。

疫情让大家突然发现岁月静好、生活非常重要，和人民群众对美好生活向往相关的产业和行业的重要程度被提升起来。心态变化导致需求排序发生变化。

2）医疗和大健康行业将持续走强，绿色无污染的行业会更受欢迎。

3）抖音、直播、超级传播者等社群、自媒体商业成为常态。线上营销变成了企业必须做的一件事，无论是生产型企业，还是线下企业，能不能系统规划线上营销，发展线上流量，将会成为未来能不能抢占先机的一个要点。

4）远程办公、在线办公、智能办公迎来利好。我们的工作将会变成一个系统，全面进入数字化、在线化。

5）更为深刻的大趋势是疫情加速了中国全面进入在线化、数字化、智能化时代。黑马"战疫情"公益直播就是非常典型的教育培训在线化、数字化，全网直播在线人数最高达100万人，在线化大幅度放大了影响力。我们相信，经历过两次病毒疫情的洗礼，我们的国家治理能力，以及全社会、机构、企业的治理、运营及创新能力必将迈上新的台阶，我们将会有机会构筑国家、社会、组织与企业的在线化、数字化与智能化生态体系，疫情防控、灾备、医疗服务、食品安全、媒体、政府治理体系、社会动员体系、商业系统等都将会通过在线化、数字化、智能化改造，变得更加完善、科学、先进，中国必将站在新的历史起点，迎来新的未来。

（2）不变的内容

1）中国创业正处在一个最好的时代的特征和创业的红利没有变。

中国新旧动能转换与"一带一路"带来的产业升级与全球化机会还在，创业扶持政策还在，青年与高知创业者还在，投资人与资本市场还在。

2）创业投资的根本逻辑没有变：关注选手与赛道及其结合模式。

选手：我们要投资有坚定的意志力、超强的认知力、优秀的行动力和鼓动力的创业团队；要投资有自我学习和自我修正能力的创业学习型组织。

赛道：我们要投资代表新需求、新消费人群、新科技手段、新生活模式、新生产模式的优秀赛道。

3）资本市场改革、开放和持续发展的趋势没有变。

科创板、创业板注册制改革发展不会变，疫情结束后的新的上市与IPO行情不会变，资本市场的持续发展趋势不会变。

4）天使投资、创业投资、股权投资向专业化、纵深化、规模化、生态化发展的趋势没有变。

一段时间来，股权投资行业此消彼长、进进出出、大浪淘沙，但是投资的专注、深耕、生态发展特点及与区域结合发展的态势不变，长期行情不会改变。

5）大部分投资机构短期之内的融资难和投资趋紧的状态不会变。

03 疫情之后与投资人沟通之法

（1）当下投资机构的情况

1）就目前的时间点来看，大部分机构处于停摆的状态。

2）当下投资机构更加关注投后管理，无法现场办公，大家更多地通过案头工作、远程办公、视频会议、头脑风暴来交流、讨论和解决创业公司遇到的问题。

3）投资机构正在研究疫情之后投资的特点、策略、节奏、阶段、风格和偏好。

我们要把握机会和投资人进行沟通，提出我们应对的方法、未来长期的发展趋势。如果能获得投资，就继续引进投资；如果不能融资，就要勒紧裤腰带，先自我发展。

（2）企业家和投资人的关系

创业者和投资人建立什么样的关系也很重要，两者之间有以下四种关系：

1）短期的投资人。有点像"露水夫妻"，如Pre-A投资，项目上市完投资人就退出了，这是一个阶段性的现象。

2）阶段性的合伙人。大部分投资人都是你的阶段性合伙人。不管是天使投资、创业投资还是股权投资，都有一个特点，那就是都会在某个阶段进入，在上市后的某个阶段退出。

3）恩爱的夫妻。投资人对你的团队和产业有非常深度的理解与认可，在这种关系中，创业企业和投资者之间有很多协同与合作。

4）灵魂伴侣。最高境界就是双方从一开始到最后都是持续的、紧密的战略伙伴关系。

关系类型不同，投资的策略不同。一般而言，细分领域或生态类别的投资人，更加容易和创业者、创业企业形成恩爱夫妻和灵魂伴侣的关系模式。

疫情也给大家一个启示，就是创业者与投资人签订的投资条款中，不可抗力条款和风险共担条款非常关键，这是应对危机非常重要的先手。我们看到，有很多小企业、小生意者租了商场和铺面，现在问题出现了，没有签订不可抗力条款，就可能要独自承担房租损失的全责。

（3）吸引投资人

疫情一定会结束，投资也会重新启动，最后谈谈怎么吸引投资人。

1）企业创始人进行意志与能力的修炼。完善、提升和展示创始人自身的愿景与意志、激情与梦想、认知与决策、行动与激励等各项品质与能力，打通任督二脉，是吸引投资人的关键。

2）抢占优质的赛道。发现趋势、引领趋势，抢占新需求、新消费人群、新科技手段、新生活模式、新生产模式的优秀赛道。

3）根据企业自身的优势和劣势，找准定位，发掘亮点，进行企业转型与模式升级。

4）优化团队，组建顶尖团队，打造创业英雄。以理想、价值观、共同愿景吸引人才，形成一个战斗力强的有机团队。

5）打造学习型组织，构建系统能力，提高执行力。

6）整合优势资源，优化发展模式，提高项目门槛。

7）和投资者做朋友，进行深度的沟通，引进最顶尖的投资人，引进懂你的投资人。用自己的团队、意志、理念、模式、应对措施去打动投资人。

每一次危机后都潜伏着机会，每一次拐点都是一个新的机遇。不要浪费危机，马上行动起来，开展创业修炼。决定你最终高度的并不是现在，也不是你的起点，而是你在拐点的选择。这次疫情就像一场炼狱，坚持下来的你必将更强大！

> **导师观点**
>
> **作为创业者，此时应该如何和投资人沟通？**
>
> （1）坦率面对。如果想要获得融资的话，要坦率地把自己的情况和困难跟投资人讲。
>
> （2）拿出应对行业格局演变、竞争对手的行动方案。
>
> （3）进行全员的动员和关键团队的动员，要有一些具体行动。

1.4 最大的挑战不是疫情，而是存量博弈

五年之后我们回看这次疫情，应该是中国经济的一个分水岭。消费市场将加速二级分化，企业也将加速分化。还在每天想价格战，在中低端市场血拼的企业，利润会加速下滑，生意会越来越难。

口述 | 江南春【黑马实验室导师、分众传媒创始人兼董事长】
整理 | 分众传媒

2020年到了，一场突如其来的疫情终于让我们懂得，"2020"其实就是叫我们"归零归零"。

疫情期间我写了一封信给分众传媒的同学们：刚刚过去的一年，可能是过去五年中最具挑战性的一年，这说明中国市场高速增长的红利已经结束了，我们被市场推动不断向前发展的十五年红利期已经结束了，未来十年，中国市场依旧会充满机遇，但我们要依靠主动成长才能赢得增长。

2019年是最挑战的一年，也是过去十年对中国企业最有转折意义的一年。就像阿里巴巴参谋长曾鸣教授说的："容易赚的钱没了，往后大家都得做更辛苦的事。"

2020年开春，一场突如其来的疫情使整个中国经济遭受了前所未有的剧烈冲击，看看微博、微信，我觉得企业界的忧虑指数在提升，恐慌的气氛似乎也在漫延。

大家都知道，疫情终将过去，那背后挥之不去的不安到底来自何方呢？为此我分享一下我在疫情期间的五点思考。

01 2020年最大的挑战是什么？

第一个思考：2020年最大的挑战是什么？
我的答案：不仅是新型冠状病毒肺炎疫情突袭。

我认为这是一个暂时的黑天鹅，而人们对长期经济问题的担心开始逐渐超越疫情。

从2019年起，中国企业界就进入了一个流感时期，并且极具传染性。这次流感的背景是2019年有两个红利结束了。

一个是人口红利，变成了人口焦虑，按照目前人口出生趋势，25年以后，中国可能只有七八亿人口，而且中国进入老龄化。

另一个是流量红利，变成了流量焦虑，移动互联网的使用人口和使用时长已到极限，没有增量了，移动互联网进入了下半场，流量成本会遏制不住地持续上升。

所以，我们进入了一个存量博弈的时代。

> **导师观点**
>
> ### 存量博弈时代有何特征？
>
> 存量博弈时代有两大特征：
>
> 第一是创新不断，模仿不止。
>
> 中国每年诞生的专利数在全球是第一位的，中国人的创新力是很强的，但中国人模仿力更强，只要你创新了什么成功的东西，其他人就会像鲨鱼闻到了血腥，大家都往这里游来，蓝海迅速变红海。
>
> 这使得创新带来的时间窗口期变得很短，三个月、六个月至多不会超过一年，所以同质化是一种必然，特别是在消费市场。
>
> 存量博弈又缺少增量，同质化越来越严重带来的结果就是第二个特征：大多数企业都是量价齐杀。
>
> 许多人原本认为我可以率先降价取量，结果是大家争先恐后被传染似的竞相降价。价格战、流量战导致许多利润越来越薄，甚至大面积亏损，这是企业界的流行病。

这次新型冠状病毒肺炎疫情中企业遭受大量损失，业绩崩盘，之后一定会有更大的清理库存、跳楼杀价的行为发生，并且无理性无底线。我认为这才是众多企业家心里挥之不去的不安和恐惧，但同时我也看到，在这个时代强者恒强，真正在营收和利润上持续跑赢行业的永远还是那些大品牌。

02 疫情过后，企业会怎么做？

第二个思考： 疫情过后，企业会怎么做？
我的答案： 大部分头部企业和头部品牌借机扩大市场份额。

疫情对大多数企业都带来很大的冲击，有大量企业面临生死存亡问题，许多企业的现金流熬不过几个月。但优秀的头部企业其实在干什么呢？都憋着劲抢反弹，扩大份额。

中国作为全世界最大的消费市场，这个消费规模会因为疫情发生颠覆性的改变吗？显然不会，关键是你在你的行业中是跑赢了大盘，还是淘汰出局了？市场占有率是扩张了，还是下降了？

例如，中国高端绿茶第一品牌竹叶青，春茶经销商会因为疫情无法召开。面对疫情，竹叶青立即推出了各主题宣传，告诉大家竹叶青精选于峨眉山600～1500米高山茶区，只用明前茶芽制成。抓住每年明前茶的节点，进行大规模宣传。

其实大家经历过"非典"都知道现在是非常时期，多喝绿茶，多喝高山明前绿茶，不仅有抗氧化的特性，还有杀菌消炎的特性。

非常时期要敢于出手，把危机转化成商机。

疫情对各企业的影响不同，竞争格局有可能发生变化，战略节奏也会发生变化，有创新能力、有差异化价值、现金流能够支撑的企业其实想要发力，想借机抢夺竞品推出后腾出的市场空间。

我最近和不少头部企业的领导们进行电话交流，最大的体会是，他们认为有危机来、有寒冬来不可怕，会帮忙清扫市场，他们较为统一的观点是：各行各业接下来是小公司全面离场，头部公司大投入扩张份额，品牌集中度会大幅上升。

所有竞争性的市场中总有有雄心的公司抢先同行，提前一步抢市场、打品牌、占份额。

其实骨子里真正优秀的创业者都是乐观主义者，所以企业在好的市场中是万马奔腾，在逆境中就会有人一马当先杀出来，这时候比的不仅是创始人的智力，更是心力和定力。

分众传媒在"非典"期间的启示就是：危机对于有雄心的人永远是战机，每一次危机的产生都是改变市场格局的机会。

> **案例**
>
> ### 2003年"非典"期间分众传媒的逆袭
>
> 2003年，分众传媒创业的第一年就遇到"非典"。在"非典"刚开始的时候，就有人提醒分众传媒要收缩业务，但江南春没有，因为他看到了一个非常大的趋势和机会。
>
> 这个机会就是中国的城市化。建造楼宇之后都要有电梯，没有电梯城市根本无法运转。电梯是城市化的基础设施，虽然电梯媒体全世界从来没人做过，但江南春相信它一定会成功。
>
> 而且他还看到了一个重大的机会，当时他已从事广告业十年，但感到没有人要看广告。他发现只有在电梯这个独特的必经的场景中，消费者才会主动看广告。
>
> 所以他把过去十年累积的5000万元一次性投入（All In）进去。由于此时只有支出没有收入，分众传媒等于自断退路，全公司每天灯火通明奋斗到午夜。
>
> 2003年5月，正当分众传媒的资金即将枯竭时，在同一楼层办公的投资机构软银决定投资分众传媒。随后，"非典"过去了，分众传媒迎来了中国城市化的黄金时代，一举覆盖了中国80%的优质楼宇，成为中国第二大媒体集团。

03 谁能带领你在未来胜出？

第三个思考：谁能带领你在未来胜出？

我的答案：品牌化。

中国商业战争的核心要素在过去的40年当中发生了三次重大的改变。

40年前短缺经济，广东人最会赚钱，"三来一补"什么都能造、什么都能模仿，他们在生产端、研发端最厉害，所以那时首富都在广东。

那后面的日子当中，浙江人越来越厉害，宗庆后先生成了首富。他可以把一瓶营养快线卖到几百万个网点，买到中国的千家万户，在这个时候你可以发现渠道端变得最重要，渠道为王。

又过了10多年，大家发现天猫、京东出来了，消费者想买一个品牌而买不到的可能性变得非常小，天猫、京东、淘宝上什么都有。

在这种情况下影响消费者决策因素的是什么呢？你会发现渠道端的优势点多面广不像以前那么重要了，而在生产端以前是短缺经济，现在变成了过剩经济。

所有东西都过剩，买一瓶水有很多种选择，买一辆汽车有很多种选择，当你面对这么多选择的时候意味着消费者主权的时代到来了。

在这个时候商战的根本是：打赢消费者心智之战。

每一个品牌在消费者心智中都必须回答一个问题：你如何用一句话说出你的差异，说出选择你而不选择别人的理由？

这个时候整个商战已经转向了消费者的心智端，你在消费者的心智端相对你的竞争对手如何占据优势位置？

在商品过剩时代，在消费者主权时代，企业的竞争力是什么？是品牌认知。因为有认知才有选择，你跟竞争对手必须形成最有利于你的差异化，构建品牌认知优势。

许多企业的问题是：我的产品很好，为什么卖不掉？

你做好了产品，管好了成本，铺好了渠道，但你依旧卖不掉，因为你都在管企业内部，而真正消费决策在外部，在消费者心智当中。当你的产品优势不能转化为消费者的认知优势，你就卖不掉产品。当你在消费者心智中不具备与竞争对手相区别的品牌心智认知，那么你陷入价格战、促销战、流量战只是时间问题。

企业经营通常喜欢马上见效，什么能马上见效呢？要么搞促销，要么拉流量。所以大家销量一不好就促销，后来就不促不销，促多了就越来越无感，而且企业利润越来越低，陷入恶性循环。还有的企业喜欢搞流量、短视频、直播等，每次直播都是全网最低价，短暂高潮之后，是更长时间的疲软。拉流量、搞促销都是短期见效的，但解决不了企业的长期发展。许多人宣称流量是一切生意的本质，而我觉得品牌赢得人心才是生意的根本。流量只是品牌赢得人心的结果。

淘宝为什么有流量？那是因为消费者认为他是万能的淘宝。天猫为什么有流量？因为消费者认为品牌旗舰店都在天猫呀。京东为什么有流量？因为他保证100%正品，而且送货快，上午的订单下午就到。苏宁为什么有流量？因为买家电到苏宁，线上线下家电销量第一，苏宁自己有十万名售后服务工程师。唯品会为什么有流量？因为他是一个专门做特卖的网站，名牌打折上唯品会呀。

流量是品牌赢得人心的结果，我们要避免本末倒置。

你要买最体现尊贵身份的汽车找奔驰，你要最有驾驶乐趣的汽车找宝马，你要买世界上最安全的汽车找沃尔沃，你要买卖二手车找谁？瓜子二手车呀，因为没有中间商赚差价。

这就是消费者心智端的条件反射，好的品牌可化为标准、化为常识、化为不假思索的选择。所以说，只有品牌深入人心，才是持续免费的流量，品牌力才能提升流量的转化率，品牌势能才能带来产品的溢价能力。

从同质化竞争中突围的核心在于产品创新和品牌打造。产品创新后也会有大量模仿者，把蓝海变红海，所以通过品牌打造抢占消费者认知优势，并建立护城河至关重要。

许多人认为打品牌没效果反而增加成本，这是因为他们没有找到消费者心智的开关，优秀的品牌战略既体现了产品的优势点，又是自有产品与竞品的最大差异点，更是消费者需求的痛点，因此才能引发关注，与消费者达成共鸣。

例如，王老吉凉茶以前只是一个地区性产品，卖好多年只有一两个亿。去上海调研，上海人认为凉茶是隔夜茶；到北京调研，北京人认为凉茶是喝了会肚子痛的茶。看上去根本不可能全国大卖，但后来定位"怕上火，喝王老吉"，冲出去饱和攻击，第一年全国销售额12亿元，第二年25亿元，十几年后一年

250亿元。

可口可乐在中国卖了100亿元，农夫山泉卖了170亿元，而一罐凉茶卖了250亿元，核心就是找到了消费者心智的开关。

2019年洽洽小黄袋在分众传媒上投放每日坚果，抓住了消费者的一个心智开关：买坚果，保鲜最重要，保鲜不到位就会有油哈味，这个常识马上引发了关注。然后洽洽公司表示：我拥有关键保鲜技术，荣获2017年度国家科学技术进步奖二等奖，所以买每日坚果，认准洽洽。这个广告在分众传媒上大量投放，销售量于一两个月后就开始暴涨。

溜溜梅于2019年10月重新定位为："酸一点就吃溜溜梅，含天然有机酸"，在省会城市投放后，许多人在电梯口看见这个广告就有酸的感觉，就流口水，这叫望梅止渴。10月电梯广告饱和攻击，2020年春节前就卖脱销了，供不应求。

关键是你有没有找到消费者心智的开关。

以前，大家都把品牌广告作为成本项看待，市场不好时能压就压，但那是没做对广告，广告的本质是挣钱，如果你做了广告没挣钱，那是没做对广告。

许多人认为做品牌不如搞促销、抢流量见效快，的确，品牌广告投放有量变到质变的拐点，拐点有时候为一两个月，有时候长达六个月到一年。

例如，君智的谢伟山老师做的波司登羽绒服的案例。2018年重新定位全球热销的羽绒服专家波司登"专注羽绒服42年，畅销全球72国"。在新广告推上去的第一个月，百度指数在涨但销量不涨，第二个月销量就起来了，第三个月更是势不可当。那一年五个月一举突破百亿，因为波司登基础好，在消费者心智中知名度够高，只是有一段时间品牌老化，不断促销，形象受损。重新定位之后，拉高势能，采用国际设计师设计，当产品创新加上广告推上去，迅速就引爆了，现在波司登已是当仁不让的国潮代表。

但也有许多品牌起效不那么快，因为量变到质变的拐点不一样。在拐点达到之前，往往有知名度提升，但销售效果不明显，而持续投放拐点达到后，就有明显销售溢出效果。

例如，同样是谢伟山老师做的飞鹤奶粉，重新定位更适合中国宝宝体质，既体现了飞鹤奶粉五十多年以来专注根据中国宝宝体质研发奶粉的独特优势，也建立了与国际品牌的核心差异化，更引发了用户关注和共鸣。但这个广告持续打了八个月才开始显现效果,第一年销售额微增,但后面三年直接从40多亿元涨到79亿元,112亿元,到2019年已经是中国奶粉市场的第一品牌。

所以不是每个企业都能拥有品牌的,只有那些真正的好产品,一旦找到品牌的差异化价值,抓住了时间窗口,在传播上持续投入引爆,在渠道和用户运营活动上不断投入优化的公司,才能赢来战略拐点,赢来量价齐涨。

希望这个疫情可以让大家停下来思考。"不要浪费任何一场危机",这场突如其来的疫情让我们更加清醒,把我们的工作方式、生活方式、精神世界都做一次根本性改变,让企业的认知回归常识和本质。什么是你拥有的?什么是你想要的?什么是你可以放弃的?什么才是你生意长期发展的核心。

品牌力就是企业真正的免疫力。品牌是资产,但无形资产在日常情况下经常被人忽视。经过疫情,企业就会发现品牌是保险,关键时候是救命的,是决定生死的。

04 什么是企业关键的反脆弱能力?

第四个思考: 面对突发疫情,线下渠道关闭,什么是企业关键的反脆弱能力?
我的答案: 企业的数字化。

我们回顾一下2003年的"非典",那场疫情推动了在线购物的发展,淘宝、京东都是在"非典"的背景下崛起,推动了整个消费市场的电商化浪潮。

而这次疫情又一次大幅度地提升了电商化的发展,特别是在生鲜领域,像苏宁菜场、每日优鲜、叮咚买菜、盒马生鲜一夜间普及度大增,更有人每天开闹钟在线抢菜。与此同时,医疗在线化,像好大夫在线、平安好医生、微医互联网医院都赢来了爆发式增长;猿辅导、学而思网校所代表的在线教育也呈指数级增长,迅速普及开来。

在线化数字化是中国各行各业的必然趋势,这次疫情让我们再次深刻理解了IBM公司20年前的一个广告:要么电子商务,要么无商可务。

分众传媒也是同样如此,如果两年前遇到此次疫情,分众传媒还在原有的运行模式下，那至少在疫期发生的一个月内分众传媒将束手无策。

正如罗振宇所说：你喜欢岁月静好，其实现实是大江奔流。在一个黑天鹅满天飞的不确定的环境中，企图躺在旧有的模式下一成不变，那你的舒适区会杀死你。

以分众传媒为例，从2015年开始中国传媒市场已经发生了根本性的改变，2015—2018年四年里传统媒体模式持续下降，而分众电梯媒体与互联网模式在持续上升。因为从2015年起，互联网的收视时间已经全面超过了传统电视的总和。城市主流人群收看电视的收视概率在不断下滑，新闻资讯转移到了微博、微信、新闻客户端，而在手机上用微博、微信、新闻客户端的消费者是有选择的，大家都在看内容，很少有人留意广告。从娱乐节目上看，大部分的主流人群都从传统电视转去看网络视频了，但大部分的城市主流人群看网络视频都买了VIP会员，基本去掉了贴片广告。主流人群不太看电视，看视频又是付费的，那么客户的挑战就来了，广告如何抵达主流人群呢？如何引爆主流人群呢？

分众传媒的价值在这个时期得以凸显，因为分众传媒覆盖几十万栋办公楼宇和社区公寓楼，每天覆盖城市最有消费力和风向标价值的主流人群，在他们每天必经的封闭的电梯场景中形成了高频次强制性的触达。用户往往没有选择的时候，才是广告主最好的选择。2018年分众传媒的广告收入做到155亿元，几乎等于中国前三大卫视的广告总和。

但是这是分众原有模式的优势，如何运用互联网、大数据实现在线可分发、数据可回流、效果可评估、投放可精准呢？

2018年阿里巴巴以150亿元入股分众传媒后，分众传媒就展开了面向未来的数字化变革与探索，分众传媒正在成为全球最领先的数字化线下媒体公司。从最早的插卡播放到云端在线推送，在这次疫情中大量社区封闭时，分众传媒通过云端广告推送让屏幕正常运作。而且，分众传媒于2019年把绝大部分屏幕都物联网化了，可以远程在线监控屏幕的播放状态，做到广告播放永不间断。2020年东京奥运会（因为疫情，可能延期）我们还会开通奥运金牌榜，在线即时播送中国选手的战报。

同时，我们的智能屏从全城播出到根据大数据分析，进行千楼千面的投放。例如，一线城市宝马7系可以选择10万元以上的楼盘，宝马5系可以选择7

万～10万元的楼盘，宝马3系可以选择4万～7万元的楼盘。例如，装修公司、建材家电可以根据楼龄选择刚交楼的或交楼8年以上的楼盘。例如，我们还可以根据终端网点周边选楼。

疫情期间我们精准地围绕西贝200多家可送外卖的店周围3公里高频投放西贝外卖值得信赖，因为西贝的外卖绝对是业界标杆，无论是保温防漏的各种设计，还是推出外卖安心卡，针对特殊时期的厨师、装餐员、快递人员全程体温监测追踪管理，告诉大家不出门就可以点西贝的外卖，因为西贝是值得信任品牌。

我们通过搜索数据和电商数据还可以分析不同的区域对什么品类消费更感兴趣。例如，哪些区域对旅游兴趣指数高？哪些区域对理财、购车兴趣指数高？我们有200多个维度的兴趣标签。

我们还与阿里巴巴的后台打通，实现数据回流。所以与其他线下媒体不同，在分众传媒上的每次投放，不仅仅是一次投放，而且回流到天猫数据银行，是客户品牌数字资产的累积，这是所有线下媒体所没有的。

只有分众传媒与天猫数据银行是打通的，客户才可以在天猫后台的数据银行来看投放分众传媒带来了多少曝光人群，这些曝光人群中多少转化成兴趣人群，发生了加购、关注、收藏等行为，在"6·18""双十一"看过分众传媒的人群中多少人转化成购买人群。

这是线下媒体以前不可想象的，阿里巴巴过去两年赋能分众传媒进行了数字化变革，让分众传媒取得了原有模式的升级，差异化竞争力得以大幅提升。

这次疫情过后，我们还将推出两项服务。第一，是创意测试优化系统。通过监测人的眼球注意度来测试被访观众对广告创意的兴趣，帮助广告主挑选优化广告创意版本。第二，是客户自助购买系统。所有选楼、付款、投放、监测全在线完成。我们要准备好，万一有一天再遇到黑天鹅事件，客户无法去写字楼上班的时候，在家里一样可以投放分众传媒。

不确定的永远是环境，确定的永远是你自己的竞争力和应变能力。

05 疫情过后，消费者会怎么变？

第五个思考： 疫情过后，消费者会怎么变？
我的答案： 向大品牌集中。

消费者经历了这次疫情之后，消费结构和消费倾向会发生改变。小企业的经营受困、普通大众可支配收入水准下降，普通大众将在消费上更为谨慎。他们会延缓部分非必要开支，而在必须进行的开支上，将把钱花在更稳妥、确定性更强、信赖感更强的产品上。通俗一点说，就是他们将钱花在那些品牌信任感、安全感更好的产品上。

你的品牌要力争成为消费者心智的"默认选项"，在潜意识里化为标准、化为常识、化为不假思索的选择。而针对有能力的白领、骨干、精英，城市主流中等收入人群，我认为消费会呈现出我以前说的"三爱三怕三缺"：爱美、爱玩、爱健康，怕老、怕死、怕孤独，缺爱、缺心情、缺刺激。他们的消费心理是不要什么低价的，要品质、品牌、心理满足感；不要谈什么刚需，要能体现我是什么样的人；没有什么是必要的，只有想要的、潮流的。商品不仅要提供功能，更应该能抚慰心灵和情绪。

品牌的创新，应该是从解决问题到生活意义的创新，从使用产品到享受生活，从趋同消费到个性消费，从物质追求到精神愉悦。

一方面是新精致主义，精粹品质的崛起，以及这种匠心和品质所代表的生活追求和审美追求；另一方面是追求新健康生活，追求工作与生活以及事业与家庭的平衡。

导师观点

中国消费升级背后的动力是什么？

第一，是中等收入人群努力打拼之后的自我补偿和自我奖赏。就像滴滴打车最早在分众传媒投放的广告："如果现实总拼命，至少车上静一静，全力打拼的你，今天可以做得好一点。"

> 第二，是要成为更好的自己。现在有了钱之后一定要吃海鲜吗？不仅不能这样，而且要天天只吃蔬菜，每月一次轻断食，早起打卡跑步、做瑜伽，还要看罗振宇的《得到》，参加樊登读书会，因为你觉得你要成为更好的自己，实现人格的自我跃迁。

疫情过后，中国消费分级会越来越明显，大众是清单式消费，中等收入人群是冲动式触发式消费；大众是趋同化消费，中等收入人群是趋优化消费；大众是功能化消费，中等收入人群是美学化精致化健康化消费。

新商业的创新将围绕着高端品质和精神需求展开，如何让中等收入人群更有存在感、仪式感、幸福感和潮流感？

2025年中国将出现一些新中等收入者，未来要成功的品牌必须牢牢地锁定和影响这群城市主流消费人群，他们是意见领袖和口碑冠军，他们是中国消费市场的风向标人群，他们定义了品牌，引领了潮流。

我觉得五年之后我们来回看这次疫情，应该是中国经济的一次分水岭。消费市场将加速分化，企业也将加速分化。

还在每天想价格战，在中低端市场血拼的企业，利润会加速下滑，每年生意会越来越难，而那些锁定中国中等以上收入群体，用匠心品质和创新理念开创差异化价值，并把握住时间窗口引爆品牌，引领了潮流的企业一定会改变市场格局，赢得定价权利，主导市场标准，占据市场份额。

健康开工
在线办公的必要准备

健康第一 ● 员工是企业最大的财富，一定要严格按照国家相关政策，做好员工状况的摸底调查。对于任何一家企业来说，如果有员工感染。并且引发了传染，那么公司面临的就是灭顶之灾。

老板在线 ● 传递使命感，最核心的是要跟大家面对面。就算在家办公，也应该穿工装进入上班状态，要通过视频，让大家感受到自己的存在，让大家有序地进入到工作状态，在工作中获得成就感。

日清日毕 ● 有效利用在线工具软件，确保在家的工作效率可量化。各个部门定时视频会议与工作总结，会议文件与工作汇报一起报备给各级负责人，将每天的日常工作放在在线日历上，以便查阅。

2.1 疫情下如果必须开工，请做好以下五点

此次新型冠状病毒肺炎疫情中，企业组织出现两个新特点：第一是人员流动性，远程办公员工分布在全国各地，有些还暂时无法到岗；第二是每个人情况都不一样，这些可能带来组织管理上的不确定性。

口述 | 常兴龙【黑马营第 16 期学员、薪人薪事创始人兼 CEO】
整理 | 张九陆

01 合理规划开工节奏

2020年春节以来，我们收集到很多创业公司对于疫情下组织管理方面的问题，多数都集中在如何在节后恢复办公这件事情上。

具体分析，此次疫情中，企业组织出现两个新特点：第一是春节假期带来的人员流动，导致疫情期间员工分布在全国各地，有些可能还暂时无法到岗；第二是每个人的情况都不一样，比如健康程度、网络条件及工作角色等，这些都有可能带来组织管理上的不确定性。

在这种情况下，怎样合理规划开工节奏？我们归纳了三个要点：一专、两收、三管。

1）"一专"是建议由人力资源牵头，成立疫情专项小组。人数不需要太多，但是要能够及时处理员工的问题，要做到公开，让每位员工在出现问题的第一时间知道去找谁，并确保每位员工都能够了解到这一点。

2）"两收"，一是对外收集情报，包括各地的疫情、当前的安全情况、其他各个公司的返岗情况等，这些信息现在多是员工个人在收集，如果有一个专门的小组去收集，不但可以节省很多时间，而且还可以做到信息的一致化；二是对内情况的收集，因为返岗的情况和员工的状态都是动态的，可以利用调查问卷或其他便捷化工具，由专项小组对内部情况进行重点关注，这项工作要做细致。

3）"三管"是指人力资源团队可以按照不同的业务，分角色完成三个方面的管理。一是集中会议，年后集中开会的时候，必须考虑安全问题，最好有明确的机制，比如必须戴口罩，不同级别会议用不同规格的会议室，以及召集的人数等，这些机制要明确，向每个员工提供具体的信息。二是远程管理，主要是远程考勤。远程考勤并不是为了给员工惩罚，而是帮助员工收心。任何一个假期结束以后，大家回到工作状态都需要时间，尤其是远程办公的时候，这一时间会拖长，如果每天有远程的考勤打卡，可以帮助大家尽快进入工作状态。三是管理协作方式，远程与本地办公协作方式有明显不同，要把明确协同方式。在落实这些工作时，一方面要规避疫情的风险，另一方面要做到因地制宜和合规。

只要把这三点认真落实好，90%以上的企业可以快速进入到工作状态当中。

02 打造健康的组织环境

接下来就是如何打造健康的开工环境？

（1）正面宣传

许多90后员工没有在职场中经历过2003年的"非典"，第一次经历疫情，可能有恐慌的心理。这时候创业者和人力资源部门首先要多做正面宣传。正面宣传要注意三点：第一，直面问题，有问题不要绕，互相猜测有可能会引出更大的问题；第二，消除恐慌心理；第三，树立榜样标准。

（2）要积极面对

当前情况下，企业需要面对不确定的政策，这些政策在全国各地复工时可能不一样，每个公司要根据自己不同地区的人员状况落实好这些政策。在此过程中，要争取价值点的统一，有很多中小企业管理者目前压力都非常大，如果员工思想不统一，有畏惧或恐慌心理，并不利于情况的好转，甚至有可能会使整个公司变得没有斗志，因此一定要强化公司价值点的统一。价值点统一后，再解决个性化问题，如果某些员工个性化的问题没解决好，有可能会产生很大的负面作用。

（3）树立信心

建议在这个过程中多打小的胜仗，比如将一个项目拆分成一些小的环节，一步步来，多打胜仗。这一过程中人力资源部门要创造机制，使员工间互动多一些；在取得一些成绩或新的信息的时候，可以及时分层进行同步。

（4）恢复生产

人力资源部门要和业务部门的领导重新确认目标，年前定的目标可能要进行重新调整，也不排除新的协作方式下调整组织构架。一定要做出流程的改变，当前环境不同了，若原来的流程不做改变的话，则很难恢复上升的节奏。

03 做好远程办公协同

疫情持续的话，很多公司开工后要实行远程办公，那么，如何做好远程办公的协同？归纳起来有以下四个要点：

（1）细化任务颗粒度

在当前情况下，把大任务拆成小任务是非常重要的，需要人力资源部门和领导者们达成共识。

> **导师观点**
>
> **如何细化任务颗粒度？**
>
> 首先要由人力资源部门牵头，将大任务拆解成具体的、明晰的限时任务。

> 其次是以天为计，细化协同。线下办公时，一个任务的协同在工位之间互相传递就可以做到，远程办公则往往出现拖延，有时还会出现关键人没有完全到岗的情况，这些方面都需要进行细化。
>
> 最后，要有新的备份机制和考核机制，包括人员的备份与系统化的考核，最好有系统化、在线化的软件，能够帮助大家进行梳理，否则一定会乱掉。

（2）及时处理工作评价

需要注意的是，在远程办公中，公司上下级很容易出现情绪割裂。因此，要明确当天要处理的任务，早规划，晚复盘。要鼓励主动发布协同风险，当上下游出现协同风险时，鼓励员工主动讲出来。由于许多工作大家并不能事先确定完成时间，因此短期即时评价和长期积累机制的建立也要兼顾。

（3）减少团队迭代风险

春节假期之后一般是招聘旺季，在远程协同的情况下，员工换工作比例有可能会比往年要大。人力资源部门需要提前开展一些工作，减少团队迭代的风险：首先是对于年前已经发放录取通知的人力资源部门，要重新回顾一下这个岗位，是否需要延期或尽快入职；其次是要提前开启线上招聘通道，加强人才库的积累，应对工作团队的迭代风险；最后是要建立完整的电子劳动合同制度。

（4）建立线上合规完整的流程

有关人力资源，有这样一句话：养鱼先养水，即工作环境决定了员工的成长和对组织的贡献程度。显然现在的工作环境发生了大的改变，从入职到离职的整个相关流程也要有很大的改变。

做到这四点，就可以做好远程办公协同了。

> **导师观点**
>
> **如何建立线上合规完整的流程？**
>
> 第一步，人力资源部要做好员工从入职到离职所有环节的回顾，找到适用于现在的办法和制度。
>
> 第二步，进行必要的法制文件电子化补充，除了劳动合同以外，其他的文件，如薪酬证明等，是否也可以电子化？对应的个税、薪酬制度、扣款情况，要进行体系化的梳理。
>
> 第三步，也是最重要的一步，就是要建立线上远程化、合规、完整的人力资源流程。

04 开源节流，降本增效

远程办公与驻地办公切换的时候，生产效率一定会受到影响。之前，我收到了很多创业朋友的提问，有的甚至说"我今年不会倒了吧"，感到压力非常大。大家估计疫情可能还要持续几个月时间，在这几个月中如何降低成本，开源节流，是大家都非常关注的问题。

在这里，我有四个观点与大家分享。

（1）强化优胜劣汰

由于生产环境和生产流程有了新的变化，对于组织管理来讲，就要首先强化优胜劣汰的制度。这一制度不是要对员工进行苛刻地处理，而是组织和员工之间要做一个新的、协同的双向设定，同时也是一个双向选择的过程，人力资源部门要做的事情是提前针对最坏的情况做好预案。

加强优胜劣汰有三个重点工作：第一，重新定义人才的投入产出比（ROI）。远程办公情况下，销售、运营、生产、产品等不同部门的重要度、投入产出比是否有新的变化？特别是财务部门，要做好这方面的协同处理。第二，明确公布淘汰机制，加速组织跟员工之间的磨合。第三，打造新的共生组织，让大家能够重新去匹配和对位。

如果想开源节流，就要先把优胜劣汰机制做扎实，最好对应到职级、职位，并且用系统使其明确下来，让每个员工能够知道自己在这个企业中的上升通道出现了什么变化。

有的人误认为强化优胜劣汰以后，再结合本身的一些恐慌和不安定会加速员工离职。其实恰恰相反，明确了机制以后，组织和员工的结合会更加牢固。

（2）及时同步国家政策

当前的国家政策是延长假期，也不排除接下来会有相关的企业补贴或其他方案。首先要合规处理，把国家政策落实下来。另外，对于新的利好政策，需要人力资源部门和相关业务负责人同时进行关注。

如今，在岗办公和远程办公并存已经成为定局，创业者可以考虑在全国范围内进行优化布局，包括薪酬体系、招聘体系、培训体系，以及生产体系等，需要及时同步国家的政策，做出体系化的改变。

（3）优化人才结构

优化的核心不是裁员，而是在企业的发动机、驱动力发生改变的情况下，重新梳理不同角色的定位。例如，目前在远程协作的时候，需要多少领导者？他们的任务到底是什么？员工跟这些领导者进行沟通的时候，需要做的工作是什么？更高级别的副总经理需要做的工作是什么？等等。

优化人才结构分为三步：先回顾角色的重要性，再纵向看长短期的回报比例在不同角色之间是怎样分布的，接下来再横向看每一层的协同任务边界是否要重新进行划分。这样就可以把人才结构进行体系化的梳理了。

（4）调整投入的明细

此前的投入中，本地化办公的成本多一些，此时要有意识地进行调整了。例如，固定的房租、水电费的投入比例有可能会缩小，远程办公投入的费用要加大。你的投入在什么地方，收获就会在什么地方，要根据自己的业务情况进行投入调整。

调整中，需要看短期回报和长期回报。调整后哪些员工产生绩效的能力比较高，就应该及时补上这些员工的激励。整体来讲，关于时效性和细微度做得越多，调整效果就越好。

降低成本其实是相对的，不要以为降低成本就是裁员、缩减开支。如果成本不变，产出提高，也是相对降低了成本。开源则是在新的情况下，考虑能不能实行新的合作和协同机制。

05 人力资源的操作清单和工具

前面说了很多方案与方法，也许有些创业者会觉得短期内根本没有办法实现。其实，在具体做的时候，大家可以寻求一些专业的人力资源工具的帮助。通过四个操作步骤，就可以把前面所说的这些东西整体建立起来。

1）以人为本，随时关注员工的健康。通过在线问卷、员工社区这些在线化工具，做到及时沟通和调整。

2）实时掌握工作进度。要对激励、评价进行及时、有效的管理，可以通过对工作任务的分发、外勤的打卡情况、自身福利情况进行跟踪，做到及时有效沟通。

3）人事工作合规管理。在本地化向远程化切换的过程中需要一些工具，比如做电子化合同的工具，做线上招聘的管理工具，让线上的入转调离做到及时且合规，成为流程化的固定测评。

4）要系统化地形成标准作业程序（SOP）。让人力资源部门与各业务线的领导者，包括重点的人力资源业务合作伙伴以及其他关键岗位之间做好联动，要进行体系化的梳理，使得员工与组织之间形成共同的协同。

在这一过程中，需要关注三个关键的原则、指标和方法：公司的审批、考勤、协作规则，全息一体化的生命周期管理，以及数字化的分析对比机制。

相信此"疫"过后，创业者们都可以把自己的人力资源工作做得更好。

2.2 疫情之下,"健康"开工之法

如果以前的要求是把钱花在刀刃上,那么现在则是要把钱花在刀尖上。To C 的企业每一分钱都要花在付费用户上,To B 的企业每一分钱都要花在关键客户上。

口述 | 邓　亚【黑马营第 18 期学员、艾上 AI- 艾宾浩斯智能教育创始人】
整理 | 李　虓

01 业务重启,员工激活

在疫情期间恢复工作,一定要把握好这两个核心要点:员工健康与业务安排。

员工是企业最大的财富。因此,我们一定要严格按照国家相关政策,做好员工状况的摸底调查,比如身体状况、目前位置、返京计划等,并且协助员工做好防护措施。

建议制订员工分批到岗计划,避免大家赶在交通高峰期返回办公地。同时,公司内部测温、消毒等工作要到位,尽量为每个员工配备好手套、口罩等用品,并且注意这些垃圾的及时处理,不要将垃圾长期、随意留在办公区。

之所以如此强调安全的原因在于,对于任何一家企业来说,如果有员工感染,并且引发了传染,那么公司面临的就是灭顶之灾。一方面我们缺少完备的处理经验,另一方面我们无法承担或许庞大的处理成本,因此企业事前把控必须做到位。

只有在保证员工安全的前提下,我们才能真正思考如何做到"停工不停

班"与"同工同效"。

很多企业，包括员工都没有经历过在家办公，工作与业务效率是创业者最为担心的问题。结合我在自己企业推行的一些措施，给大家五点建议：

（1）树立目标

明确各个部门每月的工作目标，设定相应的工作方式、工作流程及管理措施。要具体到每个员工每天的工作量，以及如何布置、反馈、沟通、检查和监督等细节。

（2）达成共识

通过三次会议统一公司内部的管理措施：总监级会议，商讨、制定业务目标与管理措施；总监—经理级会议，向各个部门分解目标，指定负责人与关键节点；总监—经理—员工级会议，指定全员工作方案及逐级检查机制，共同推动业务发展。

（3）严格考勤

全天四次打卡（9点、12点、13点、18点），要求打卡必须在同一个地点，避免员工串门或随意出门导致工作效率降低。建议要求员工配备专用的办公房间、桌椅，每天拍照打卡，帮助员工进入工作状态潜意识，减少外界干扰。

（4）日清日毕

各个部门每天进行两次视频会议，早上部署当天的工作，晚上做工作总结，要把视频过程截图与当日工作汇报一起报备给各级领导。一定要开视频会议，统一员工着装，通过建立正常办公的氛围保持大家的工作效率与状态。

（5）绩效考核

非常时期应采取非常的绩效考核标准，一定要按照疫情期间的管理措施、管理手段来匹配制定新的工作绩效和工作考核制度。同时，各个部门负责人要充分调动员工的积极性与专业性，保证客户不受影响，尽量减少业务下滑。

另外，员工由于在家办公，也难免受到家人与朋友的干扰，为此我们为员工的家人也准备了四份文件：《关于延长春节假期及办公模式的调整通知》《关于新办公模式下工作部署的通知》《居家办公期间的行为规范的通知》《居家办公告家人书的通知》。一方面是安抚员工亲属的情绪，告知公司的安排，传达公司的关怀；另一方面也寻求员工亲属的支持，帮助员工营造良好的工作氛围。

02 模式更迭，转型在线

从积极的角度来看，每一次重大疫情过后，都会带来商业模式的颠覆和创新。黑死病推进了欧洲社会的转型，"非典"开启了电商的黄金十年。面对本次疫情，无疑也会有一批创业者能够转危为机、逆势增长。

最近我们都看到一个大新闻，就是字节跳动和欢喜传媒推出大年初一（2020年1月25日）免费看《囧妈》的营销活动，花了6.3亿元换取了堪比春晚的流量和口碑，这给到我们一个重要启示——在线化。

虽然这不是一个新话题，但是在疫情期间，我们的确看到大家还有大量无聊的时间没有被填充，还有大量无聊的需求还没有被满足，这样的机遇我们如何抓住呢？

以教育行业为例，2003年新东方面临的危机是在线教育的从0到1，所有学生都不来现场上课，要求退费，必须开启在线教育；如今我们艾上AI-艾宾浩斯智能教育面对的危机是在线教育的从1到10，在市场众多竞争对手当中，提供最有效、高效的在线学习产品。

在大年初二（2020年1月26日）的时候我们发布了一个活动：艾上AI-艾宾浩斯智能教育捐赠3亿元智能在线学习产品，其中2.5亿元用于为湖北省、全国疫区及我们一千多家校区的中小学生进行免费在家学习、在线学习，另外5000万元用于对公立学校的支持。由于全国还有大量不具备转型线上教学的线下教育培训机构，在2020年2月3日，我们又追加价值1亿元的智能学习产品，来扶持这些传统线下培训机构。

表面上，捐赠在线智能学习产品是我们对抗疫情的社会责任的一项举措，但在这背后，是对整个公司产品在线化、服务在线化、业务在线化、管理在线化及办公在线化的巨大考验。

所以，每家企业都可以对抗疫情、帮助社会、帮助客户为出发点，结合自己企业产品与服务的特点，思考如何释放企业的价值，从而锻炼自己在线化的能力。

例如，业务在线化的核心是销售在线化，这就要求企业将销售场景从线下搬到线上，那么你的销售会议、产品说明会、工单等环节能否也做到在线化？

> **经典案例**

艾上AI-艾宾浩斯智能教育在疫情期间的转型自救

艾上AI-艾宾浩斯智能教育创立于2016年，是中小学全科智能教育品牌，目前旗下有艾宾英语、艾练数学、艾迪物理、艾变化学、艾优语文、艾研科学六大学科，采用线上智能化学习+线下个性化教学的模式，截至2019年，艾上AI-艾宾浩斯智能教育在全国有超1500家分校，10万名付费学员，2亿元营业收入规模。

疫情发生之后，培训行业受到巨大冲击，艾上AI-艾宾浩斯智能教育在邓亚的率领下，从大年初三（2020年1月27日）即开始转型自救行动。基于此前自研的直播技术平台，新开100多位老师的直播课（早8:30—晚8:30），将原来的AI+线下老师辅导上课模式改为直播课+AI工具训练+在线辅导模式，解决了加盟商的师资难题。

随后推出"艾·家计划"公益活动，送出价值4.7亿元的免费课（超出原计划7000万元），吸引了18万名新增学员（日活用户从2019年的4万名涨到了50万名），按50%转化率，相当于给每个加盟校区新增125万元收入。

接下来艾上AI-艾宾浩斯智能教育又开展了在线招商。在前期销售在线电话沟通基础上，2月15日基于钉钉举行了首场在线招商会，新发展30多家加盟商，营业收入达500万元。

以这样的思路，任何事情都有办法解决。面对疫情，一家小卖铺都可以通过为客户点对点送货，开启它的业务在线化。作为一名创业者，你就更不要说自己的企业不能在线化、不需要在线化。

十年之后，我们所有的行业都将全部在线，所有纯线下的业态都将有线上的结合。在家社交、办公、餐饮、娱乐将成为我们的习惯，公司也将转为平台+个人、平台+合伙人的形态。

所以再次强调，产品在线化、服务在线化、业务在线化、管理在线化及办公在线化这五点对于来自任何一个行业的企业来说，都可谓至关重要，并且皆有可能。

03 节流、节流、节流

由于疫情的影响，很多企业的营业收入势必会大幅度下滑。如果悲观地来看，创业者一定要做最极端的思考，那就是如果3~6个月营业收入为零，你该怎么办？

对于大部分企业来说，答案只有节流。如果房租成本没有降低、人力成本没有降低、办公成本没有降低，我们真的很难抗住这么久的空窗期。这个时候创业者要发挥一切智慧争取开源，更重要的是必须节流。

> **导师观点**
>
> **有哪些具体措施可以实现节流？**
>
> （1）降房租。虽然不能奢求有像万达一样的房东能给我们免租金，但是一定用你的魅力与决心去和房东争取房租上的优惠。
>
> （2）降面积。现在是2000米^{2}的要降为1000米^2，原来一张桌子坐一个员工的要改为坐两个。挤一点员工不怕，怕的是你不能准时准额发工资。节约下来的面积如果不能退给房东，也可以考虑出租。
>
> （3）降人力。国家发布了疫情期间不准裁员的政策，作为企业的社会责任，一切恐慌和压力都不应转嫁给员工。但是对于很多初创企业来说，如果人力成本过大，可以通过轮岗轮休的制度，在保证员工基本收入的同时实现降低成本。

> （4）降运营。广告、活动、差旅等预算至少要砍掉一半，甚至2/3，而实行的考核标准也应以效果为主。当然，在逆势中获得爆发的情况可以另当别论。

如果以前的要求是把钱花在刀刃上，现在则是要把钱花在刀尖上。To C的企业每一分钱都要花在付费用户上，To B的企业每一分钱都要花在关键客户上。

通过加大促销力度来刺激销量和回款，通过让利给长期、精准客户来获得现金流。同时我们也要分辨饮鸩止渴和刮骨疗伤的区别，如果由于过度承诺伤害到客户，危机之后则是更大的危机。

最后，疫情期间加强修炼自己的内功，在保护好企业与员工安全的同时，做好研发、做好积累，积极复盘过去的项目，深度思考市场需求，为企业的现金流努力，为未来尽力。

2.3 凝聚人心才能向死而生

> 创始人不是光写封电子邮件就可以了，你必须带领大家，让大家能够看得到希望，看得到未来，你还要把大家组织起来，让大家能够团结在一起，让大家能够感受到团队的力量。

口述 | 吴志祥【黑马实验室导师，同程集团创始人、董事长】
整理 | 张九陆

01 凝聚人心："急刹车"时期的头等大事

新型冠状病毒肺炎疫情对中小企业的影响非常大，特别是旅游行业，今天整个中国的旅游行业面临着2003年"非典"以来最大的挑战，我个人甚至认为这次的挑战会超过"非典"。

全国有2万多家旅行社，40万~50万的从业人员，超过10万家酒店，接近100万间的住宿设施，几乎一夜之间全都陷入了停顿。专家预测，光是旅游行业在春节期间就有1万亿元的GDP损失了。加上酒店、景区商户、航空公司等，有超过1000万名从业人员，将在未来三四个月的时间没有工作。面对这种情况，我们该做什么？

我相信，在这段停工期间，大家的内心一定是非常焦虑的，也肯定有点紧张，身边充满了各种各样的声音，各种各样的情况摆在我们面前。

面对这一问题，大家一定要有一个意识：我们不应该跟普通人一样，除了担负起作为公民应有的社会责任以外，我们还有自己独特的使命，因为我们是创业者，就应该跟普通人不一样。

对于每位创业者来讲，除了全力支持国家抗击疫情的各项行动之外，我们还有一个非常重要的使命：在疫情期间，我们要保证团队有一个比较好的精神状态，要把我们的同事非常好地组织起来，共同抗击疫情；在疫情得到控制之后，我们要能够最快速地为社会创造就业，为社会创造价值。

必须正视自己身上的这份责任，这跟我们现在响应国家号召抗击疫情是一样重要的，因为每多一个创业者能够坚持下来，就意味着至少有10个、100个家庭将免于失业。所以，我觉得黑马社群在这个时候能够有这样一个公益直播活动，特别有意义，大家都把自己的经验拿出来，共同分享，共同面对挑战。

今天我来分享一下自己很有体会的一点，即在疫情期间怎样提升组织的凝聚力？

02 温故知新："非典"时阿里巴巴做了什么？

其实，这个世界上99%的事情都并非新事，我们当前所面对的局面一定有人已经经历过了，而且一定有人做出过比较好的应对。我们要做的第一件事，就是向做得好的人学习，向获得过好结果的人学习。这样的人是谁呢？有一个现成的例子，就是2003年"非典"时期的马云和阿里巴巴公司。

我是2002年离开阿里巴巴公司并创立同程集团的，但是与阿里巴巴的老同事、老朋友还有很多联系，阿里巴巴在"非典"期间的整个经历，我全都知道。阿里巴巴B2B公司前CEO卫哲说过：没有遇到"非典"，可能阿里巴巴就没了。这是因为，2003年"非典"不但让阿里巴巴的电子商务业务加速推进，更让阿里巴巴获得了内部凝聚力的高度统一。

2003年5月5日，阿里巴巴一位几天前参加了中国进出口商品交易会（简称广交会）的女员工因高烧送医，5月7日正式确诊——她是杭州市那年4个"非典"病人之一。马云当即做了两个决定：一是他和彭蕾到华星科技大厦其他公司道歉，并和防疫站积极沟通；二是公司立即全员（超过500人）隔离。5月6日下午4：30，马云公布了隔离和在家办公的消息。这是杭州市当年"非典"疫情暴发以后，最大规模的隔离措施。阿里巴巴迅速联系杭州电信，并派出公司的技术保障人员，在半天时间内尽可能帮助每名员工家铺上宽带，确保每位同事家里都能联网，并接入公司系统；同时，更改业务工作和汇报流程，快速实现网上办公。员工们没有惊慌，而是开始有条不紊地收拾东西，因为同事们能够最快响应在线办公，阿里巴巴 B2B 业务并没有受到太多影响。

> **典型案例**
>
> ### "非典"期间阿里巴巴如何凝聚人心？
>
> 隔离期间，彭蕾通过大量的电子邮件跟员工进行沟通，让员工能够快速形成凝聚力，感受到这是一个与众不同的公司。
>
> 当时的COO（首席运营官）关明生拿着通讯录，打电话给每位员工，员工在家里面接到电话时都会说"你好，阿里巴巴"，如果是家人帮助员工接起了电话，也会说"你好，阿里巴巴"。
>
> 有非常多的员工和员工家属，通过这次的在家隔离办公，感受到了整个团队的力量。这种向死而生的决心，不断向困难挑战、在逆境中前行的决心，让每一个阿里巴巴人都感觉到这是一家与众不同的公司。

当员工为使命驱动、为愿景驱动、为价值观驱动，从那一刻起，阿里巴巴真正的有了自己的灵魂。明明知道广州有"非典"，为了客户的利益，马云的桌上堆满了去广州开会的请战书。

有一封员工家属写给马云的信中讲到，作为一名阿里人的家属，他觉得特别骄傲，因为他看到了阿里巴巴是一个有使命、有愿景、有价值观的公司。

因此，在"非典"期间，阿里巴巴不仅顶住了B2B业务下滑的压力，还在2003年5月10日上线了淘宝这样一个无比重要的业务模块。从此，5月10日成为"阿里日"。

实际上，如果你看阿里巴巴的历史资料，就会知道2003年的阿里巴巴内部已经有很多问题了，但是经历了"非典"，阿里巴巴反而"浴火重生"。这就是一种在危机中迸发出来的组织"向死而生"的强大精神，阿里巴巴借此完成了自己从优秀到卓越的内部跃迁。

03 "三板斧"：在家办公时代的管理秘诀

每次疫情，都需要远程办公。今天中国远程办公的网络环境，跟2003年"非典"时相比，已经是天壤之别了。当年，如果没有杭州电信的帮助，阿里巴巴就没办法。但是今天，就算有了微信、钉钉、远程会议系统，我们就能保证员工像当年的阿里巴巴员工一样紧张起来，有危机感、有压力吗？

不是的，在中国只有1%的企业能够把远程办公做好。在家办公非常困难，会有非常多的干扰因素，非常难专注处理工作，就算有非常好的在线办公工具，我们仍然需要一个强大的文化在后面去推动。

在疫情期间，创业者首先要做的事情，是把人心聚拢起来。没有人心，团队战斗力、凝聚力、执行力都将直线下降，你想做的任何事情，在面对远程办公的情况下都会打一个很大的折扣。

那么，如何聚拢人心呢？我可以分享一下同程总结的在家办公"三板斧"：

第一板斧——使命感、仪式感、危机感，让团队能够动起来。

传递使命感，最核心的是要跟大家面对面。就算在家办公，也应该穿工装进入上班状态，也应该有晨会和晚会。要通过视频，让大家感受到自己的存在，让大家感受到自己是被需要的，有序地进入到工作状态，找到生活的价值，在工作中找到乐趣，获得成就感。同时也要告诉员工这是一个国家的灾难、一个团队的灾难，我们应该齐心协力，否则面临着公司破产、员工失业。

第二板斧——定目标、追过程、拿结果，让团队能够跑起来。

要定好1天、3天、1个月的目标，根据目标去设定过程性指标，我们要在绝望中寻找希望。例如，现在旅游业停摆了，同程可以去卖菜，我们可以去尝试新业务、去打样，获得好的结果，让团队跑起来。

第三板斧——日报、晨会、晚会，让团队能够兴奋起来。

借助远程办公的工具——微信、日报、晨会、晚会，让团队能够兴奋起来。

在这一过程中，创始人自己一定要有信念，不要成为90%的普通创始人，要让你的团队感受到你的坚持，感受到团队的力量。

04 危机中成长：不要让疫情白来一趟

危险中总孕育着机会，实际上，"非典"也给当年弱小的同程带来了机会。

"非典"暴发时，同程只有五名员工。最初，我想做的是一个旅游的B2B平台，但是"非典"时期，众多旅游企业都跟现在一样歇业了。回想起来，当时摆在我面前最大的困惑，就是公司还要不要存在下去？公司只有五个人，关掉是很容易的，坚持是很难的。但我还是选择了坚持，为什么？这就是创业者的惯性。

相信很多创业者应该也有同样的感觉。你亲手打造的公司，你的产品、服务，用户还需要，只是暂时不能用。你应该把员工组织起来，等待继续为客户创造价值的机会。就是因为这样一个简单的想法，我们选择咬牙坚持。当然，我们也采取了一些措施，比如降低薪水，每人每月500元。所有的饭店歇业了，我们就自己做，每个人轮流做饭，就挺过去了。

在"非典"期间，所有的线下旅游门店都歇业了，大家对网络的需求量增加了，所以同程就成了一个旅游从业者非常喜欢登录的网站，成为从业者非常喜欢聚集的平台。我当时对这个事情没什么感觉，但是"非典"过后复盘的时候，则深有体会。从那时开始，一晃到现在16年的时间，同程集团已经有了1万多人的规模，其中一个业务板块同程艺龙2018年在港股上市了。

所以，每次危机真的都孕育着机会。

如今，16年后，我们又遇到了新的疫情，而且这次打击更大，上次我们可以自己降工资、自己做饭。今天1万多人，接下来可能三个月业务停顿，我们怎么办？可以告诉大家，同程正在不断寻找新的方向和新的机会，也在非常高频地去复盘。

危机对每个企业都是平等的，但是一定要记住，野火烧不尽，春风吹又生。只有生命力更强的树木，才可能长出新芽，相当一部分企业会在野火燃烧的过程中死去。那么，那些存活下来的企业有什么特质，大家要去学习、要去体会。

这种学习要从创始人开始。创始人不是光写封电子邮件就可以了，你必须带领大家，让大家能够看得到希望，看得到未来，你还要把大家组织起来，让大家能够团结在一起，让大家能够感受到团队的力量。

无论如何，损失已经产生了，但是不要让疫情白来一趟，你一定要在疫情中变得更勇敢、更冷静，让你的团队变得更有凝聚力。

典型案例

同程国旅 15 天内实现全员电商化

2020年2月8日深夜，同程集团董事长吴志祥发了一条朋友圈："15天，同程四个团队，5000人全体自救再上岗……同程生活卖菜实现数倍增长，惠出发一天3000单，咪店一天1000万元，只要心中有梦，眼中有光，创业者不死。"他讲述的是疫情暴发后，同程国旅在15天内从无所适从到升级为"电商店主"的惊心动魄。

咪店是一个私域电商领域针对企业和商户的管理后台，1月20日，疫情发布的第一时间，同程国旅就与咪店进行了第一轮沟通。1月24日，文化和旅游部办公厅要求全国旅行社及在线旅

> 游企业暂停经营团队旅游及机票+酒店旅游产品，同程国旅立即与咪店达成合作，连续奋战一周调试系统完成企业SaaS系统上线。
>
> 2月1日，同程国旅召开全员视频会议，宣布疫情期间旅游顾问升级为电商店主。旅游顾问的销售经验和客户人脉，在线上爆发了巨大能量，实现了将原有顾客与新的零售产品交叉销售的目标，丰富了产品品类，将高频与低频产品跨界销售，形成互补。上万名员工即使坐在家里也可创造收益，为同程国旅创造营收和毛利，缓解现金流压力。

Q&A 黑马问答

Q 黑 马 业务线上化如何制造IP？如何运营快手号、抖音号？

A 吴志祥 如何打造IP，这是CEO首先要解决的问题。

作为CEO，首先要把自己作为一个IP。要学会跟员工沟通，在关键时刻聚拢人心。没有打造IP之前，如果公司有50名员工，作为CEO，在关键时刻，最起码应该跟50名员工全部沟通一遍，让他们演说一下或表演一下，看看谁有潜质，如果这一步都做不到，肯定没有办法打造IP。

做完这一步以后，如何打造IP呢？我也没有太多的经验，我也不是网红，我虽然也有抖音号，粉丝却不是很多。但我相信，只要你的内容是真正能帮到别人的，你的内容是充满正能量的，你的内容对别人有价值，就会有越来越多的人喜欢你的内容。

Q 黑 马 连锁型企业如何应对疫情冲击呢？

A 吴志祥 在我们旅游行业里，汉庭、华住、同程的OYU我寓酒店轻加盟连锁，都已经宣布免除加盟商的加盟费。当然光这一点还不够，如果你是一家小型酒店的业主，疫情对你的挑战肯定是非常大的。你要认真分析一下成本的构成，房租成本、员工成本、水电成本，哪些成本可以快速降掉。

你的房租能不能借助行业协会的力量，通过跟业主的沟通降低？这是第一块。

员工的成本也是非常重要的，中小型酒店往往有二三十名员工，你一定要跟员工沟通一次。作为创业者绝对不应该去算计发两倍加班费还是三倍加班费，如果考虑这些问题，我们就不是创业者。我们今天要跟员工讨论的是如何同生共死，这是非常重要的。但是，这句话要由CEO去说，不断地向员工传递。

因为连锁行业用人比较多，获得员工的支持在现阶段是非常重要的。如果作为CEO在疫情结束以后，不但没有带着大家渡过难关，还惹了无数员工去仲裁，肯定不是一个称职的CEO。

我相信，无论是50人的组织，还是1万人的组织，一定都可以沟通。

经营篇

生存下去

❖ 疫情给企业经营带来了诸多困难，创业者应该尽量去争取政策优惠，并且用法律保护自己的权益。疫情也带来了一个机会，它迫使企业升级，加快了企业的"线上化"进程——在这次疫情期间完成在线经营模式转型的企业，事实上已经获得了新的生命。

3 在线办公

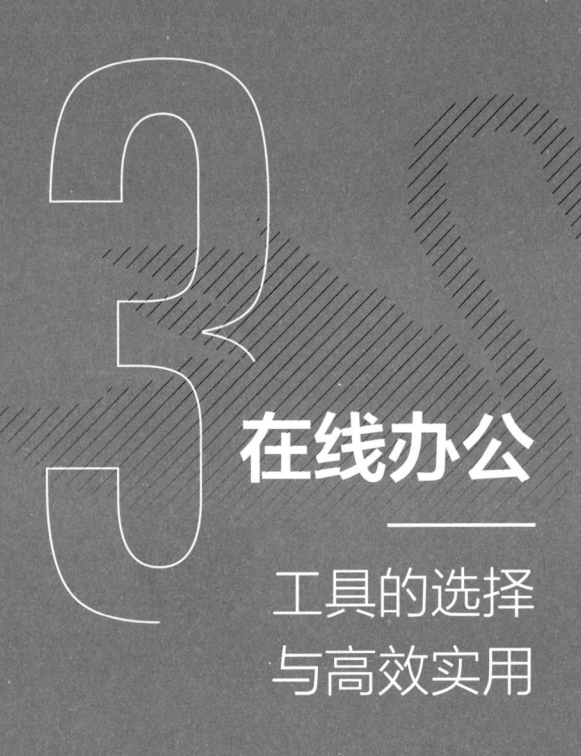

工具的选择与高效实用

在线是未来　在线是未来，这点已经形成全面共识（资本共识、创业者共识、供应链共识、消费者共识），现在转、马上转、立刻转。春节期间，中小学生需要优质的教育内容、在线渠道需要有优质的教育内容，创业项目可以把师资转型到线上。

从局部在线开始　不是每一种业务模型都能够搬到线上，但可以把业务模型里的一些环节搬到线上，比如客户培训，可以用远程方式进行技术支持；再比如客户关怀，也可以在线上完成。如果线下交付必不可少，尽量把交付环节减到最少。先把预付款做好，尽可能采取会员制预收的方式获得收入。

寻找专业人士　企业要做在线化的产品，创始人自己不懂，只依靠别人的话，肯定会出问题。你可以找专业的人，但你还应该卷起袖子和专业人员一起钻研。在钻研过程中，你是最重要的体验者，你是超级产品经理。当你把事情搞透了，专业人员才能够根据你洞察出的核心需求，创造出好产品。

3.1 钉钉、企业微信、飞书，数字化工具到底该怎么选？

中小企业数字化建设不要指望信息系统可以一蹴而就、包治百病，不能贪大求全。它的成功包括两大前提、一条原则和四大要素。

口述 | 金宏洲【e签宝创始人兼 CEO】
整理 | 马继伟

01 三个不能断、五个在线

随着新型冠状病毒肺炎疫情的发展，从2020年除夕（1月24日）起，大家越来越焦虑。我开始和高管开会、讨论。

最初，我想到的是疫情之下三个不能断：服务不能断、业务不能断、组织不能断。

组织不能断最重要。大家被隔离在家，有些人还在疫区，人在孤单之时容易感到绝望。这时候，企业文化特别重要，正好可以把疫情当作企业文化的拉练场。如果企业文化做得好，团队被激发，大家能够更好地连接在一起，企业文化得到放大和加强；如果企业文化做得差，团队一盘散沙，负面情绪滋生。

三个不能断的基础是五个在线：沟通在线、业务在线、组织在线、生态在线、协同在线。五个在线不应该是疫情之下的临时抱佛脚，而应该是长期以来打下的基础。在这里我不展开说明，讲几个误区，比如沟通在线。一直以来大家都觉得面对面沟通是最有效的方式。面对面沟通有它的优点，但是也有闲扯，不见得高效。现在，我们只能通过电话会议、视频会议，逼着大家把话讲得更简洁一点。协同在线是指把所有的审批放在线上。生态在线是指把所有跟你相关的业务伙伴的数据、交流全部在线化，做到数据相通。

在线之后，再往前一步，是六个做到：信任员工、降低成本、战略再思考、开拓新业务、尝试新模式、打一场仗。

1）创业者要信任员工，相信他们都是正能量的，想把事情做好。如果员工想磨洋工，他们有一万种磨洋工的方式，你也防不了。所以，要用心换心，激发员工的自驱和创造力。

2）降低成本。疫情期间，创始人尤其要思考如何降低成本。

3）战略再思考。2020年春节前，我们开了很多总结会、复盘会、战略会，把2020年全年的工作都定得清清楚楚。疫情突如其来，节奏被打乱，我们要重新调整战略。

4）开拓新业务。如果有条件，公司还是要想办法开拓一些新业务。

5）尝试新模式。我们开始尝试线上模式。目前，我还尝试了一下直销模式。

6）打一场仗。如果可以的话，我建议创始人带领团队打一场仗。要保持员工的工作状态，最好是能让大家忙一些事情。如果项目能正常开展，就发起一个项目，带领大家打一场仗。我们发起了名为"诺曼底登陆"的项目。如果没有这样的机会，大家可以发动员工做一些公益，比如向疫区捐赠，或者帮助一些需要帮助的同事。这样能够把节奏感调动起来，激发员工的战斗力。

02 数字化工具选型的方法

这次疫情导致2020年上半年大部分企业的生存都会很艰难，迫于生存，在线的软件或在线的办公方式会成为企业的必选。不管愿意还是不愿意，企业会因此而走向云端，走向在线。未来企业都必将成为数字化企业。疫情倒逼企业数字化，收入主要来自线下且没有数字化的企业将被淘汰。

我们该怎样构建企业数字化工具？不管是购买还是开发，企业总需要一些工具，那怎样去选型？在进入正题之前，我先分享一下，企业数字化工具发展的三大趋势。

（1）趋势一：一站式

所谓一站式，就是什么东西在这儿都能买到。以前，企业有一个IT部门，根据公司需要向厂商采购。现在，有一点改变，企业的数字化更多是由业务部门来参与。一般来说，所有的企业信息化、数字化都是基于协同平台搭建起来的。中小企业会基于钉钉、企业微信或飞书搭建数字化的平台，在这个平台上，把能买到的都买下来。这是一站式的趋势。另外，中国的互联网用户比较"懒"，在一个地方能买到就好了，用户习惯也是大平台做一站式的原因。

（2）趋势二：组团化

组团化与一站式有延续性。钉钉、企业微信和飞书都是一些大企业做的。大企业开始做互联网服务、企业服务的切入点是最高频的领域。他们都找到了同一个方向：企业协同。因为企业协同，像沟通、审批、会议，在企业办公里面都是最高频的环节。做企业服务软件、做SaaS的厂商，不得不去拥抱这些大企业的大腿，因为流量在那里。这是组团化的原因之一。另一个原因是To B的互联网服务跟To C的互联网服务不一样，它的伙伴连接紧密度比To C更强。一个To C产品，可以单点突破，打动全国几亿名用户，但是To B很难。To B往往是个组合，一家公司很难靠一个产品就能够做得很透，它要和大生态组合。目前，国内有几个"组团"，像阿里巴巴组团、腾讯组团、华为组团。企业采购数字化工具的时候，要买套餐。

（3）趋势三：轻量化

轻量化和现在的技术发展有关系。这是基于大企业已经把信息化、数字化的基础设施都做好了。它们可以帮助客户搭建数字化中台。如此，其他业务的应用就可以做得比较轻，可以用小程序的方式去呈现。现在API接口或PaaS也做得越来越好，所以即便不是IT部门，也可以根据提供的接口，快速在前端搭建业务。快速响应业务需要，也是轻量化的趋势。

03 数字化建设秘籍

e签宝做企业数字化大概有五年多，一步一步走过来，踩过很多坑。我举几个常见的坑：信息系统可以包治百病，只要买一个现成系统就万事大吉；贪大求全，希望上一个大而全的系统；数字化是IT部门的事情；越贵越好或便宜就好。

我自己总结了中小企业数字化建设的关键点，包括两大前提、一条原则和四大要素。

（1）两大前提

1）领导重视。"领导重视"不是一句空话，领导要以身作则。数字化建设涉及很多部门的协同与打通，还会改变员工的工作习惯，甚至导致工作量增加。领导必须重视起来，要有足够的决心。

举一个反面的例子。我们之前犯过一个错误，成立了一个数字化委员会，所有高管都是委员会的委员。但实际上我们都没有投入进去。半年之后，这个委员会不见了。

再举一个正面的例子。开始推日报是很难的。大家都没有每天写日报的习惯。我自己以身作则，每天都写，公司有很多人都能看到我写的日报。养成习惯至少要一个月。我请助理每天检查所有人是不是都写了日报。一个月以后，大家就都养成了写日报的习惯。其实，日报是一个交流工具。日报用多了，现在，我们的会议都减少了。

2）业务主动。业务部门必须主动，必须安排骨干参与进来，去梳理业务需求。特别是在SaaS时代，越来越轻量化，很多时候，业务部门能决策是不是买这个东西，不需要IT部门参与。IT部门要做的是核查数字化系统能不能符合公司基座、与公司的底盘配不配，或者有没有安全漏洞。

（2）一条原则

这条原则是长远规划，分步实施。

这又好像一句假大空的话。我们要抓住几个重点。信息系统或数字化工具，比如客户关系管理（CRM）系统、协同平台，一旦上了以后很难替换下来，因为公司的数据、员工都在上面，菜单成本很大。所以一些基础的东西，要先想好、再构建。你要事先想好协同平台，用钉钉、企业微信，还是其他。

分步实施，指的是先做一些重要的事情，不一定一下子就做得很大，你可以请专业人士来规划。

（3）四大要素

1）不要赶时髦，适合就好。例如，一个Excel表格就能做好的事，就没必要大费周章地上个系统。

2）"三统一"。"三统一"指的是统一门户、统一身份、统一数据。以钉钉为例，统一门户，即大家办公以钉钉为入口；统一身份，即员工在钉钉上统一登录；统一数据，即很多数据也在钉钉上留存。不管企业是用钉钉还是企业微信，或是其他平台，做到"三统一"是很重要的。

中小企业，没有强大的IT团队，没那么多钱，不可能基于钉钉构建整套的数字化系统。中小企业可以在信息化或数字化的底座之上去构建其他的SaaS。中小企业买其他业务型SaaS的时候，要问一下厂商，产品有没有跟钉钉集成，能不能统一登录，能不能打通审批流。因为这样做，成本最低，而效率最高。这是非常重要的一点。

为什么必须这么做呢？"三统一"可以避免这些系统成为一个个烟囱。如果员工管理、数据管理等都独立，到了一定阶段，你会非常痛苦。例如，一个员工离职了，10个系统都有他的账号，你得一个个删除。忘记删一个，就可能造成很大的漏洞。有新入职的员工，你也要为他开10个账号。

3）协同工具是底座，选择成熟、生态丰富的产品，围绕协同平台构建企业数字化系统就能事半功倍。

4）数据安全。数据安全是一条生命线。大部分企业没有专业的安全人员，企业很难判断购买的数字化系统有没有漏洞。相对而言，大厂商的产品会靠谱一点。

Q&A 黑马问答

Q 黑马 我们是一个教育＋旅游的项目。前期在学校开展研学活动，沟通项目需求，设计产品、报名手册，执行中导师、学员在线监控质量，后续还有服务跟踪。我们一直是通过微信群沟通，有系统支持。如果想搭建数字化系统来进行导师、学员的活动质量监控、监督，可否关于数字化系统的大致逻辑给个方向？

A 金宏洲 从你的简单描述可知，这是一个闭环项目，这个系统是买不到的。创业，要先把业务跑起来才是关键，其他东西能省就省了。

我推荐用像钉钉、企业微信这类远程协同工具。因为你的业务是开放的，员工、老师和学员都涉及其中，他们组成了一个多方的开放生态。你的项目面向公众提供服务，客服的业态用这类工具是比较合适的。你可以在企业微信的生态里，找一个免费或便宜的客户关系管理系统，做一些教师资源的管理和协同。

因为项目是让学校满意，一个评价系统就可以解决。现在，项目处于验证阶段，并且这件事不高频，也不会有大量评价，可以用最小成本的方式——云表单，先把业务跑通，让带队老师填一下，在线下交给相关人员收集一下。

Q 黑马 我的业务有三块：第一，为中高端人群和家庭提供财富服务；第二，为政府提供相应的培训；第三，为 B 端资管机构提供 AI 资管服务。现在已经开始上线钉钉办公，但是团队习惯于线下沟通，管理惯性很难改变，怎样结合企业文化，让团队摆脱原有的线下管理思维，认同在线办公方式？

A 金宏洲 数字化建设，三分工具、七分应用。听你介绍，你的员工都是比较高水平的，你要激发员工的自驱性。如果采用完全紧盯的方式做管理，肯定是不合适的。员工有一万种磨洋工的方式，你能找到一种就不错了。开始阶段，你要辛苦一点，以身作则。例如，退回线下审批，减少或不开线下会议。创始人的重视再辅以一些手段，是可以改变这些惯性的。人的适应性很强，一旦适应，一切都会顺理成章。

Q 黑 马 我们主要为国际学校、私立学校提供校园服务。信息化板块分了几块：企业资源计划（ERP）、财务、U8，数据的准确性差。是否要组建自己的 IT 团队？

A 金宏洲 我也碰到了这个问题，只能说我是如何做的，不能算作建议，因为每一个企业都是不一样的。我还是下了蛮大决心的。从2019年下半年开始，我把技术团队总监抽出来，成立了企业数字化部门。这个部门有产品、开发，是一个虚线部门，因为开发和研发团队属于CTO。我下定决心把这些系统打通，力求做到准确。这个事情很重要。做这件事之初很痛苦，投入也大，但后期公司一直会受益于它，再往后它就是中台。这是必须要做的事情，因为这是我们的一个核心业务，不是可以外购的办公自动化（OA）系统或人力资源（HR）系统。但凡涉及核心，开发可以外包，产品和核心业务要自己去做。

3.2 数字化办公可快速提升 50% 的人均单产

"没有沉淀的公司是做不大的"。没有知识沉淀、数据沉淀和人才沉淀，公司想基业常青是不可能的。

口述 | 后显慧【三节课创始人兼 CEO、TeamMark 首席产品经理】
整理 | 胡　漾

"数字化办公可快速提升50%的人均单产"，这里有两个关键词，第一个是"数字化办公"，第二个是"人均单产"。这两个话题很多人都能讲，今天为什么由我来讲？

我是三节课创始人后显慧。三节课创立于2015年，是一家在线职业教育机构，专注培养互联网时代的核心人才。4年时间里，三节课用户数从15人增加到100多万人，估值从3000万元人民币到数亿美元，而这一切是建立在员工人数长期在200人以内的基础上。我们的人均单产还不错。

我还有一个身份是TeamMark首席产品经理。TeamMark是一款企业知识管理与协同软件，我们在开发和服务企业客户的过程中，也积累了一些经验。

此外，我们公司也采用过腾讯"杨三角咨询"调查工具对三节课的组织能力进行调研。结果显示，在知识沉淀和IT信息沟通这两项上，三节课得分分别超过了98%和96%的对比企业。

我在数字化办公和人均单产的理论和实践中积累了一些经验，想借这个机会分享给大家。我将从三个方面来讲述这个话题。

- **一个趋势：** 为什么数字化办公从"可选项"变成了"必选项"？
- **三个变量：** 数字化时代有哪些核心变量？
- **五大场景：** 一把手如何做好知识管理，提升人均单产？

01 数字化办公成为"必选项"

新型冠状病毒肺炎疫情暴发以前，关注数字化办公的人非常少。疫情发生后，钉钉、企业微信、腾讯会议等软件在应用商城的排行榜从原来的几十名升到现在的前几名，增长速度非常快。

马云写给湖畔大学学员的三点建议中有一点说："要迅速学习数字化办公、数字化生存。未来的企业只分使用互联网技术的实体经济和不使用互联网技术的实体经济。而使用互联网技术的实体经济生存能力肯定更强，生存率更高。"

陆奇在最近一次分享里也提到，人类经历了三个财富体系：农业体系、工业体系、信息和知识体系。我们现在处于信息和知识体系。

不管是马云还是陆奇，都在提醒我们，数字化办公和数字化生存对企业来说已经非常重要了。

疫情就像催化剂，让本来应该发生的事情更加快速地发生了。催化剂只加速反应的过程和速率，但不改变方向和结果。疫情催化了两件事——互联网下沉，人工智能上升。互联网从三五年前开始下沉，从一线城市到四五线城市，从互联网公司到产业互联网公司。同时，人工智能在上升，从实验室理论研究到业务应用。互联网下沉和人工智能上升更加快速地发生，带来的结果是什么？大量劳动力往线上迁移，在线知识工作者将更快成为公司主流。面对这些在线知识工作者，公司要怎么运营、管理、维护呢？

管理学大师彼得·德鲁克提出过一个概念，叫"知识工作者"，他说：知识工作者是不能被督导的，管理者只能协助；知识工作者们拥有高度的自主性，自觉追求效益。知识工作者与上级间的关系与其说属于传统的上下级关系，不如说就是交响乐团指挥与乐手之间的关系。

对管理者、企业负责人、创业者来说，我们面对的最大的挑战是如何跟未来的在线知识工作者协作。

02 数字化时代的三个核心变量

不管是在数字化时代还是非数字化时代，我们都是在做生意。做生意的底层逻辑不会变，只是说要不要用数字化手段把生意做得更好。做生意的时候，常常会面临一个问题，那就是要先做大还是先做强？

我试着帮助大家理解一下先做大和先做强的逻辑。从A点到B点，有两条路可走：一条叫质量提升之路；一条叫规模放大之路。在做大和做强这件事上，其实先选哪一个，都是可以的。但你必然要在某一个阶段里做强，要不然很难成功。单纯的大是很虚的，只有一边做大一边做强，不断螺旋上升，才有可能最终做到终点——既大又强。

无论出发点是什么，终极目标都是要做大。怎么做？我总结了一个公式：

大生意=组织能力×商业模式×杠杆率

组织能力、商业模式、杠杆率是做大生意的三大核心变量。简单地说就是找人、找钱、找方向。这里主要讲公式中的关于"人"的组织能力。

组织能力就是组织的产出效率。一个公司的组织能力大小跟公司未来的发展息息相关，但组织能力提升又极其抽象。为此我请教过很多人力资源专家和企业管理专家，也花了很多时间研究，最后总结了一句话，人均单产是衡量商业机构组织能力的核心标准。

人均单产指什么？用公司每年的营业收入除以公司的员工人数，算出来的就是人均单产。文化、环境、氛围再好，人均单产只有10万元，也不能说组织能力强，因为商业机构的核心是把利润和规模放大。

再往前推，既然人均单产是衡量组织能力的"北极星指标"，那么企业所有提升组织能力的事情是不是跟人均单产息息相关？是否有助于人均单产提升？人均单产是组织能力落地的抓手。

根据人均单产，我们可以画一个图，横坐标是人均单产，纵坐标是规模，四个象限对应四种类型的商业组织（见图3-1）。

1）行业巨头：人均单产比较高，人数多，比如好未来、新东方，人均单产都在80万元以上。

2）看起来很大的生意：人均单产比较低，人数多，比如安保公司、外包

```
              人多
               ↑
    ┌──────────┐  ┌──────────┐
    │看起来很大的生意│  │  行业巨头  │
    └──────────┘  └──────────┘
人均单产低 ─────────────┼───────────→ 人均单产高
    ┌──────────┐  ┌──────────┐
    │  传统小生意  │  │ 高潜力公司 │
    └──────────┘  └──────────┘
               │
              人少
```

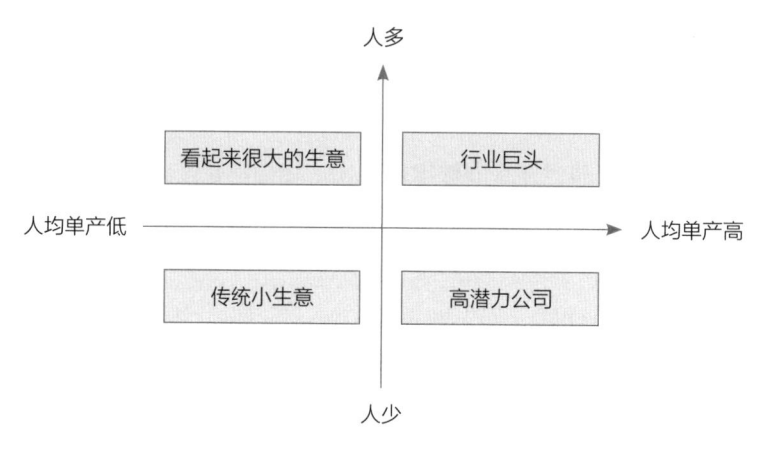

图3-1　四种商业组织类型

公司，人数动辄上千，但人均单产可能不到10万元。

3）传统小生意：人均单产比较低，人数也比较少。

4）高潜力公司：人均单产比较高，人数很少。

你的公司处在哪个象限？行业和行业不一样，我们也不能单纯看绝对值，后面会讲用分位值判断。

做大生意的逻辑不是单纯放大规模，还应该不断提升人均单产。

所有企业家在经营过程中都会遇到一个问题，随着人数增加，人均单产一定会下降。假设30人的时候人均单产是100万元，这样年收入是3000万元，到了300人的时候，得有3亿元收入，然而这种情况基本不可能实现。

为什么员工数量增加，人均单产一定会下降？两个字，内耗。

我曾请教优酷创始人古永锵先生：怎么才能让公司从200人发展到1000人的时候，人效保持不变或持续放大，或者下降得少一点？

他说，尽量保证信息沟通扁平，最好把所有员工放在一个空间里。如果你的公司有二三百人，最好放在一个办公区间里面，这样沟通交流起来更顺畅，对信息的损耗、熵的降低是很有帮助的。如果400人分四层，基本上公司的信息流通就会非常困难了。

这对我很有启发，他其实告诉我，想让内耗降低，很重要的一点是（也许是最重要的一点，也许是最重要的点之一），降低信息沟通和流通损耗。

麦肯锡和IDC于2012—2018年跟踪了一些企业，发现员工大概每天花2.5

小时（约30%的时间）寻找知识和信息。

我们并没有意识到，或者我们意识到了但是没有觉得这么严重，从30人发展到300人再到3000人，知识管理让大家浪费的时间如此之多。怎么才能降低这种浪费？答案便是提升知识管理的能力。

想要提升知识管理的能力，得先知道自己处于什么水平，我们先用知识管理能力级别清单自检（见图3-2）。

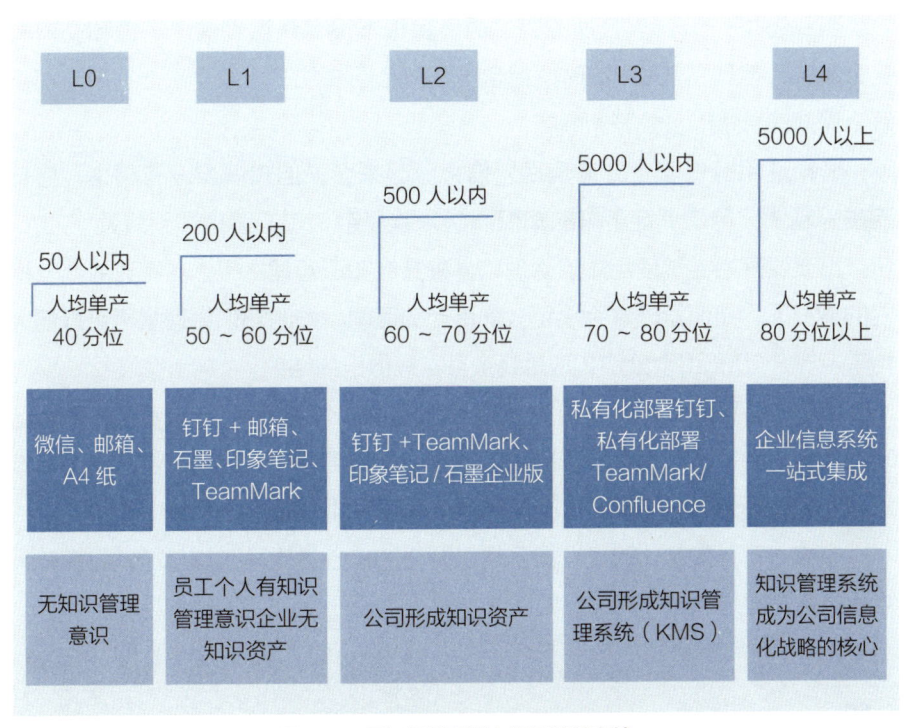

L0	L1	L2	L3	L4
50人以内	200人以内	500人以内	5000人以内	5000人以上
人均单产 40分位	人均单产 50~60分位	人均单产 60~70分位	人均单产 70~80分位	人均单产 80分位以上
微信、邮箱、A4纸	钉钉+邮箱、石墨、印象笔记、TeamMark	钉钉+TeamMark、印象笔记/石墨企业版	私有化部署钉钉、私有化部署TeamMark/Confluence	企业信息系统一站式集成
无知识管理意识	员工个人有知识管理意识企业无知识资产	公司形成知识资产	公司形成知识管理系统（KMS）	知识管理系统成为公司信息化战略的核心

图3-2　用知识管理能力级别清单自检

L0：50人以内，使用微信、邮箱、A4纸沟通，这时候典型的特征是，企业无知识管理意识，处在40分位。

L1：200人以内，人均单产会提升到50~60分位，典型特征是开始使用钉钉、邮箱、石墨等工具。员工个人有知识管理意识，甚至有知识管理工具，但企业还没有知识资产。

L2：500人以内，人均单产提升到60~70分位，典型特征是使用钉钉、印象笔记、石墨企业版，公司形成了自己的知识资产。

L3：5000人以内，人均单产为70～80分位，开始会私有化部署各种工具软件，形成知识管理系统。

L4：支撑5000人以上的公司，企业信息系统里面已经集成了知识管理系统，并且知识管理成为公司信息化的核心战略。

企业规模放大的时候，只有升级知识管理水平和能力，才能应对内耗和熵增。

当我还是一个30人公司的CEO时，我根本没有认识到信息沟通和交流有这么复杂，但到了200人的时候完全不是那么回事儿了，需要从上往下全部拆解，保持信息透明、公开、顺畅。

公司使用钉钉和企业微信后，信息流起来了，但知识流没有起来。信息流越来越快，但是沉淀下来的知识流越来越复杂，知识管理遇到瓶颈。2017年，三节课开始尝试使用知识管理软件去升级知识管理水平。在不改变商业模式的情况下，知识管理水平决定人均单产的区间，好的知识管理水平可以把人均单产提升10～20个分位。这是我亲身实践得出的结论。

当工作转移到线上，公司资产转到云端，人才、数据、知识都应该管理起来。目前，数据资产是被管理的，人才资产是被管理的，但知识资产是没有被管理的，大部分公司的知识资产管理都落后于人才和数据管理。

小结一下，数字化时代，提升组织能力的核心是提升人均单产，而提升人均单产的关键是降低内耗，想要降低内耗，就要升级知识管理水平。

> **导师观点**
>
> **数字化时代，提升组织能力的核心是提升人均单产**
>
> （1）提升人均单产的关键是降低内耗。想要降低内耗，就要升级知识管理水平。
>
> （2）尽量保证你的企业信息沟通扁平，最好把所有员工放在一个空间里。如果你的公司有二三百人，最好放在一个办公区间里面，这样沟通交流起来更顺畅，对信息的损耗、熵的降低是很有帮助的。

03 抓好五大场景，提升知识管理水平

最后，我们讲提升知识管理水平具体怎么做。落地有一个前提，即企业管理者要认识到知识管理的重要性，并且下定决心做。因为知识管理不好做，它挑战了企业所有人的工作习惯，只有管理者才有可能推得动。

怎么推？抓好五大场景：

（1）目标管理：核心是共识与可交流，有三共识和三不定

1）三共识：核心目标清晰共识、核心产出共识、核心负责人共识。

2）三不定：动作不确定、资源投入不确定、具体路线不确定。

假设我们定一个"三年内上市"的目标，对创始人来讲挺好，但它是否符合三共识和三不定呢？

首先，核心目标是否清晰。在哪儿上市、多少估值、具体到哪一年，这些是不清晰的。

其次，核心产出有没有共识。上市前具体要做哪些准备，财务、法务、业务怎么干，不确定。

最后，核心负责人是谁？CEO、CFO（首席财务官）还是COO，不知道。

大部分公司并不是没有目标，而是目标不共识、不清晰、不可交流，创始人自己热情很高，员工则觉得跟自己没什么关系。

好目标要定义得清清楚楚，让大家能够看到。例如，销售团队就做得很好，"双十一"冲击1000万元流水，这个目标具体、清晰、可衡量。

还有，选择什么样的节奏，投入多少资源，请国际顶级的咨询公司还是请国内的，具体的方案都要写出来，并且讨论确定下来。企业上下达成共识，要让目标随时可查，随时可行，随时可交流。

（2）任务管理：用周报进行知识管理

1）周报有三种方式可并行使用：下级写给上级；上级写给下级，抄送平级；上级写给下级，抄送全员。

2）企业管理者对日报和周报的反馈速度一定要快。对日报和周报的反馈速度越快，员工的目标达成率越高。

3）周报模板化：①你的目标是什么？②这周核心工作进展是什么？③你

的计划是什么？④你的所思所想是什么？

很多公司的周报都是由下级写给上级的，告诉上级这周做了什么。所有写给上级的周报只有一个核心思想——我很忙，其他都不重要。

这是传统公司履行管理权的方式，但也许有更好的方式，比如上级写给下级看。阿里巴巴、好未来都是上级写给下级，同时抄送给平级。这类周报的核心讲目标、进展、思考和其他人要做什么配合工作。

还有一种模式是上级写给下级并抄送给全员，信息的流通非常透明。例如，在今日头条，张一鸣把自己的目标写得很清楚，抄送全员，这极大地加快了信息交流的速度，这种管理文化和信息交流的方式会让很多人清楚地知道公司在做什么。

为什么上级周报抄送下级和全员很重要？因为对创始人来说，他知道公司两三百人在做什么很容易，但对员工来说，如果管理者们不说，他们基本不知道管理者们在想什么。

企业管理者还要多给员工周报做反馈，没有反馈的周报是没办法持久的，这应该成为知识管理、业务管理的固定动作，需要系统来支持。周报坚持得好的公司，目标达成率更高。

（3）绩效管理：要透明公平

1）透明：绩效目标透明、绩效结果透明、基本法透明。

2）公平：赏罚公平、淘汰公平、晋升公平。

例如，管理销售团队时，绩效目标一定要很透明，让所有人都知道，100万元是及格线，120万元是超预期，80万元是没达标，什么样的结果对应什么样的惩罚和奖励。

（4）质量管理：标准作业程序（SOP）来立法、品控手册来司法、检测抽查来执法

线下公司都有ISO 90001、ISO 90002这种流程认证，但线上公司就很少了，特别是内容型和服务型公司。

三节课很早就开始做SOP，每个流程都会SOP化，SOP之后用品控手册来监督，比如教研手册、教学手册、新人入职手册、产品研发手册等，要做得非常具体和明确。

一开始很费事，但做好后非常轻松。新人加入后能很快上手业务，出了问题也可以追溯原因。此外，企业还需要经常抽查，看看哪些环节出了问题，然后进行迭代优化。

（5）新人管理：遵循"三快一慢"原则

1)"三快"：新人的入职流程要快；新人的岗位培训要快；新人的产出速度要快。

2)"一慢"：新人的企业文化熏陶要慢。

我们会不断地要求新人融入速度加快。例如，入职流程能否在入职前就看到。发生疫情之后，我们做了一个远程新人入职手册，帮助新人快速了解公司和业务；手册可以持续复用，节省了大量沟通成本。

总结一下以上内容，大致有以下三个要点：

一个趋势： 知识工作者将成为主流，数字化办公成为"必选项"。

三个变量： 三个核心变量——组织能力、商业模式和杠杆率，决定了企业能否做大。而组织能力的唯一评判标准就是人均单产，提升人均单产的关键是做好知识管理。

五大场景： 提升知识管理能力，核心要抓五个场景：目标管理、任务管理、绩效管理、质量管理、新人管理。

最后，送大家一句话："没有沉淀的公司是做不大的。"没有知识沉淀、数据沉淀和人才沉淀，公司想基业常青是不现实的。

3.3 线下业务线上化转型的痛点与难点

泛娱乐直播平台针对 To B 业务或高客单价产品，转化效率非常低。这些业务需要用私域直播方式把潜在客户吸引到直播当中，并且通过直播内容完成转化。

口述 | 袁文辉【小鱼易连 CEO】
整理 | 李佳浩

01 疫情让各行各业转向线上

由于新型冠状病毒肺炎疫情，我们的商业模式、业务流程和工作习惯都被彻底改变了。

举个最简单的例子，以往大家很熟悉的电视节目，比如湖南卫视的《天天向上》《我是歌手》，以及央视的《挑战不可能》等，都在线下先录制好。但大家最近有没有发现，这些电视节目已经完全从线下演播厅走到了线上，嘉宾直接在家里通过线上给大家做节目。再如，前几天的小米发布会，也从线下转移到了线上。

同样在教育领域，不管是体制内的学校还是体制外的教学机构，所有线下课和辅导都已经停止了。面对这种情况，特别是线下教育培训机构，必须将自己的业务继续进行下去，因为这些教育培训机构多是预收款，如果上不了课，就要退费，对企业来说是巨大的现金流挑战。

为了能继续上课，教育培训机构就必须迅速从线下转向线上，并且想尽办法为学生提供高质量的教学，这样才能让家长放心，从而不会有退费行为。这等于倒逼教育培训机构进行商业模式上的创新。

现在，法院也转向线上。最高人民法院发文要求我国所有的法院都要线上化，也就是说整个法院的开庭审判过程，全部都采用云视频的方式进行。发文后短短一周多的时间，我国已经有一万多个法庭实现了互联网庭审。相信疫情过后，由于线上法庭带来的高效率，法院会坚持线上化，届时，原告、被告和证人等只需要下载一个App就能把全流程走完，这一定能大大提高整个社会的效率。

回过头来看，这次新型冠状病毒肺炎疫情肯定会对整个国家经济造成比较大的冲击，各行各业或多或少都会受到影响。从长远角度来看，我们会发现在线下商业活动受限的情况下，国内各行各业都在走向线上化和数字化。

只有企业走向线上化和数字化，才能克服当下疫情带来的困扰，并且还能极大地提升整个社会当中的沟通、交流和协作效率。等疫情过去之后，我们会发现有很多业务形态因为疫情走向了线上，形成了新的商业模式。同时，很多用户会养成新的消费习惯。例如，疫情期间，很多人都不出门买菜，而是通过生鲜电商购买。养成这种习惯后，人们会发现在家动动手指就能把需要的肉、蔬菜和鸡蛋买到家，非常方便。

02 疫情下企业面临的四个挑战

当前疫情下，企业很多流程都面临非常大的挑战。

（1）线下获客

传统获客手段，不管是To B或To C公司，主要都在线下。像To B，往往是自己组织全国各地的巡展、招募会，或者做一些线下沙龙邀请新老客户感受新产品、新技术，从而获取潜在客户。但疫情下，这些通道都被关闭了。

（2）商机转化

怎么把商机转化成真正的销售，怎么把潜在客户变成付费客户，这中间有很长的链条和环节。在疫情前，我们通常是获取商机后上门拜访客户，为他们解释、演示、提供试用，当他们满意或货比三家后觉得不错，最终就能成为客户。但在疫情下，已经没有这些机会转化客户了，很多企业最主要的销售手段都被疫情隔断了。

（3）成单交付

即使已经成交的客户，也面临难以交付的问题。现在想去现场安装、测试、调试产品，或者线下提供服务，是根本不可能的事。

（4）企业未来成长

疫情给企业本身竞争力的成长也带来了很大挑战。一年之计在于春，很多创业公司在春节过后都会培训自己的销售团队，让团队参加各种各样的培训会，但现在这种机会没有了。春季往往还有很多产品发布会，现在很多也不得不取消了。此外，很多投资人也不愿意线下见面了。

03 如何通过线上化方式获取商机

在疫情之下，企业运作的方方面面都受到了很大挑战。怎么去攻克这一个个难关？如何通过互联网手段把传统线下比较低效率的方式变得更加高效？

先来看看获客方式的变革。很多具有一定规模的企业会用分众传媒等线下广告投放的方式获客，但在疫情下，企业这种投放很难产生特别好的效果，因为大多数人都足不出户，线下广告没有机会触达潜在客户。

而一些常规的获客手段，比如线下巡展、老客户沙龙、第三方展会等，更是当下国家不鼓励甚至禁止的。这时候，企业应该考虑把线下获客手段搬到线上。虽然线上化的获客手段和商机获取有多种选择，但可能很多人把它想得过于简单了，觉得在抖音、快手等平台开个账号做直播，就可以解决线上获取商机的问题。真实情况是，泛娱乐直播平台针对To B业务或高客单价产品，转化效率非常低。

To C直播平台，一般都是大家平时比较感兴趣或高频使用的产品，比如卖口红，受众非常广泛，很有可能直接转化销售。而一般人对To B业务的直播不感兴趣，即使凑热闹看了，也不一定是精准客户。这种情况下，我们得用私域直播方式把潜在客户吸引到直播当中，并且通过直播内容完成转化。

直播内容非常重要。可以邀请行业中的专家、知名品牌的高管来做分享，他们一般在业内具备影响力并对产品有着深刻理解，分享内容干货也多。同时，分享的内容最好要和自己的产品与服务有所联系。我把自己的亲身体验跟大家分享一下。

我们曾邀请郎酒集团的办公室主任来分享企业如何在一周时间把1万多名员工从线下转到线上办公。当我们把直播的消息通过销售渠道及老客户的朋友圈、微信转发出去之后，很多公司的董事长、总经理都被吸引过来。那一次的直播活动，吸引到了3000多人，因为分享的内容是创业者非常感兴趣的问题——如何在家高效办公。疫情期间，每个企业都会遇到跟郎酒集团一样的挑战。在听讲的过程中，很多客户都会想到自己的情况，思考怎么通过云视频这种方式提高自己的组织效率。这时候我们对客户进行回访，就有机会对他们进行销售和转化。

另外，必须要把听众的联系方式、所在公司、职位信息在分享过程中或在分享前就收集到，分享结束后就能生成一个具有潜在商机的用户清单。

当然，用户来参加活动的初衷是要听专家分享，所以不要非常直接地向他们推销产品，这样会给用户留下非常负面的印象。建议打电话回访用户时，先问问他对嘉宾分享的内容有什么反馈、整个听讲过程是否顺畅等，让他先对你留下不错的印象。大家记住，只有在用户不产生反感、不觉得你是骚扰的情况下，才有商机转化的可能。

再说说专有私域直播的价值。专有私域直播可以吸引渠道老客户参与互动，在老客户的引流效果上非常明显。通过老客户，又可以拓宽潜在客户面，许多老客户在听完这些业界大咖的分享后，有可能通过他的渠道推荐来更多新客户。此外，老客户在听分享时，会联想到更多的使用场景，有利于对他进行升级解决方案的销售转化。

那么，如何进行完全线上的销售转化呢？第一步肯定是邀请客户，通过电话或微信邀约，对他发起视频会议邀请。当这个潜在客户接受邀请后，通过云视频的方式，把PPT展现在他的手机或计算机上，然后用语音为他一一讲解，展现产品的特点及价值。

整个讲解过程，应该通过云视频分享屏幕的直播软件进行演示，这样能让客户对产品及服务有更直观的了解。最后，技术人员、售前团队和销售团队等多方相关人员都可以参加到会议中进行答疑，客户有任何问题，都可以迅速实时解答（见图3-3）。

邀请 Invitation
用电话或微信邀约，通过微信小卡片发起视频会议邀请

讲解 Presentation
通过云视频会议用PPT展现产品特点、价值

演示 Demonstration
通过云视频分享屏幕直播软件运行效果，了解更直观

答疑 Mentoring
技术人员、售前团队、销售团队等多方相关人员可入会答疑

图3-3 完全线上的销售转化

完成线上销售的关键是一定要电话、微信和云视频相结合，把原来上门拜访获客升级为纯线上流程，并最终完成线上销售。这里面有几点我们要注意，首先是要克服心理障碍，要坚定地相信远程销售是能够完成的，这能极大地增加获客和转化的机会。其次，要反复演练线上销售流程，只有将环节和技巧磨炼得特别熟练，才有底气在线上转化客户，决不要打无准备之仗。最后，挑选合适的工具。使用简单可靠的远程工具，能增加客户的体验感和好感。

下一个业务流程是很重要的产品交付和服务环节。以往很多交付都是在线下进行的，比如上门安装和配置等。但疫情期间，必须将产品交付简单化、自助化，实现全面在线的产品交付过程。例如，用户只要下载你的App，就可以按照指示，一步步自主安装和配置。实体产品怎么办呢？可以让当地渠道商把硬件带给客户，当然得在有防护措施的前提下。

再就是解决客户服务问题。以往服务方式主要通过上门或电话完成，现在上门服务肯定很难了，只用电话又不够，所以最好结合云视频方式，让客户服务能够实现远程化、可视化。

最后回过头来总结一下如何通过线上化方式获取商机，主要有三个关键策略点：

1）专有私域直播：通过销售、渠道、老客户、朋友邀请高关联度潜在购买者，让老客户升级和扩容，并吸引新客户。

2）筛选分享嘉宾：邀请业内有影响力并对产品有深刻理解的嘉宾，分享内容要充满干货，并进行电话回访。

3）收集重点潜在客户的资料：收集潜在客户的资料，跟进反馈，促成商机转化。

3.4 想提高远程办公效率，先学习这些"军规"

对于大多数公司来说，远程办公并不意味着办公室会消失，而是让员工随时随地可以开展工作。

口述 | 乔　迁【印象笔记 COO】
整理 | 朱　丹

01 远程办公是未来吗？

在远程办公的状态下，如何保证公司业务不受影响，是所有企业创始人都特别关心的一点。

提起远程办公，不得不提WordPress——WordPress母公司Automattic是远程办公理念极致践行者，在扩张、发展过程中一直采用纯远程办公的方式。Automattic唯一的"全员到岗"，是他们每年组织的一次为期一周的"大聚会"（Grand Meetup），让世界各地的员工聚集到一座城市，增强凝聚力和协作。

分析Automatic的案例，我们可以获得一些关于远程办公的启发，比如远程办公也可以让员工在线发挥创意；不同的公司可以采取不同的远程工作方式；在远程办公中协同工具至关重要。同时，企业要建设支持远程工作的文化：在远程办公中，企业不能把员工当作孩子一样，每天盯着他们。

现在也有人开始鼓吹，远程办公是未来工作的潮流趋势。微软的前员工斯科特·伯昆（Scott Berkun）甚至写了一本 *The Year without Pants*，即不用穿着裤子去上班，说未来大家可以在家穿上短裤舒舒服服地工作。斯科特在这本书里表达的核心观点之一是，目前大部分公司的管理模式都来自20世纪由大型财阀主导创立的商学院。这套管理体系主要服务于制造业、银行业等传统行业，主要特点是以职业经理人为中心，所涉及的工作也大多是重复性的劳动。由于惯性，这套管理体系从制造业时代被沿袭到了互联网时代，逐渐体现出了它的缺陷和对知识经济时代的不适应性。

但在我看来，这一观点有点偏颇，并不是所有行业、所有企业及所有职业都适合在家办公——对于大多数公司来说，远程办公并不意味着办公室会消失，而是让员工随时随地可以开展工作。

02 如何有效提高远程办公的效率？

结合我在大型外企20年的工作经验及印象笔记的相关实践，我认为在远程办公中，以下几点十分重要：

（1）远程办公从自我管理开始

前微软战略咨询总监刘润表示，要想高效远程办公，第一件事就是在家不穿睡衣，而是穿戴整齐。"不要觉得穿着睡衣很舒服，事实上会特别容易分神。你一定要当作正常上班一样，准时起床，换上正式的衣服，这是一种仪式感。这种仪式感会把你拉入到一个工作的状态，很大程度上提高工作效率。"

（2）有效利用效率管理工具

远程办公相比在公司办公，环境比较放松。但对很多有孩子的家长来说，在家办公不如在办公室专注，因此需要有效利用效率管理工具。

1）每日工作计划：借助称手的工具可以帮助员工更便捷地调节工作节奏，做好规划。"每日工作计划"模板，可以从不同维度拆解员工每天的工作任务，划分好优先级和时间安排，明确每一个时段的工作目标。

2）PDCA计划进度表 PDCA计划进度表从时间维度来拆解每一天的工作内

容，列出每个小时的计划和执行工作，并在结束时检视自己的进度成果。

3）项目管理甘特图：在团队协作上，可以通过项目管理甘特图把项目拆解开来，分类别、分时段落实到具体的执行内容和负责人身上，并把甘特图共享给大家。这样不仅能规划清楚项目的执行阶段和具体行动，还能确保所有负责人都清楚目前的项目状况和项目阶段。

（3）基础条件和协同规则

要想实现高效的远程办公，以上两点是远远不够的，还需要构建团队在线办公的基础条件和协同规则：

1）企业要保证员工在任何时间、任何地点都能高效地找到工作所需要的信息。如果一个企业所有的工作文件都在内网，外网无法访问或访问起来很困难，远程办公就无从谈起。同样，如果员工将计算机放在办公室，工作资料和信息不在手边，也无法实现远程办公。因此，企业将信息和数据上云是远程办公的基础。当云端和本地数据同步之后，员工可以随时随地获取工作资料和信息。

2）在远程办公中，员工工作中产生的信息需要被书面化、电子化，以及进行有效的共享。很多企业都会选择通过微信发文件，而这很容易出现员工未能及时查阅文件及文件过期等问题。因此，如何随时随地保存工作中产生的信息变得特别重要。现在，用户通过使用印象笔记的小程序，就可以保存微信对话、微信中各类文档，并可以通过计算机轻松访问。

3）建立良好的协同文化，遵守远程办公的"十条军规"。哈佛的一个办公团队总结了远程办公的"十条军规"，如增加团队成员间的了解、明确任务和流程、严格遵守沟通规则等。

（4）沉淀团队的知识资产，建立企业的"经验库"

一个协作项目总是需要靠大家的合力来完成的。我们会在印象笔记的项目空间中创建一个"项目进度"笔记本，将各自执行的进度或阶段性成果随时同步更新，这样就能保证每个人都处在相同进度中。在项目完结的时候，将各自部分的输出结果也放入空间内，方便整个协作项目资料的统筹和完善。同时，这些内容可以很好地保存下来。

企业把每一个员工脑袋里的隐性知识变成团队的显性知识，以及把个人智慧总结形成一个团队的智慧，对于企业的生存和发展特别重要。这也是印象笔记最核心的价值，我们希望能够帮助每一位创业者、企业家留存企业的核心信息和知识，避免出现员工离职后，知识就被带走的问题。

03 如何开好一场电话会议？

受疫情影响，电话会议成为企业沟通的常态。对于企业来说，如何才能开好一场电话会议？经过印象笔记的实践，我有以下几点建议：

（1）设立会议主持人

原来在线下开会就很容易拖堂，电话会议聊起来更是没完没了，因此，在电话会议中，设立会议主持人特别重要。同时，在会议过程中，主持人需要很好地照顾到每个人，充分征求每个人的意见。

（2）做好会前准备和会议记录

印象笔记会进行充足的会前准备和良好的会议记录，能有效帮助团队打破距离阻隔。

我们在会议开始之前，会将会议的背景、需要解决的问题，以及上次会议的决议、下一步的行动计划等写入会议准备模板，并分享给参会人员，实现充分的信息共享。同时，我们会有一个会议纪要模板，记录会议所讨论的内容、决议，以及下一步的行动计划等，分享给参加会议的所有人，做到事事都有跟进。

（3）构建良好的沟通原则

为了防控疫情，目前很多企业都采取了远程办公+集中办公的混合办公状态，此时在开电话会议时要注意以下三大方面：

1）建立良好的沟通文化。良好的沟通文化能够促进虚拟会议中与会者积极协作、分享知识并提升效率。首先应欢迎异地与会者参加会议，先和大家聊一下他们各自的工作情况，在轻松的氛围下建立非正式的联系，再转入正式的讨论。

2）鼓励双向沟通。如果主持人向与会者征询意见时，大家都保持沉默，可以请大家投票表决、要求每个人轮流发言，或者进行匿名投票。

3）确保会议公平度。当会议主持人主持一场半虚拟会议，而只有会议室内的与会者能够看得到彼此的面部表情和肢体语言，并相互自由交谈时，就会让异地与会者感觉遭到忽视。出现这类问题时，应考虑下列原则：如果有与会者身处异地，那就让所有人都通过虚拟方式参加会议，即便其中有些人身处同一办公地点；或者规定同一办公地点的与会者之间不能私下交谈，都在远程中表达观点。

04 信息安全是远程办公最大的挑战

远程办公的基础条件之一就是将公司的信息和核心运营数据都上传到云上，很多创始人和管理者会担忧数据安全问题，为此企业需要打造三重安全体系。

（1）基础环境安全

现在很多企业都将数据放在了公有云上，如腾讯云、阿里云、华为云等。在基础数据安全上，公有云可以提供防黑客、防数据泄漏等基础保障。

（2）数据存储安全

企业数据是否可以跟别人共享、能不能做到完全和其他用户隔离及在线加密，是企业选择工具产品一个非常重要的标准。印象笔记在管理数据存储上，有严格的权限要求。例如，有些员工能够看这个文档，但不能拷贝，有些员工可以浏览并编辑文档等；对于企业的核心信息，印象笔记要能够做到分层级、分权限地充分管理。

（3）运营管理安全

我要特别提醒各位企业负责人，在使用企业服务、企业软件时，要注意两步验证：当用户使用账号和密码登录之后，同时通过发送验证码进行二次验证，避免出现因为用户名和密码泄露而丢失企业的核心数据。

3.5 如何提高云办公的协同效率？

要建立一个"倒金字塔型"企业管理模式，即最上面一层是一线工作人员，是以客户为中心的经营者，中层管理人员不变，而高管团队位于最底层。

口述 | 李瑞阳【上上签解决方案行业专家】
整理 | 朱　丹

01 疫情之下，危机并存

疫情期间，远程办公软件得到了众多企业的追捧，钉钉的下载量一度位列AppStore第一名。但值得深思的是，远程办公解决的只是协同问题，而不能从根本上解决业务高效运转的问题。

企业如果只是关注内部责、权、利，实际上无法保证在这段特殊时期内能够活下来。企业如何通过外界协同找到客户和供应商获得营业收入，这关乎企业的生死。要想做到这一点，企业一定要实现营销线上化、产品线上化及服务线上化。

（1）营销线上化

企业此前的获客渠道如果来源于线下发传单、地推等方式，现在肯定全面停滞，因此一定要通过搭建线上的营销渠道来解决这一问题。线上营销渠道主要分为两类：①团队在淘宝、京东、大众点评、抖音、快手等平台渠道获取流量；②企业通过微信公众号、微信群、官网、小程序等自建流量渠道。

企业有了线上营销渠道后，更重要的是运营好营销渠道。一个很好的方式是"鱼池养鱼法"，即在自有流量池的基础上，通过活动、优惠、内容推广等不断添加、引流用户进入私域流量池。

（2）产品线上化

企业通过营销，把产品以线上方式推给客户。一个典型的案例是，我们一位餐饮行业的客户采用小堂食、大外卖模式，即通过堂食打造口碑、营造热度，吸引用户的注册，主要订单通过外卖的方式销售给顾客。疫情之下，很多餐饮企业因为缺乏线下流量都关门了，外卖业务受影响相对比较小。

（3）服务线上化

企业服务有内外之分：对外，员工通过和客户的接触，需要对客户的反馈进行记录、分析和统计。传统模式下，企业很难系统分析客户反馈的问题，而通过工具表单、智能客服工具可以很好地实现这一点。对内，企业的采购、物流等内部服务，都可以使用线上化工具实现线下管理。

这次疫情让企业都认识到了内部协同的重要性，同时，企业的外部协同也不可忽视。企业可以通过营销线上化、产品线上化、服务线上化，思考如何提高组织间的效率，让业务面对疫情仍然不下线、不断档。

02 电子签约的优势与实践案例

法兰西斯·福山在《信任》一书中表示：社会繁荣的基础在于信任。在一个时代，当社会资源与物质资源同等重要时，只有那些拥有高度信任的社会才能构建稳定、规模巨大的商业组织，以应对全球经济的挑战。

我非常赞同这个观点。企业实现营销线上化、产品线上化、服务线上化，最终的目的就是签单。一切不见面的签约都是企业基于契约建立的信任，这是我们要解决的核心问题。

目前，很多人对于电子签约的模式比较陌生，对于电子签约的安全性、法律效力存有疑问。

在安全性上，电子签约适用以下三条法律：①《合同法》明确规定，数据电文和纸质合同都是书面形式的一种，具备相同的法律效力；②在2004年，中国就颁布了《电子签名法》，其中明确规定可靠的电子签名与手写签名具备相同法律效力；③2019年12月《民事诉讼法》更新后，电子证据和电子数据可作为民事诉讼的证据。值得一提的是，电子证据真实性的判断规则为：由记录、存储和保管电子证据的第三方平台提供，可以直接确认真实性。如果电子内容经过公证机关公证，人民法院应当确认其真实性。

上上签电子签约最大特点就是和公证处直接合作。在我们平台所签约的合同，都会直接及时地在公证处那边存证。签约双方一旦出现法律纠纷，可以由公证处直接出具相应的公证书，帮助企业进行相应的司法举证。

相比原来的纸质签约，电子签约无论成本、效率还是安全性都更高。具体来说：

在效率上，企业如果通过纸质签约，需要先起草合同、盖好章快递给对方、对方收到后盖好章再快递回来。这些流程所需时间达一周以上。而电子签约，签约双方只要在一个电子签约平台中，分分钟就可以完成签约，极大地提高了效率。

在成本层面，企业如果通过纸质签约，打印费用、快递费用等相加最低需要30～40元。如果企业的业务量庞大，一年的快递费都会高达几百万元。而电子签约的成本只有纸质签约的10%～20%。此外，电子签约还能够降低隐形管理成本。例如，贝壳找房的员工高达20万人，分布在全国100个城市的门店中，每周大约入职数百人，人力资源部接待新入职人员都要花很多时间和精力。我们联合贝壳找房，通过人工智能入职，可以帮助新人快速入职和实现在职人员在线文件签署。

此外，更重要的是，电子签约相对纸质签约更安全，对风险的管控更严格。

疫情发生后，武汉承建火神山、雷神山医院需要大量设备，GE（通用电气）第一时间从上海准备了相关物资送抵武汉。外来人员进入疫区武汉，需要严格的身份证明及企业的用工证明。这时物资运输人员已经抵达武汉，短时间无法给予纸质证明。GE找到我们后，紧急做了一个员工证明内容，远程快速帮助一线人员完成身份确认，实现快速通关。

企业通过电子签约可以快速实现业务线上化、营销线上化，保证业务不被疫情中断。上上签希望通过技术构建一个新的商业社会。

03 展望企业线上化的未来

最后，我想分享关于企业未来线上化管理、业务线上化方面的四点思考。

1）从供给驱动转变为效率驱动。

分享两组数据：2019年新生儿的数量是1465万名，创下1962年以来的新低；劳动人口2011年达到最高值9.41亿人，随后绝对数量逐年下降。中国经济的基本面从增量阶段转向存量阶段。

企业的劳动产值等于劳动人口×劳动效率，由于近年来人力资源成本越来越高，企业的员工只能保持平稳或降低。企业要想提升劳动产值，就需要通过提升劳动效率来实现，从供给驱动转变为效率驱动。未来企业必然会实现线上化运营、线上化组织，这次疫情只是帮助企业加快了这个过程。

2）企业之间的竞争除了线下的服务体验之外，线上软件科技的竞争也越来越重要。

我们可以观察美国近100年来最高市值企业的变化：在1918年电力时代，市值最高的企业是GE和美国钢铁；1968年市值最高的企业是IBM及AT&T；在2018年，市值最高的企业则是谷歌、亚马逊、苹果。现在，企业最核心的科技是计算服务和数据。对此，企业需要利用好现有工具，激活人员能力。我相信企业通过这次特殊时期的"临时考试"，会更加意识到线上软件在竞争中的积极意义。

我们需要注意的是，现在谁的效率高、谁的速度快，谁就能抢占先机。很多云服务或SaaS可以做到及时可用，帮助企业在核心业务场景上解决效率问题。同时，从基本的管理成本来讲，SaaS一定比企业购买传统的软件开发便宜得多。

如果企业没有信息化管理工具、营销自动化、产品在线化、智能表单、智能客服等，现在市面上有很多成熟的软件服务可以直接采购，避免自我开发的过程，一步到位，为企业的业务插上IT的翅膀。

3）每一个公司都会是一个软件公司。

无论美国市场还是中国市场，我们都可以看到一个趋势，每一个公司都将是一个软件公司。例如，银行已经从一个实体变成了一个App，我们日常查询账单、转账甚至理财，已经无须去营业点办理，通过App操作就可以实现。

疫情之下，很多新技术发挥了极大的作用，比如消毒机器人、无人配送、3D打印隔离舱等。此外，随着5G时代的到来，世界将会进入一个万物互联的时代，所有能看到的东西都将连接上线。

4）企业的管理层越来越年轻，并演化为赋能型组织。

2020年，第一批80后已经40岁，第一批90后已经30岁了，年轻的管理层对于互联网科技的认知无法倒退。在吸纳年轻人进入管理层方面，做得最好的是阿里巴巴，对年轻人的信任和期待最高。目前，阿里巴巴80后管理者占比近八成，90后管理者人数超过2000名，淘宝兼天猫总裁蒋凡就是一名85后。企业一定要将培养年轻人作为组织建设的头等大事，避免出现青黄不接的局面。

在组织形式上，很多传统企业是典型的"正金字塔"结构：企业的高层、中层、基层管理者组成一个金字塔式的形状，逐层传递，后中端负责执行。随着企业的发展，这种管理模式已经不太适合了，而是要建立一个"倒金字塔型"企业管理模式，即最上面一层是一线工作人员，是以客户为中心的经营者，中层管理人员不变，而高管团队位于最底层。

在我看来，管理者或创始人更应该将精力放在组织建设和企业文化上，让每一个员工都能够形成以客户为中心的经营理念和经营方式，让员工的个人目标和组织目标形成统一，上下齐心、形成合力，打造一个赋能型组织。

实操小贴士

如何利用互联网工具高效办公和构建私域流量体系？

知识贡献者：联拓数科CEO 陈 鹏

实体商业数字化转型有以下三个要点：
1）组织在线、沟通在线、协同在线、业务在线，提升组织效能。
2）存量第一，增量第二，沉淀客户资产，挖掘单客价值。
3）全面拥抱线上，打造超级门店，抢占实体商户的数字化红利。

未来所有企业都是数字化公司，所有门店都是数字化门店，现在必须下定决心转型。先让组织在线，形成战队，相互促进、相互激发。

未来会形成两大商业操作系统：
1）阿里巴巴+钉钉——淘宝系商户等会选择。
2）腾讯+企业微信——对于付不起高额流量费的企业来说，可以尝试多运用企业微信。

当然抖音、快手、小红书等流量我们也要用起来。非常时期用猛药，通过全面在线化转危为机。

企业微信最大的好处：最多加2万名好友，可以发朋友圈，还可以打造私域流量。不同于携程、淘宝、阿里巴巴、京东、同程等公域流量，私域流量就像自己的朋友圈，不用付费，可以在任意时间、任意频次直接触达用户。

有了企业微信，未来私域流量会有新玩法。企业微信跟客户在一起，跟生意在一起。拉入客户后，可以发送公司推介，让员工的客户资产变成组织的客户资产，公司构建流量池。公司可以每月发4次朋友圈，精准营销。流量还可以继续裂变。

概括起来就是：建组织，拉同事；拉客户，打标签；常联系，多互动；严管理，强协同；搭课堂，盯培训；用商城，在线推。

使用企业微信可以让有温度的专业服务走近11亿名微信用户，高效协作，安全管理。利用这个机会，培养员工的在线办公习惯，提升办公效率，让员工动起来，通过小程序实现业务在线、服务在线。

4 开源节流

合理开源、合法节流

迅速盘点现金 ● 账上的现金可用月数超过18个月,是非常安全的;超过12个月是相对安全的;超过6个月是处于危险边缘的。如果公司账上资金只能维持3个月,则处于危机之中,需要立即裁员、降薪,对应收账款进行催款。

降运营 ● 广告、活动、差旅等预算至少要砍掉一半,甚至2/3,而实行的考核标准也应以效果为主。当然,在逆势中获得爆发的情况可以另当别论。 如果以前的要求是把钱花在刀刃上,现在则是要把钱花在刀尖上。

全员销售 ● 如果公司产品本身可以To C,鼓励企业建立全员销售和内部兼职体系,把销售角色赋能到全公司每一个人,在大家为公司回流现金的同时,每个员工能多赚一些钱,活得更好一些。

降薪与最低工资 • 降薪与最低工资的发放由于是一种合同关系的改变，因此需要与员工进行协商，在达成一致后方能采取措施。如果员工不同意，企业是不可以单方面做出这样的决定的。

不可抗力的法律后果 • 导致合同不能履行的，不承担民事责任；导致合同目的不能实现的，可以解除合同。

诚信原则 • 基于诚信，企业应当及时将受疫情影响的情况通知到合同相对方。

4.1 疫情下，我的现金流告急怎么办？又该如何融资？

无论债权融资还是股权融资，2020年一定要理性沟通，也一定要快。因为谁手头的资金都不会太多，还是"天下武功，唯快不破"，只有先到先得。

口述 | 李 涛【文康律师事务所高级合伙人、副主任】
整理 | 张九陆

春节本应是一段喜庆的日子，但是由于新型冠状病毒肺炎疫情，我们的经济和生活秩序完全乱套，创客、创业者和企业家更是遇到了前所未有的困难。

尤其是企业现金流。在疫情中，餐饮、旅游类企业几乎停摆，大家没有了收入，而房租、人工还要照常支出，企业的现金流非常紧张。此时，如果银行贷款到期了怎么办？如果股权融资的投资者要求提前退出，又该怎么办？在这个艰难时期，每家企业都面临着非常艰难的选择。

在这里，借助黑马大学的平台，我将用20年的从业经验，把自己做过的案例与大家分享，希望能带来一些启发。

01 现金流：企业的"血条"管理

关于企业的现金流问题，可以从两个方向加以考虑——收和支。
首先是如何管控收入，我有一个现成的案例。

2018年下半年，美国突然对大量中国进口商品加征关税，这给当时的众多货运代理，即给外贸企业做出口商品运输报关、通关、托运等业务的公司，带来了比较大的打击。面对寒冬，有的企业采取降价措施，通过低价去竞争客户，也有的企业家干脆把这块业务关停了。大家采取了不同的策略，和今天的局面很像。

当时，我们的一个客户既没有一味地降价促销，也没有彻底退出这个行业。他们设计了客户分级策略，把客户分为四类：第一类是受到冲击比较大，自身承受能力比较弱的企业，定义为面临倒闭的企业；第二类是受到行业负面冲击，但是承受能力比较强的企业，被称为勉强维持型企业；第三类是受行业影响不大，发展平稳，保持上升趋势的企业，称为小有发展的企业；第四类是反而受到正面影响，发展非常迅速的企业，称为大鹏展翅型企业。

他们针对这四类企业采取了不同的调配措施：

1）对于面临倒闭型企业，坚决砍掉，因为这种业务投入越多就损失越大。货代行业门槛比较低，竞争激烈，企业要先行垫付大量的海运费，客户一旦倒闭，前期垫付的几万美元就拿不回来。因此在我们建议下，客户把这部分业务逐渐取消，不再做了。

2）对于勉强维持型企业，他们采取了继续维持但是额度压缩的策略。原来账期三个月，逐渐压缩到一个月；一些出货量比较大的，逐渐压缩货量，做缓慢退出型处理。

3）小有发展的企业有比较好的现金流，属于企业需要争取的客户。对待这种企业，采取了降价推进的措施。例如，假设原来货物量价值是100万元，对超过100万元达到200万元的部分打九折，200万元以上再打八五折，鼓励这类客户增加业务量。

4）对于大鹏展翅型企业，则做了非常大胆的投入。例如，有一个客户是国有企业，业务快速发展，但是产品比较特殊，是危险化学品，需要投入大量箱罐；当时很多货代企业不敢投入，我们的这个客户却加大投入，建了大量的箱罐，后来基本上垄断了这家国有企业的内陆运输业务。

2019年，很多货代企业被那些面临倒闭型客户拖累，自己倒闭了，而我们的这家客户业务不但没有下降，反而一路上扬。

这个案例对其他行业同样适用，我们也要对自己的客户进行梳理。这次疫情对各行业的影响是"冰火两重天"：对于餐饮、酒吧、旅游等线下消费行业，以及会展、培训、公共交通等密集型消费行业，几乎是致命性的打击；但是另一些行业，比如网购、视频直播、互联网培训、口罩生产等，都得到了迅猛发展。我们在未来管控现金流的时候，对于下游客户要做一番认真筛选。

其次，我们在进行支出管理的时候，也可以制定一些有针对性的策略。为了便于记忆，我给这些策略起了不同的名字：

1）乌龟战略，即尽量延长你的付款期。在特殊时期，能延期付款的，想尽一切办法去延缓付款，保证手头有足够的资金周转。这不是赖账，也不是故意违约。这次疫情属于"不可抗力"，2003年"非典"期间，最高人民法院曾做出相应的司法解释，面对"不可抗力"，一些合同是可以延迟履行的。当然，这需要合同相关方去协商。胡雪岩曾经讲过一句话：做生意，上半夜想想自己，下半夜想想对方。通过协商可以解决很多问题，比如我们假设原来是从两三家供货商采购同一商品，现在可以把采购集中化，这样就增加了话语权，把订单都给一家企业，本来是三个月的账期，能不能多加一个月？可以通过这种方式和上游企业去谈判。

2）壁虎战略，即断臂求生，削减不必要的开支。要减少那些占用资金量大的项目，保留资金占用量小的项目。学习红军过草地，把大炮丢掉。大炮虽然威力大，但生存才是最重要的。

3）青蛙战略。青蛙要冬眠，现在寒冬已至，对于少做少赔、多做多赔的项目就应该止损。

4）乾坤大挪移。如果企业真的到了维持不下去的时候，也有一些法律上的策略，比如债权债务的互相抵销、以物抵债等，大家可以考虑做一些处理。

由于时间关系，不多讲技术性的问题。我要提醒创业者，疫情期间要特别关注现金流：①要有敏感度，不仅仅是对自己，还要对上下游企业保持敏感度；②要有充裕的现金，要比以往按照经验判断所需的现金更充裕，做好打持久战的准备。

02 债权融资：黎明前的黑暗

对于初创期的企业或中小型民营企业，债权融资，特别是从银行融资是比较困难的。这方面大家也要体谅银行，因为我国银行业竞争激烈，要考虑风险因素。据大数据测算，我国民营企业的平均寿命是2.8年。由于企业的平均存活期太短，如果银行把钱大量借给了初创期的中小微民营企业，不良贷款率是非常高的。所以，银行的商业特性决定了它们的钱大部分放给了央企、国企、上市公司和大型民营企业。

实际上，现在银行的业务正在呈"哑铃"化发展：一端是给超大型企业放贷款，另一端是给个人放贷款，通过大数据、云计算查个人信用，能很快决定可以给一个人放多少贷款。但是中小民营企业恰巧在"哑铃"中间，是银行不太重视的客户。

对于小微民营企业，目前债权融资渠道比较窄，而且在未来可能会更加困难。但也不是没有阶段性的机会，比如2020年财政部联合五部门发的"财金〔2020〕5号文"，以及中国人民银行等五部门下发的"银发〔2020〕29号文"，提到了对抗疫物资企业的重点扶持，不但贷款速度快，还给50%的利率补贴，我们要善于利用阶段性的政策。

这时候要拼速度。银行仍然不敢大量给中小微民营企业放款，但是它们也要遵守国家的政策指导，会发放一部分贷款。这时就看谁下手快，"天下武功，唯快不破"。

对于创业者的债权融资，我提两点建议：

（1）不要借高利贷

有很多创业者觉得未来还有希望，可以先借点高利贷渡难关。以我的工作经验，高利贷基本上相当于兴奋剂或毒品，沾上的企业很少有能脱离的。以前在经济高速增长的大周期当中，高利贷也许有可能偿还，在当前这种情况下，借了高利贷几乎没有翻身的可能。

（2）不要幻想以"不可抗力"对抗银行，不还贷款

我非常肯定地告诉大家，即使这次疫情被定性为"不可抗力"，但是在借款合同当中几乎不会认定这种抗辩事由，欠债还钱，理所当然。在2003年的时候，各地的法院已经有判例了。

如果企业因无法偿还借款，现金流出现问题，我建议积极主动地与金融机构配合，要如实披露信息，拿出一些切实可行的措施，比如延期或分期还款策略等。银行也是企业，相应的策略肯定会有。在这种情况下，它们不会起诉整个行业的全部企业，一定是选择性地起诉。对于不配合、赖债不还的，一定会起诉；对于积极配合、有一定还款方案、未来有发展前途的公司，银行一定会大力支持。所以，对于已到期的借款，我们还是应该积极地和银行沟通，达成和解。

03 股权融资：积极应对，唯快不破

接下来说一下股权融资。在当前阶段，作为创业者，如何更有效地获得股权类投资？如果已经获得投资，业绩指标没有完成，投资人想要提前退出的时候，如何处理对赌协议？

基金业务也是我所在团队的主要业务，我可以介绍一下目前股权投资基金行业的整体现状：2020年形势不容乐观，各方面都会缺钱。

基金管理的并不是自己的钱，是LP的钱。那么，哪些人是有限合伙人（LP）呢？主要是国企、央企，还有财政资金。财政资金是引导资金，国企、央企是资金的重要来源。此外，有限合伙人中还有很多上市公司、大型民营企业，它们有闲置资金，做银行理财也不现实，就会在上下游供应链做股权投资。

据我判断，我们国家2020年的财政资金会比较紧张，财政引导资金也会减少；国企、央企受经济环境的影响，相信他们的资金量也在降低；再看股市，大部分民营企业、上市公司的日子也不好过。因此，大家投放一级市场的资金会比往年明显减少。

与此同时，基金经理本身也面临着融资压力。目前，我们国家的高净值人群多数还是"富一代"，他们更相信自己的能力，宁可自己做投资。

所以，2020年各方面的钱都会比较紧张。

这种状态下，我建议对股权融资也可以像债权融资一样，采取积极的应对策略。

1）已经拿到投资、投资人想撤资的创业者，如果产业方向正确，可以继续坚持；或者你有新的战略规划，有转型方向，可以和你的投资人协商，大家是紧密绑定，请求他们再支援一把。

从投资人的角度看，如果他已经投了你，虽然有对赌协议，可以把股权变成债权，但他也知道你回购能力较弱，也处于纠结状态。你从原有投资人处获得投资的概率，远比再找一个新的投资方高得多，因为他们更了解你。

考虑到投资的决策流程，如果3月份疫情还没有过去，投资人还不能正常尽调的话，上半年获得股权投资基本是没有希望的。此时找原来的投资人，或者通过原投资人去联系其他投资基金，是相对比较容易的方法。

2）对于急需投资，却还没有获得投资的创业者，应该说2020年会比较困难。作为机构，我给大家提个建议，去找专业投资人，你是哪个行业、哪个阶段，就去定向找相应行业、相对阶段的投资基金。如果是初创公司，各园区通常也会配套一些产业投资基金，这对你也会有一些帮助。

与债权融资一样，2020年股权融资也一定要快。因为各个基金手头的资金不会太多，还是"天下武功，唯快不破"，只有先到先得。

对于创业者来说，公司就像孩子一样，但是对于基金投资人来讲，你的公司只是一个产品，他买进是为了明天以更高的价格卖出去。这时候，要为投资人设置好退出的路径。

Q&A 黑马问答

Q 黑 马 我是一个连续创业者，当前项目专注于做社群 SaaS 软件开发，还处于研发期，公司计划融资 300 万元，疫情期间应该如何制定融资规划？需要注意哪些发展风险？

A 李 涛 我们经常看到，很多创业者在自己的主业范围内做得不错，但是经过几轮融资以后，要么被挤出企业，要么出现一些其他方面的问题而创业失败。这往往是因为创业者在前期没有做好自己的融资规划。

创业企业不可能一次融资就解决所有问题。每一轮融资一定要有一个具体的需求。例如，你融资300万元，是只要把软件开发完成还是要做前期的推广？第一次融资的时候就要考虑后期还要再进行几轮。有很多创业者融资的时候是走一步看一步，但往往这是一种失败的融资模式。

融资时，要对整个企业的战略发展方向有一个宏观认识。例如，你设想的终局是被上市公司收购，如果按5亿元估值，市盈率（PE）是10倍的话，你的利润至少要做到5000万元。再倒推，做到5000万元利润需要多少个客户？软件要做到什么程度？需要覆盖多少个省市？地推人员怎样去结合？倒推过程中，规划就会逐渐清晰起来。

你想融资300万元先完成软件，这是天使轮融资。天使轮融资找银行是没有用的，要找专门的天使基金或亲朋好友。现在中国国内天使轮的投资基金，做得相对不是那么成熟，因为一个企业从起步开始一直到上市，需要8~10年，天使轮的投资人是要非常有远见的，所以这个领域人才少，做天使轮投资的基金也少。当前市场环境下，如果第一轮融资只做产品开发，是很难到位的，还要有初期的地推，把产品推出去，产生一定的营业额，再找风险投资融第二轮。

以我们做基金服务的经验来讲，在你的上下游产业链上，一些大型企业自己就有基金，会扶持一些创客。寻求此类投资，你的产品要有独创性，否则投资人自己也可以做了。此外，一些地方政府、创业园区有一些相应的扶持政策，也可以考虑。

❖ 创始人精神：中小企业如何应对黑天鹅

4.2 营销获客和服务的全流程在线化与数字化

2020年新型冠状病毒疫情将促使企业更加重视精益运营，其中，精细获客和服务客户、以客户为中心，是企业开源节流、持续增长的关键，这也必将推动中国企业的在线化和数字化进程。

口述 | 史彦泽【销售易创始人兼 CEO】
整理 | 武蕾蕾

01 背景篇：外部环境推动企业的在线化和数字化

这次疫情是一次黑天鹅事件，从长期角度来看，一定会推动中国企业的在线化和数字化进程。为什么这么说？这要结合2019年开始中国企业外部经营环境的巨变来看。

（1）宏观经济增速放缓

2000—2015年，我们国家的宏观经济一直处在高速增长的状态，每年GDP的增长率都在10%、8%、7%等；但是，过去两三年的增长却减少到了6%，而且2020年可能会处于一个更低的状态。宏观经济的持续走低，让我们意识到，每一个企业在经营的时候，最重要的驱动和宏观环境已经发生了巨大变化。

（2）人口红利和流量红利的消逝

提到经济增速，就不得不提到影响它的两个重要因素，一个是过去我国的人力很便宜，即人口红利；另一个是企业的获客很便宜，即流量红利。但是从

2019年开始，我们可以深切地感受到，这两方面的红利正在逐渐消逝。

（3）同质化和竞争加剧

经过四十多年的改革开放，每个行业、每个领域市场化的竞争状态和产品的同质化急剧加剧，在这样的大趋势下，大量的企业突然意识到，经过过去这么多年的粗放发展，无论是内部经营还是外部跟客户互动的整个过程，突然一下增长不起来了，企业经营的压力变得越来越大。

（4）资本寒冬加剧

在创投界里，2019年盛传资本寒冬，企业的融资变得越来越困难，这又加大了企业本身外部环境的挑战。

（5）资本和技术开始驱动传统产业转型升级

在过去两三年，我们可以看到的是，资本和技术正在进入每一个传统领域，驱动每一个传统产业的变革和洗牌，这种变革和洗牌如今正在从传统产业逐渐波及各个行业。

2019年，我和很多客户公司的CEO做了大量交流，大家普遍感觉到，原来那套粗放的经营模式在新的环境下已经难以继续维持下去，企业应该重新调整自己的经营模式才有可能存活甚至蜕变。

在2019年的这种状态下，又适逢此次疫情，对企业可以说是一次大考，这次疫情让我们更多地去思考，企业应该怎样面对从粗放的红利经济向精益运营的效率经济的转变。很多企业2019年的时候已经开始讲要精益运营、要做数字化，包括互联网巨头也都在谈要做To B和数字化来赋能整个产业。但是，谁来提供这些服务呢？除了像销售易这样的创业公司，包括很多的巨头像腾讯、阿里巴巴，都不约而同地提出新的战略，要进军到B端来赋能企业，这是我们看到的一个大趋势。

> **导师观点**
>
> **企业哪些核心业务流程需要在线化和数字化？**
>
> （1）企业的核心价值链条分为两大部分：后端的供应链条和前段的需求链条。

> （2）后端的供应链条包含生产商、供应商、物流商及企业内部的采购部门、生产部门和财务部门等，这些核心业务需要ERP、SCM（供应链管理）和MES（制造执行系统）等软件实现在线化。
>
> （3）前端的需求链条包含企业内部的市场部门、销售部门、服务部门和外部的经销商、服务商、终端设备及客户，这些则需要打通前端需求链的新型CRM来作为支撑。

业务流程的在线化、软件化，以及业务决策的数字化，是智能商业的基础。企业有哪些核心流程要在线，这涉及企业的价值链条。一是以生产制造即企业后端为核心的供应链，这个链条的数字化，很多企业在中国第一波的信息化过程中已经实现，包括财务软件自动化、ERP等。

大家忽视的是企业前端围绕着获客和服务客户的需求链条，这个需求链条里面我们又分了好几个部分，从企业内部来讲，主要是我们的销售和营销体系，这两个内部的团队和我们要获客的外部渠道和终端消费者密不可分，第一要看我们的人员有没有在线，第二要看我们的流程有没有在线，除了内部之外，第三要看所有的经销商和渠道体系有没有在线，最后我们再看终端客户、终端消费者有没有在线。

02 实战篇：实现营销、销售、服务的在线化与智能化的方法

很多企业砸了大量广告，但无从知道这些广告除了带来品牌的效益之外，对引流、获客及最终销售转化的效果数据如何。同时，对于客户是从哪些渠道过来买我们的东西、他们具备什么样的特点、服务的满意度如何、对我们的口碑如何等，都是高效获客和精益营销里面非常重要的量化指标。这些点我们理解清楚了以后，对客户的画像才能够做到精准，画像做精准之

后，我们才知道最佳的客户群体有哪些，我们怎么样围绕这些最佳客户给他们提供更好的服务。

> **导师观点**
>
> ### B2B 和 B2C 企业怎样实现在线化？
>
> 企业应该围绕客户，通过数字化的手段高效获客，从营销获客一直到线上与线下的转化，再到成交以后老客户的服务和交叉销售，甚至于再获客，整个链条能够完全闭环做到数字化和在线化，这对一家企业来讲是精益化运营的关键点。
>
> 那到底怎么样做呢？针对不同企业的情况不一样。一类是B2B型企业，即产品和服务最终卖给B端，另一类是B2C企业，即最终产品和服务卖给终端消费者，这两类企业从营销获客到服务的全面数字化过程中，它们的业务流程和体系差异非常大。
>
> （1）B2B企业。
>
> 首先，B2B企业在营销端，应做到广告投放及线上与线下市场活动都能在线化，然后在销售人员跟进线索分配的过程中，要科学地让销售过程具备可复制性，能够让线索尽可能多地转为成交客户。销售成交以后，非常关键的是我们要交付和提供售后支持，在这个过程中，我们一定要关注交付流程、售后流程体系，以及对客户的全方位支持、全链条支持、整体项目管理等有没有在线化。
>
> 只有在线化才有机会实现数字化，因为只有流程在线化以后，业务流程的每个节点才能沉淀下数据，才能支持我们进行数字化决策。这时候，我们可以用商业智能（BI）或人工智能（AI）的能力来分析在每个流程节点上做得好不好，以及怎样改善。
>
> （2）B2C企业。
>
> 对B2C企业来讲，在流量红利消失、获客越来越难的情况下，更重要的是对存量客户的理解和服务。在过去两年里，大家谈了很多私域流量，因为有了私域流量，品牌和客户之间就可以直接建

> 立互动和联系，然后围绕客户进行360度的分析，把服务、口碑做得更好，同时交叉销售再获客。怎么建立这个直接联系呢？一定要把客户通过一个载体聚起来，无论是通过微信、小程序还是会员程序，把客户聚集起来以后，企业就可以做非常多的事情。

无论是B2B还是B2C，现在都不约而同地在思考如何将获客和服务整个全链条，甚至线上、线下渠道体系全部打通，将每个环节都数字化，从潜客开始到客户的每一个触点上都能够留存客户的行为数据、交互数据甚至交易数据。

这些数据全部都沉淀在公司里，接下来就是围绕客户进行一系列深层次的挖掘，所以有另一个热门的词就是建立企业的客户数据中台，这个中台能够将各个环节交互的数据、第三方客户的大数据集成进来，最后变成企业的客户数据中台，这对每个要形成精益的、以客户为中心运营的企业来讲是非常重要的一件事情。

接下来从To B和To C两个角度，举两个销售易客户数字化的例子。

一个是沈阳鼓风机集团的例子。

沈阳鼓风机集团是一个老牌的国企，产品主要卖给中石油、中石化，销售周期非常长，他们要确保销售周期的每一个触点，甚至到成交回款的每个触点，在客户管理全链条中清晰可控。他们之前做了从线索到现金的全流程在线化，但因为非常复杂，所以使用效果并不是很好。

销售易使用新型移动场景，帮助沈阳鼓风机集团实现了从线索到现金的全流程在线化，通过简单的移动端工具让销售团队能够快速地更新，让管理团队对漫长的销售流程中每个节点上出现的问题，以及整体的销售进度和销售预测等状况都了如指掌，然后进行数字化的决策支撑。除了销售环节外，在前端的营销环节上，销售易的营销云能够通过他们的线下活动邀约客户，客户来了以后最终签到、注册、参会，最后再成为一个线索让销售人员进行跟进。

另外，沈阳鼓风机集团还实现了几个事情：一是服务体系在线化。在所有日常跟客户全链条的沟通和交流过程中，他们能确保服务人员的在线化和全渠道跟客户进行交流和互动。二是终端客户在线化。三是设备在线化。沈阳鼓风机集团花了大量的资金做物联网，每个设备都做了物联网传感器在上面。

现在销售易帮助他们给每个客户都提供一个App，可以看到每个设备日常运作的情况，一旦设备预警，客户在微信或App上面能够直接收到提醒和通知，立即推荐附近的维修人员进入维修。

另一个是我们在电动车行业的一家客户的例子。

首先在营销端，他们在淘宝、天猫、京东的客户已经是在线化的状态；在线下，经销商通过App和小程序，可以跟总部的销售团队、营销团队在线沟通。其次是服务体系，消费者买了电动车都要下载一个App，相当于把所有客户在线化。最终，后端围绕销售易CRM，将客户从哪个营销网点购买，买完了以后维修情况怎么样，以及使用的电动车大概是什么样的状态等物联网数据都集中管理起来。

这是To C企业用外部数据和内部消费者使用产品的数据、交易数据，与消费者的基本画像数据，完成对消费者的全方位理解，这才是真正的客户数据中台。

03 赋能篇：全面客户数字化平台的搭建

企业全流程在线化、数字化的过程，听起来很容易，但是实现起来的难度非常高。因为在流程的每个环节上面，我们要上一个系统都很困难，而且每个企业的流程都十分个性化。

有的企业在做在线化的时候让自己的技术部门来开发，结果发现越开发企业的业务变化得越快，自己开发的人工成本也越来越高。而且要命的是，开发出来的系统互不相通，销售用一个产品，营销和客服用另外一个产品，最后发现围绕着客户的所有数据完全没有办法打通，想要形成一个客户360度视角的时候非常困难。

另外，不同行业、不同品牌从营销到销售再到服务每个场景，大家的个性化要求非常高。例如，一个摩托车企业的线下渠道经销体系跟一家To B公司的差异就很大，所以如何在云端用一套平台匹配不同企业的业务流程，对我们来说也是一个巨大的挑战。

为了能够支撑不同行业客户的数字化转型升级，销售易花了大量的精力在我们的后端PaaS平台上面，PaaS平台能够让每个企业业务流程变化的时候，灵动快速地调整前端业务流程。

除此之外，销售易还与腾讯一起打造了客户数字化平台，借助腾讯的数字化能力，比如利用企业微信连接终端消费者、通过小程序连接经销服务体系等，赋能我们对客户的理解。结合腾讯的连接能力和销售易的流程在线化能力，再加上销售易的交易数据处理能力和腾讯大数据的能力，就能为更多企业的获客到服务全流程提供全方位的体验。

所以，这也是销售易上一轮获得了腾讯的投资，一起来打造从营销获客到服务客户全链条整体解决方案的业务思路。

Q&A 黑马问答

Q 黑马 如何管理潜在客户，保持并提升客户的转化率？

A 史彦泽 （1）潜在客户数字化后，快速分配给销售团队，而且要确保线索的自动分配。

（2）没有转化成客户的潜在客户不要封存，应退回客户池重新筛选跟进。

（3）线索打完分以后，要通过我们营销的能力进行跟进，比如通过营销云发送短信、邮件，或者通过企业微信进行跟进。

（4）给潜在客户定期设定内容推送，持续自动地培养潜在客户的分值。所以，这需要大量的自动化，有的销售型公司可能有几十万名潜在客户，用人工根本无法管理，一定要用数字化的手段将潜在客户跟踪起来，最终通过刚才我讲的这些逻辑来提高潜在客户的转化率。

Q 黑马 怎样运营好私域流量？

A 史彦泽 私域流量可以用微信等很多软件运营，企业微信现在开通了一个功能，可以让销售直接加客户的微信，加完这个客户微信就可以形成私域流量，然后对这些客户进行的画像、营销、经营、服务都可以通过企业微信在线批次触达。

还有另外一种方式，以家电行业为例，可以从保修卡开始，用保修卡通过扫码直接关注服务号，然后在线安装企业的自主App，这个过程中自然要提供家庭的很多信息，通过这个途径把我们的客户找出来。

Q 黑 马 销售不爱用CRM，标签填写总是不规范怎么办？

A 史彦泽 大家首先要理解上CRM的目的是什么。CRM最核心的是帮企业把从线索到现金的全流程打通，然后让销售团队在每一个环节上都数字化，最后达到可复制销售的状态，实现业绩可复制。管理层如果不管好这个过程，就没法管好结果，这取决于管理层的重视程度，以及销售团队的职业化水平。我们可以循序渐进地推动在线化和数字化的过程，但是有一些最基础的要求还是要确保的。

4.3 疫情下，不懂这些"钱规则"只能坐以待毙

在收入模式、定价策略上，一定要扩大一次性收入的占比，减少分期收入的比例。这要和客户谈判，可能要付出一定的利润为代价。

口述 | 姚　宁【易后台财税创始人】
整理 | 马继伟

01 资金：精打细算，开源节流

这段时间，大家都在说未来，未来3~6个月，甚至2020年全年，大家的现金流都会很紧张。这种情况下，怎么管理现金流？

企业现金流由经营性现金流、投资性现金流和筹资性现金流组成。其中，最重要的是经营性现金流。

（1）增加经营性现金流入手段

在现金经营性流入上，从财务的角度，我有四点建议：

1）调整收入模式。调整一次性收入和分期收入的比例。现阶段，越早回款越好。所以，在收入模式、定价策略上，一定要扩大一次性收入的占比，减少分期收入的比例。这要和客户谈判，可能要付出一定的利润为代价，这需要大家权衡。

2）调整客户回款。一定要压缩超长账期，跟客户做好沟通。

3）扩展副业收入。在财务视角上，企业资产负债表的无形资产科目中有

"商誉"，其构成因素比较复杂，其中包括我们企业经营过程中积累的客户及渠道资源。因为没有特别好的计价方法，很容易被疏漏。这些客户及渠道资源除了可以给我们带来收入现金流以外，也可能为同业与异业合作伙伴带来收入现金流，所以这个时间点上，企业也可以用沉淀客户及渠道资源开展同业与异业合作，增加副业收入。

4）关注政府扶持。各级政府都有不同的政策。企业要密切关注各级政府及机构的资金扶持政策，及时充分享受。

以上四点建议是从增收层面来讲的。从节支层面看，钱进来又很快出去，留不下资金流，相当于做了很多无用功。

（2）缩小经营性现金流出范围

1）延缓付款。延缓付款也有学问，不是你想晚付就能晚付，要与供应商做好充分沟通。要选择一些实力比较强的供应商沟通，延缓付款的可能性更大些。

2）化整为零。这是一个成本思路。成本分为固定成本和变动成本。这个时间点上，企业要考虑用更多的变动成本替代固定成本。例如，以灵活用工替代固定岗位、以SaaS软件替代自行开发、以灵活租赁替代长租办公等。

3）杜绝滴漏。平时，财务和各个部门一直在堵"跑冒滴漏"。现在，这个时间点上，更应该仔细梳理和扫描各方面的成本费用"跑冒滴漏"。特别提醒一下，企业要关注线上充值类、自扣类第三方服务账户，避免因为系统自扣造成无效的成本性现金支出。

（3）拓展筹资性现金流入渠道

讲完经营性现金流，再说筹资性现金流。经营性现金流类似于人体血液的循环体系，自己生产、自己消耗。筹资就是输血，创始人要能找到输血渠道。

1）关注金融扶持政策。政府出台了很多金融扶持政策，银行也出了很多配套政策。在我们原有贷款的续贷、展期、贴息、免息政策上，企业要与相关部门积极沟通，一定要享受到。另外，大家要关注各个银行关于疫情纾困的金融产品。

2）关注银行创新产品。很多银行，尤其是互联网银行或已经做互联网转型的传统银行，推出了很多在线贷创新产品。再比如税金贷，中国银行保险监督管理委员会和国家税务总局大力推广银税互联，银行和税务的信息得以互联。基于打通的税务信息，银行推出了税金贷、在线贷和投联贷等。

3）关注非银行金融机构的金融服务产品。这两年，供应链金融发展很快，很多行业都出现了行业化的供应链金融公司。它们提供了基于商业保理、融资租赁的金融产品。大家可以关注这类产品，可以将资产的现金价值更好地体现出来。

4）充分利用"小步快跑""小船出海"的策略推动股权融资。

小步快跑：资本的冬天，要降低估值预期，降低对融资金额的预期。这需要创始人做决策。

小船出海：在整个集团层面、公司层面上，有没有可能剥离出一个子公司，先拿出独立业务线、团队，用它做融资。股权融资一定要更换思维，要迂回，从集团作战变成游击战。

02 资产：流动为王，细致盘点

资产管理分为流动资产和非流动资产。

（1）清查流动资产变现死角

流动资产是最容易变现的。企业要注意变现死角。有些流动资产看似在财务报表上记在流动资产的科目里，实际上已经不流动了。

1）应收类资产。企业应做到对应收款进行一对一的管理，要让客户部门、销售部门、业务部门都参与到一对一的管理中。对于已经逾期的应收款，如果相关负责人离开公司，老板、财务负责人就是第一责任人，一定要追应收账款。同时，在应收账款的策略上，也要做一些适当化的调整。

2）存货类资产。要调整存货类资产的周转率、库存的风险量等。对于账龄比较长的存货，能处理掉就处理掉。

3）押金类资产。还有一类资产叫押金类资产和保证金资产。资金富余时，我们可能不关注，但现在该要回来就要回来。特别提醒，旅行社的风险保障金，很多地方都有了政策规定可以暂时退回。

4）短投类资产。短期投资的决策要更加谨慎。企业应对短期投资类资产重点关注，对于风险系数较高的投资应更加谨慎处理；尽量配置可收回性较强的短期投资资产。这涉及流动资产安全性的问题。

（2）降低非流动资产投入额度

1）控制投资。长期投资、固定资金的投入，占现金流最狠，一定要考虑把它压缩。经济不景气的时候，大家要考虑减少投资。

2）变买为租。对于车辆、电子设备、通用设备等固定资产，考虑以租代买模式压缩阶段性的现金流出。

3）及时变现。对于闲置的固定资产、可收回投资等长期资产，应尽量收回变现。闲置固定资产、可收回投资就像前面讲到的存货一样。

4）平台合作。通过行业内的互联网信息平台，与同行业企业建立合作关系，共享长期资产的产能。可能有些老板会碰到业务突然增加导致产能不足。这个单子做还是不做？扩不扩产能？这个业务做完了之后，过剩的产能怎么办？这个时候，你可以通过信息平台找同行，利用同行富余的产能解决这个问题。这样，既降低了现金流投入，也保证了生意和客户，这叫平台合作。

03 税金：享受减免，筹划收益

最近，税收政策陆续出台。在这里，我介绍几个大家关心的政策。

（1）新型冠状病毒肺炎疫情捐赠支出的税前扣除

介绍一下最新税法规定。企业和个人通过公益性社会组织或县级以上人民政府及其部门等国家机关，捐赠用于应对新型冠状病毒肺炎疫情的现金和物品，允许在计算应纳税所得额时全额扣除。之前，税法规定的是企业所得税的扣除限额为当年年度利润总额的12%，个人所得税的扣除限额为当年应纳税所得额的30%。

企业和个人直接向承担疫情防治任务的医院捐赠用于应对新型冠状病毒肺炎疫情的物品，允许在计算应纳税所得额时全额扣除。捐赠人凭承担疫情防治任务的医院开具的捐赠接收函办理税前扣除事宜。

单位和个体工商户将自产、委托加工或购买的货物，通过公益性社会组织和县级以上人民政府及其部门等国家机关，或者直接向承担疫情防治任务的医院，无偿捐赠用于应对新型冠状病毒肺炎疫情的，免征增值税、消费税、城市维护建设税、教育费附加和地方教育附加。

（2）税款延期缴纳的申请可能

税金是重要的现金流支出。资金压力大，能不能缓一下？可以。税法有明文规定：纳税人因有特殊困难，不能按期缴纳税款的，经省、自治区、直辖市国家税务局、地方税务局批准，可以延期缴纳税款，但是最长不得超过三个月。

苏"惠"十条是最早推出的，各省陆续出台的政策也都明确可以延缓。是否符合特殊困难的定义，可以找主管税务机关沟通。

（3）纳税减免的当前政策及预期

在这里，分享一下国家层面的纳税减免政策。税法中对房产相关的，比如房产税、城镇土地使用税，遇到特殊困难是可以免除的。如果企业停业，只要账上有房产或土地，就有机会申请纳税减免。

财政部、国税总局公告2020年第8号增加一些疫情特殊时期的包括纳税减免在内的税收优惠：

1）对疫情防控重点保障物资生产企业为扩大产能新购置的相关设备，允许一次性计入当期成本费用在企业所得税税前扣除。

2）疫情防控重点保障物资生产企业可以按月向主管税务机关申请全额退还增值税增量留抵税额。

3）对纳税人运输疫情防控重点保障物资取得的收入，免征增值税。

4）受疫情影响较大的困难行业企业2020年度发生的亏损，最长结转年限由5年延长至8年。困难行业企业，包括交通运输、餐饮、住宿、旅游(指旅行社及相关服务、游览景区管理两类)四大类。

5）对纳税人提供公共交通运输服务、生活服务，以及为居民提供必需生活物资快递收派服务取得的收入，免征增值税。

上述第四条列出来疫情影响的四个行业，后续可能还会有别的行业加入其中，我们可以拭目以待。我认为是很有可能的。

第五条值得注意的是，生活服务这一项包含了很多内容。餐饮服务、文体服务、娱乐服务都包含在生活服务里。增值税是免税的，不能开增值税专票，只能开普通票。

我们可以做些预判，针对疫情重灾区湖北省，会有更加普适性的政策出台，在四川地震的时候也有类似的情况。

这两年，出台了不少针对小微企业的政策。2020年，国家也会出台支持小微企业的政策。新出台的政策不一定和疫情纾困的政策放在一起，但可能会因为疫情影响而出台更大力度的小微企业扶持政策。不大可能出台全国普适性的税收减免政策。有些企业家提出全面减免企业税收，这样，财政压力太大了，几乎没有可能。建议企业负责人、财务负责人关注各项国家政策。大家一定要充分对号入座，看看企业适不适合国家级、省级和市级三级政府出台的政策。

（4）通过筹划向"税收资产"要收益

企业家应建立"税收资产管理"思维，即把企业根据国家税法要求必须要缴纳的税金支出视同一项可以获得收益的资产性支出，通过专业机构的支持与地方政府建立共赢的"税收资产"合作关系，可以给企业带来额外的现金收益。

这里面有什么收益？主要有四个点：

1）宽松型的征管政策。虽然国家税收征管政策是统一的，但在合规的前提下，地方政府有一些宽松的征管政策。

2）可兑现的税收奖励。地方政府税收奖励，应该选择有财政实力、能承诺兑现的政府。

3）产业化的财政支持。符合政府产业发展方向的企业，会得到政府更多的财政支持。

4）多样性的政府投资。很多政府有引导基金，也有一些直投基金。如果符合当地的产业政策和税收规模，政府愿意以投资的方式、政府入股的方式给企业资金支持。

Q&A 黑马问答

Q 黑 马 我们立足于中国，通过品牌出海的方式服务欧美客户。2020年，我们希望能够走近他们，在客户身边设立子公司，但是我们没有税务筹划基础，怎么样能做得更稳健、更合适？

A 姚 宁 我有几个建议，你可以参考一下。

1）如果在国外设立子公司，尤其在欧美国家设立子公司，一定要考虑用当地税务专业的专家做支持。国内的税务师、会计师还是以本地思维做事。大家知道各个国家的法律区别很大，税法区别更大。中国的会计师看海外税法，很难到实操层面上，大部分停留在法律研究和策略上，而且国外专家的成本也不一定比中国高。所以，一定要选择当地的会计师。

2）架构上，不建议由我国内地公司直接设立欧美子公司，建议通过我国香港公司设立。

3）在税收安排上，架构搭起来以后，容易有一个漏洞：站在全球层面上，我们的成本和收入匹配容易出现误差。我们服务过类似的案例。国内公司做出海业务，出现的情况是，国外公司是赢利的，国内公司是亏损的。有些成本应该是国外公司的成本，国内没有做好集团架构的交易，造成了企业的亏损。

4）通常，跨国公司在税收安排上，会把品牌和知识产权独立开来，知识产权和品牌获得的收益独立在一个公司运转。要找到一个匹配的模式，可以把品牌和知识产权集中管理，集中在一个相对的低税负公司处理。这是一个建议。

Q 黑马： 现在，小微企业贷款需要抵押物。我们是第三方服务商，服务了很多小型健身工作室和健身俱乐部，没有什么抵押物，怎么办？

A 姚宁： 贷款分为信用贷款和非信用贷款。如果有抵押物，就另做考虑了。信用贷款上，有很多产品可以支持，比如税金贷。当然，各个银行的产品名字不一样。基于从税务局得到的纳税信息，作为主要的信用认证条件，银行可以给企业一定额度的贷款。因为，纳税信息是真实的，而且是可以持续获得的信息。我给的建议是，一定要充分考虑能用的信用贷款。

4.4

疫情期间，我能不能不付租金或者少付租金？

在疫情之下做合同风险履约管控，要先了解疫情之下可以适用的法律规则，同时要在清楚企业自身的情况之下选择适用的规则解决问题。此外，还需要积极协商、及时通知。

口述 | 陈　洁【文康律师事务所高级合伙人、副主任】
整理 | 胡　漾

疫情之下，企业要想做好合同风险管控，可以关注以下三个方面内容：
第一，疫情下企业家需要了解哪些法律规则。
第二，通过典型案例，让企业家了解如何使用关键法律规则。
第三，了解应对疫情合同履行风险的具体措施。

01 "不可抗力"和"情势变更"的正确打开方式

很多文章都建议企业家运用不可抗力和情势变更法律规则来与合作伙伴协商降低损失。疫情是"不可抗力"，目前已经没有争议了，但企业是不是知道它是"不可抗力"就够了呢？其实没那么简单。

这两天有一则新闻，中国企业中海油向道达尔和壳牌石油公司发了一个不可抗力通知书，要求减少供货量，理由是，因疫情影响，液化天然气需求将减少，如果按照原来的合同采购，后续合同无法履行。结果，道达尔和壳牌拒绝了中海油变更合同的要求。

为什么呢？既然新型冠状病毒肺炎疫情已经被认定是不可抗力，为什么中海油提出变更合同供货量被道达尔和壳牌拒绝了？

我们暂时不给答案，先梳理一下问题涉及的法律规则。

因为疫情引起的合同履行问题，无非就是两个法律规则在起作用，一个是不可抗力，另一个是情势变更。

在法律上，不可抗力的定义是指不能预见、不能避免、不能克服的外力。通俗来讲，就是签合同的时候想不到会发生这个事，履行合同的时候这个事发生了，实在没有办法克服，这叫不可抗力。

我国的《合同法》《民法总则》明确规定，因不可抗力造成合同不能履行，合同目的无法实现，履行义务的双方应当免责，可以解除合同。

什么叫导致合同目的不能实现？最典型的例子，比如要在武汉开演唱会，因为疫情政府明令禁止聚会，演唱会不能举行，这就叫作不可抗力导致的合同不能履行，而且合同目的无法实现。这时候演出合同的双方都可以解除合同，而且这种解除合同不承担法律责任。

那是不是只要疫情是不可抗力，就可以拿来解决企业所有的问题？很多情况下，合同并不是不能履行，而是如果履行的话，会遇到各种各样原来无法预料到的问题。例如，你租了一个商铺来做餐饮，签了三五年的租赁合同，疫情期间因为有的地方政府要求餐饮场所关门停业，但停业是暂时的，或者虽然没有让你停业，但因为大家出门受到限制，客流量和经营会受到影响。作为承租方，能解除合同吗？这种情况则不能履行，不是永远不能履行，是暂时不能履行，疫情过去就又可以继续开业了。但如果还是按照原来的合同交房租，肯定是不公平的。最近很多扶持企业抗击疫情的地方政策和措施都提到了，一些国有企业或国有创业园区，对入驻的商户或企业采用了减免租金的措施。万达、宝龙地产也主动减免一定期限的租金。这时候"不可抗力"造成的并不是合同解除问题，法律上怎么解决这类问题呢？这就引入了要介绍的第二个法律规则，叫情势变更规则。

情势变更规则本来是解决什么问题的？看法律条文：合同成立以后，客观情况发生了当事人订立合同时无法预见的、非不可抗力造成的不属于商业风险的重大变化，继续履行合同对一方明显不公平或者不能实现合同目的，当事人可以请求法院变更或者解除合同。

我们用长期租赁合同来解释，订立合同的时候没有预料到疫情，而且疫情的发生不属于正常的商业风险，这种情况下适用情势变更规则。承租方可以请求人民法院变更或者解除合同，人民法院会根据公平原则，并根据案件的实际情况决定是否变更和解除合同。

从企业的视角来说，当发生了新型冠状病毒肺炎疫情这样一个不可抗力事件时，首先要区分：我是无法履行合同了？还是继续履行对我来说不公平？如果它导致的是合同不能履行，我们选择不可抗力的法律规则，在免责的情况下解除合同。如果合同还能够履行，但是继续履行对我非常不公平，这时候要考虑用情势变更法律规则，要求法院变更合同内容。什么叫变更合同内容呢？作为承租方要求减少或者免除一段时间的租金，这就是合同内容的变更。

企业家更应该关注自己的合同受到疫情的影响，会带来什么样的后果。根据这样的后果，去选择合适的法律规则。法律是用来界定游戏和交易规则的，当情况发生变化时，一定有相应的规则解决。

特别提醒，情势变更规则和不可抗力规则在使用的时候，难度是不一样的。不可抗力规则可以直接用于免责、解除合同。但是情势变更规则需要先和对方协商。如果协商不成，能不能直接不履行合同，或者直接不交租金，或者直接按照我认为应当减少的租金去缴纳呢？不行。

情势变更的规则是要求作为承受不利后果的一方，向法院申请，由法院变更合同，也就是情势变更的决定权在法院。因为，情势变更规则和商业风险有时候是难以区别的。

企业如果想使用情势变更规则，需要比较慎重，而且最好咨询律师的意见，让律师根据法律规定和合同具体的情况，给出相对理性、专业的建议。

为什么中海油以不可抗力为由要求变更合同，被壳牌和道达尔拒绝了呢？因为中海油提出的是一个变更合同的要求，而不是因为疫情的影响，合同不能履行了，申请解除合同。不可抗力规则不适用，中海油应该使用情势变更规则。

不管你是依据什么提出解除合同或者变更合同，首先要看合同的主张和约定。中海油的例子很好地说明了不可抗力和情势变更两个规则使用的场景。

> **导师观点**
>
> **"情势变更"规则和"不可抗力"规则的使用区别**
>
> （1）不可抗力规则可以直接用于免责、解除合同。情势变更规则需要先和合同对方协商。如果协商不成，能不能直接不履行合同？不行。
>
> （2）情势变更规则要求作为承受不利后果的一方，向法院申请，由法院变更合同，也就是情势变更的决定权在法院。

02 现身说"法"，"不可抗力"和"情势变更"的使用方法

（1）外贸公司能使用"不可抗力"解除合同吗？

一家外贸公司，和国外客户合同中约定了不可抗力，现在因为疫情无法履行合同，能不能申请解除合同呢？

这个问题的答案比较明确，可以解除合同。

这里澄清一个误区，不可抗力本身是一个法定的免责，是可以解除合同的法律规则。如果在合同里约定了不可抗力，特别要看对不可抗力范围的约定。

如果合同当中并没有对不可抗力做更明确的约定，甚至没有提不可抗力，这种情况下能不能依据不可抗力规则解除合同？可以。不可抗力本身是法律规则，不管当事人在合同中有没有做出约定，都可以援引不可抗力规则，适用不可抗力的法律后果。

当事人对不可抗力事项做约定的时候，建议尽可能把不可抗力的范围做出特殊的约定。不同的行业，对不同的不可抗力事件定义是不一样的。有的行业对于突发事件比较敏感，建议在合同当中把不可抗力包括哪些范围做扩大的解释，只要双方同意，法律是允许的。

（2）疫情期，房屋租赁租金如何申请减免？

不可抗力导致餐厅短时间关闭或者经营惨淡，收入大幅减少，能不能不付租金或者少付租金？

这个问题我们要分情况来解决。

第一种情况，如果政府明令要求关门，禁止营业。这种情况下我作为承租的一方，这一个月的租金要不要付？或者我跟经营者协商，如果他不同意，我是必须得付，还是少付，还是有权利不付？这和经营惨淡不一样。如果因为疫情政府要求你关闭或者停业一个月，从法律角度来讲，这一个月可以不付租金。为什么呢？因为租赁合同的目的或者租赁合同出租方的义务是什么呢？是提供可以使用的房屋。政府行政命令要求房屋停止使用，这意味着出租方没有完全尽到合同当中提供可以用来做餐饮经营使用的房屋这样的义务，缴纳租金就没有依据了。

第二种情况，政府并没有用行政命令要求关闭，而是因为疫情的影响，导致经营惨淡、人流量减少。这时候就使用情势变更解决问题。这种情况下继续足额缴纳租金，对承租方不公平，承租方要主动跟出租方进行协商减免租金。如果协商无法达成一致怎么办呢？如果出租方不同意，可以通过诉讼解决，要求法院来变更租金，这基本是可以实现的。

（3）企业使用不可抗力和情势变更规则的几个误区。

最近很多企业咨询关于不可抗力和情势变更规则的使用，在跟企业家接触的过程中，我们发现几个误区。

1）简单粗暴提出解约需求。不可抗力发生了，合同就必然可以解除吗？不一定，缺了"合同目的不能实现"这个条件，就无法解除合同。例如，你今天不能履行合同，下个月能不能履行？交货方面，你不能履行100吨，能不能履行50吨呢？还要看合同目的能不能实现，不能实现才能解除合同。所以说不是有不可抗力存在，就能解除合同。

2）是不是能解除合同，还要看合同什么时候签的。如果是疫情发生之后签的合同，就不能用不可抗力规则。不可抗力里面有一个条件是不能预见，如果你签合同时已经知道疫情会发生，不叫不能预见。

3）还有一种情况，原计划在疫情之前交货，因为自己的原因延迟交货了，能不能援引不可抗力免责呢？这也是不行的，因为这是你的过错造成的，与疫情无关。

4）不可抗力也有，当事人的过错也有，是不是都能免责呢？只有不可抗力的部分才能免责。

5）还有客户会问，是不是不可抗力发生了，我不能履行合同，那等着就行了？不行，不能等着。《合同法》有一条基本的规则：诚实信用原则，就是不管哪一方，当不可抗力发生时一定会造成损失，你免责了，对方有损失。所以，你一定要及时通知对方发生了不可抗力，而且要提供证据，这时候才能让对方提前做准备，减少损失。如果没有及时通知，要对造成的额外损失承担责任。

我们讲了不可抗力和情势变更规则，并且举了两个例子分析如何使用这两个规则，什么时候用更合适。刚刚又说了用不可抗力和情势变更规则时候的误区。最后介绍一下，发生不可抗力了，企业该怎么办？

03 疫情期间应对合同履行风险的具体措施

第一步，企业自救，企业自检，企业自己做合同风险管理。

没有谁比企业自己更了解企业的合同，自己和合同方的合作关系，以及目前这种情况下怎么来选择和合同方处理这种关系。至于有必要打官司，律师只能从法律上给出建议，企业决策则需要参考多个维度。

如果说你是履行合同义务的一方，即履约方，我建议从商业角度进行梳理。如果合同还可以履行，计划变更哪些内容？如果觉得合同不能履行了，要不要解除？

合同实际上是一种交易，它本身就是以信任为基础的，没有哪个合同双方签的时候就是为了打官司。权衡之后，再结合不可抗力和情势变更评估。

第二步，收集固定证据。律师特别强调收集固定证据，因为将来一旦面临诉讼、争议解决，证据决定了一切。

第三步，及时通知。不可抗力发生之后，及时通知是非常重要的一个义务，一定要基于诚信原则，及时通知，否则可能不能免除增加或者扩大的法律责任。

作为合同的相对方，假设我是债权人，是不是就不管了？

我们建议先梳理现有合同，锁定可能会受到的影响。

1）做预案。因为合同对方受到影响不能履行了，你要有措施。举个例子，疫情对有的行业的影响很致命，有可能企业不是短期内交租的问题，而是它可能会破产倒闭，长期没有履约能力的问题，这时候出租方需要提前做预案。

2）有积极协商的义务，情势变更情况下协商义务是双方的。不是说我是接受履行的一方，就不管了，诚实信用原则要求双方进行协商。

3）作为债权方及时止损。有时候放任对方，说等着就可以了，产生的扩大损失，将来法院也不会支持债权方。

4）着眼于长期的利益。要通过互谅、互让，共同促进合同正常履行，消除和化解疫情的影响。只有合同正常如期如约履行，才符合双方共同的、长远的利益。

在疫情之下做合同风险履约管控，要先了解疫情之下可以适用的法律规则，同时要在清楚企业自身的情况之下选择适用的规则解决问题。此外，还需要积极协商、及时通知，跟对方做进一步的沟通。实在沟通不了的情况下，再考虑变更诉讼方式或者减少合同义务。

4.5 疫情期间，裁员合不合法？工资应该怎么发？

随着全国绝大部分地区开始陆续复工，国务院、人社部、各地方政府等分别出台了一些政策和措施，在此提供一些关于疫情期间劳动用工的实际操作与解决方法。

口述 | 郭春明【天津华盛理律师事务所合伙人】
整理 | 李　虓

在疫情这样一个特殊时期里，相信大部分企业不仅肩负着巨大的生存压力，同时也面临着不少劳动用工方面的纠纷与难题。

对此，国务院、人社部、各地方政府等也分别出台了一些政策和措施，随着全国绝大部分地区开始陆续复工，在此就和大家分享一些关于疫情期间劳动用工的实际操作与解决方法。

01 关于停复工

（1）法定假期、休息日、复工日的界定

在2020年春节期间，国务院决定延长三天假期，此后各地政府又相继出台了不同的迟延复工通知，进而各个企业开始根据自身情况制定了不同的复工时间。

从性质角度来看，国务院延长的这三天叫作"延长假期"，虽然不在元旦、端午等11天法定假期中，但实际属于休息日。各地延迟复工的时间段，属于延迟复工日。因此，企业首先要遵守国家及地方的要求，不能要求员工提前复工，否则将会面临相应的法律责任。其次，如果员工在休息日办公，企业需要按照规定支付员工两倍工资；如果在延迟复工日办公，根据当地政府规定（上海将延迟复工算作休息日），可以按照正常工作日处理。

有一种特殊情况是，如果企业需要抢修抢险，比如抢修生产设备，或者在自然灾害中抢救重要财物，这时可以要求相关劳动者提前上班、强制加班。如果劳动者拒绝，可以按照企业的规章制度进行处理，甚至解除劳动合同。

（2）企业与员工的复工

如果当地政府发布了允许复工的决定，那么企业就可以正常要求员工来单位上班了。当然，企业可以灵活选择员工的工作方式，不必要到岗的可以安排居家办公。

对于不适合安排复工的员工，比如有些员工来自疫情比较严重的地区，虽然他的身体可能没有问题，但是出于安全考虑，企业可以选择与员工协商，安排他居家办公；如果这个岗位不适合在家办公，那么可以跟他协商待岗一段时间。或者，企业也可以与员工协商，把待岗的时间用年假顶替。虽然带薪年假的自主权在企业，但是最好还是跟员工协商一下，让他能够认可这个方式。

而对于拒不复工的员工，企业首先需要员工提交证明，来支持他不能复工的理由，比如交通限制、社区隔离、医院隔离等。如果员工没有正当理由，企业可以选择与员工协商在家办公，或者要求员工请事假。

如果无法达成一致，那么可以按照公司的制度，做旷工甚至解雇处理；但解雇后如果员工最终证明有客观原因存在，比如被隔离观察，那么企业就是违法解雇。

（3）企业与员工的停工

虽然很多地方已经允许企业复工，但一部分企业其实无工可复，即便让员工准时准点上班，实际上也无事可做，在这种情况下，企业除了可以与员工协商待岗，还有两种处理方式：

1）服务外包。企业可以通过协商，与员工建立合作制关系，把直接的劳动关系改造成服务外包的关系。通过与牵头员工签订外包合同，约定任务要求与费用等细节，按照服务进度与质量给予报酬。至于社保等问题，可以让员工个人缴纳，或者通过服务公司代缴。

这样一来，对于面临生存困难的企业，可以迅速降低很多人力上的成本，但并不是所有岗位都适合，而企业也不可能完全变成外包公司，因此企业在采取这样的决策前需要进行更加谨慎的分析和判断。

2）停工停产。对于实在没有业务和客户的企业，比如从事餐饮、娱乐、旅游等行业，可能就要选择停工停产。

在停工停产期间，员工第一个月的工资还应正常发放，从第二个月开始根据出勤情况，按当地规定比例发放生活费。例如，天津的生活费是指最低工资，而北京是指最低工资的80%。

因此，企业要分清哪些员工无法胜任岗位，需要待岗培训或解除合同；哪些需要不定时出勤，按照停工停产处理。如果既不跟员工解除合同，又不发放工资，这肯定是不合法的。

总之，在特殊时期，一切决策尽量先与员工达成一致，用客观的态度和理性的方法与员工协商，这样才能做到处理成本最小化。

02 关于工资、裁员与特殊情况

（1）被感染与被隔离员工的工资发放

第一种情况，员工为疑似病例，经过在医院隔离观察后没有确诊，回到家后继续隔离观察14天后确认无感染。在这段时间里，员工是由于不可抗力无法履行劳动义务，因此企业一方面不能解雇员工，另一方面还要按正常出勤发放工资。

第二种情况，员工确诊感染新型冠状病毒肺炎入院治疗，痊愈后回家休养。在这段时间里，员工实际处于医疗期，企业同样不能解除其劳动合同，至于医疗期及后续涉及病假的工资发放，企业应当按照规定来处理。

在特殊时期，企业首先要把握的原则是不要随意解除与员工的劳动关系，也不要采取强硬过激的措施与员工对立，一切都要通过双方合理、友善的协商。对于长时间无法复工的员工，通过停薪留职、待岗等方案去解决，在不影响企业生存的条件下，至少为员工发放最低工资，等待疫情结束后再做工作上的弥补。

对于经营实在困难的企业，工资如果无法按时发放，最多可以延期一个月支付。如果有工会，应该先和工会沟通；如果没有，企业也要与职工代表沟通，最终形成一个书面文件。

（2）降薪、最低工资与裁员

降薪与最低工资的发放由于是一种合同关系的变更，因此需要与员工进行协商，在达成一致后方能采取措施。如果员工不同意，企业是不可以单方面做出这样的决定的。但是如果员工无法胜任工作，比如他的业绩考核不达标，企业可以通过调岗的方式达到降薪的目的。

对于经营实在困难的企业，裁员是可以的，但是程序会比较复杂。首先需要提前一个月与工会或职代会沟通，征得他们的同意。如果裁员达到一定的数量，比如20人或不到20人，但是超过10%的话，这种情况下要跟当地的劳动主管部门进行协商，取得主管部门的许可后才能实施裁员。

但是，如果企业选择裁员的话，相应支付的经济补偿金也是一笔不小的成本，企业应按照综合情况再做定夺。

（3）录取通知（Offer）与工伤

企业如果在疫情之前向应聘人员发放了录取通知，而且应聘人员答应来上班，这种情况下录取通知是不能取消的。因为，录取通知是一个严肃的行为，在法律上属于要约，只要应聘人员回复同意，就构成了承诺，那么企业是不能随意撤回要约的，如果企业随意解除的话，是具有法律风险的。如果发放了录取通知而应聘人员没有明确回复，那么在这种情况下不想录用是可以的。

工伤是指工作时间在工作岗位，因为工作原因受到的伤害。因此，如果医务人员或防疫站人员在工作时被感染，这肯定是要算作工伤的。但是，如果作为普通企业的员工，因个人情况被感染，则不算作工伤。但是还有一种情况会被法律视同为工伤，就是员工作为志愿者去疫区参加疫情阻击战，从而被感染的情况。

❖ 创始人精神：中小企业如何应对黑天鹅

4.6

西贝和盒马的员工共享之法

从企业端看，企业边界被打破，我们不再需要100%的人员完成100%的工作；从员工端来看，个人价值得到无限放大，个体不再仅为一家公司服务。

口述 | 祝　挺【校聘CEO、猎聘HRO、勋厚人力创始人兼CEO】
整理 | 胡　漾

疫情之下，对很多企业来讲，有危机，也有机会。危机行业之前三名：第一名是餐饮，行业损失7000亿元；第二名是文旅行业，平均每天损失180亿元；第三名便是影视行业，开年损失130亿元。

当然，对另一些行业来说，疫情也是机会。首先是网游，《王者荣耀》于2020年除夕（1月24日）当天流水超过20亿元；其次是文娱，爱奇艺的会员数创12个月新高；当然还有像叮咚买菜、盒马鲜生这样的生鲜行业。

面对危机行业，政府出台了很多政策支持企业渡过难关，比如贷款援助、缓缴社保、房租减免、税费减免等。但政策只解燃眉之急，高昂的人员成本仍然让众多企业寸步难行。

2020年2月2日，西贝餐饮董事长贾国龙在接受媒体专访时表示，新型冠状病毒肺炎疫情致2万多名员工待业，即使贷款发工资也只能撑3个月。面临停业窘境，企业也在积极自救。2月3日，盒马鲜生隔空喊话云海肴、青年餐厅，邀请他们的员工"临时"到盒马鲜生上班。

一时之间，员工共享广为人知。什么是员工共享？从字面意思上解释，A企业有闲置员工，B企业有紧急用工需求，A企业就把人员短期租借给B企业使用。盒马鲜生和云海肴、青年餐厅的互动就是典型的员工共享。

01 灵活用工时代来临

员工共享的本质是灵活用工。其实，灵活用工早就存在，而且未来它有可能成为人才市场的主流。

从企业端看，互联网、共享经济环境下，企业边界被打破，我们不再需要100%的人员完成100%的工作。例如，酒店员工只需完成50%的工作，另外50%工作，比如保洁，外包出去。

从员工端来看，个人价值得到无限放大，个体不再仅为一家公司服务，仅获得一份收入。尤其是近几年"斜杠青年"盛行，预示着传统的雇佣模式、年轻人的求职观念在发生改变。

灵活用工意味着企业将发生什么变化呢？

变化一： 用工模式。对于企业来讲，不再需要大量的全职用工，可以有一部分工作交给第三方，甚至某个个体。

变化二： 经营模式。你开始去寻找需要的合伙人，甚至要求每个人以结果为导向，参与企业经营，人人都承担经营责任。

变化三： 企业岗位。不再需要跟很多部门交接，或者只有部分工作做交接。

变化四： 任务、事、项目。所有的任务都需要以标准化的指标考核。

那灵活用工对企业有什么好处呢？

好处一： 降低成本。灵活用工将极大降低企业的管理成本。

好处二： 提高灵活度。灵活用工让企业在人员方面灵活度更高，比如淡季可以少一些人，旺季可以多一些人，随时可调整。

好处三： 提高效率。灵活用工以结果考核员工，对公司来说，你产生多少价值，我付相应的价格，简单直接，这是非常高效的合作方式。

好处四： 合规合法。已经有相应的法律法规支撑灵活用工模式，在帮助企业降低管理成本的同时，减少企业在人力资源管理上的风险。

02 我的企业适合灵活用工吗？

有人会问，灵活用工是大势所趋，那它到底适合哪些行业？在此给大家总结了四个适用标签。

1）看业务形态是否存在淡旺季。例如餐饮行业，中午、晚上是特别需要人的时间点。再如，华硕、联想每年到9月份，以及iPhone发布新产品的时候订单会暴增。有明显波峰和波谷的业务，特别适合灵活用工。

2）看是否存在人员编制限制。国企、事业单位，有编制限制，在编制不变却又需要补充人员支撑企业业务发展时，就可以通过灵活用工、外包等方式，将需要完成的工作或任务分配给"零工"，以此来提高企业的效率，甚至提升人效。

3）看是否存在阶段性用人需求。很多企业高速发展的时候，比如刚拿到融资，就可以灵活用工。因为这个阶段需要很多人，下一阶段这些人不一定需要，可以通过灵活用工提高企业的效率和管理成本。

4）看固定岗位流失率。从长期来看，公司的人员会有变动，有些特定岗位人员流失率比较大，企业自有招聘能力来不及补足人员的情况下也可以选择灵活用工过渡。

灵活用工适合哪些企业，要根据企业的业务形态来看。谈到业务，有以下几个重要的点需要注意：

1）工作岗位。灵活用工的岗位职责内容一定是不需要和太多人做对接的，或者只需要固定对某几个部门负责可以形成闭环的岗位。

2）工作地点。不要求他在固定的工作地点甚至工作时间工作，比如某工作岗位不要求"朝九晚六"，只需要完成分派的任务，在限时之内完成，不管员工每天工作几个小时，只需要看工作是否完成。

3）劳动条件。不再强调各种硬性条件，比如计算机，更看重的是产出。

4）劳动报酬。不是按工时、工作量、目标付酬，而是以结果为导向。

当下灵活用工的管理方式有很多种：第一种是合同制；第二种是派遣、劳务，有一部分企业采取劳务制，即跟员工签的是劳务合同；第三种是项目制；第四种是合伙制，双方以合伙的方式完成某项工作。

用工方式会随着管理方式的变化而变化。你跟员工到底是雇佣关系还是合伙关系，工作内容是否任务化、标准化、流程化，这些都值得我们重新思考。

共享员工的三大模式：

（1）B2C+C2B模式

企业和员工在疫情期间临时解除劳动关系，员工自行求职，到需要的岗位上工作。例如北京的K歌之王，疫情期进行了人员的精简。

优势：模式特别清晰，各个环节没有三方协议，只要和员工解除合同。

风险：企业在疫情中和员工解除劳动关系，可能存在赔偿、经济补偿，需要按照规定给到员工。

这种模式在业内极为常见，比如2019年甲骨文把在中国的所有员工裁掉，之后华为直接录取这些人，达成劳动关系、劳务关系、合伙关系等。

（2）共享员工，即B2B模式

把受疫情影响的人员闲置企业的员工安排到人员不足企业上班，双方企业之间签订业务合作或人员借调合同。人员不足企业支付薪酬、社保等员工薪资福利给人员闲置企业，人员闲置企业照常发放薪资给员工，员工劳动关系还是属于人员闲置企业。

优势：

1）人员还是属于人员闲置企业，企业在疫情后恢复正常用工时，可以继续把人员调回来使用。

2）人员闲置企业不再需要支付员工薪资、补贴等，直接降低企业人员成本。

风险：

1）根据《工伤保险条例》第四十三条规定，如果人员闲置企业员工被安排到人员不足企业上班，因为人员不足企业的工作环境出现工伤，由人员闲置企业承担。人员闲置企业也可以跟人员不足企业协调由后者承担，可以写在合作条例里。

2）B2B是企业和企业之间的合作，真正落实起来会较复杂，风险也比较大。

盒马和云海肴就是B2B的合作，模式看上去比较简单，但是实操层面上有很多问题。例如，甲方有100人，有一些人去乙方工作的工作地点比较近，有一些人比较远，有一些人不愿意去，有一些人觉得薪资不够高，有一系列问题。最后可能甲方100人，去乙方工作的只有20人。

我们调研了很多企业的员工，发现企业合作落地时，员工会有很多想法，而且要满足员工的想法极其困难。

（3）B2P2B，第三方人力资源公司介入

这里有两种情况，一种是第三方人力资源平台，匹配需求，另一种是人力资源服务公司外包，我们重点讲讲外包。例如，甲方有100个员工，只去一家乙方可能安排不了。这时候通过第三方，可以把转化率做到80%，甚至更高。第三方平台一方面帮助企业做需求集采和匹配，另一方面承担部分用工风险，比如员工社保。

这是灵活用工的三种模式，我们需要基于业务去选择适合自己企业的方式。

导师观点　　灵活用工适合哪些行业？

（1）看业务形态是否存在淡旺季。有明显波峰和波谷的业务，特别适合灵活用工。

（2）看是否存在人员编制限制。

（3）看是否存在阶段性用人需求。

（4）看固定岗位流失率。

---

03 疫情之下的人才招聘

可能很多人以为，疫情期间企业大多处于裁员的状态，但是现实比我们想象的乐观，数据告诉我们：48%的企业仍然按照2019年做的招聘计划；23%的企业有新增编制计划，需要招更多人；只有29%的企业的编制不变，或者裁员、减少编制。

人才市场目前还是属于一个比较乐观的状态。企业只要结合政策，可以做很多层面的调整，以降低成本，不一定要选择裁员。

有人说疫情期间没办法面试，其实很多线上招聘工具都可以用起来，比如腾讯会议、钉钉等。猎聘还推出了一个完全免费的产品"多面"，方便企业进行线上面试。

企业无论在疫情中或是未来发展过程中，无论受影响程度有多大，都可能遇到经营情况不好的状态，都要招到"对的人"，并持续物色优秀的人才。因为对一家企业来讲，只有招到了优秀人才，才能帮助企业持续成长。

4.7 疫情下，企业如何享受国家财税优惠政策渡过难关？

国家考虑到企业的实际情况，推出了诸多免税政策。企业可以考虑自身情况，积极申请。

口述 | 顾永明【中税集团高级研究员及讲师】
整理 | 朱　丹

疫情之下，很多企业面临着生存危机。2020年2月7日，北京知名KTV"K歌之王"宣布将与200多名员工解除劳动合同，如果有30%员工不同意这个方案，公司将进行破产清算；2月6日，知名IT培训机构"兄弟连教育"宣布，因受疫情影响，即日起，兄弟连北京校区停止招生，员工全部遣散。

总体来说，疫情对于中小企业的影响比较大。危机来临，创业者们应该理清企业现状，思考以下三点：

1）疫情对公司的收入影响会持续多久？公司现金流能否撑过疫情期？公司能采取哪些增收增资的措施？

2）疫情期间公司有哪些主要的支出？哪些可以延后支付？哪些可以节约支出？

3）如何为极端情况做好准备？

以下我将通过解读财税优惠政策，分析其对企业在增收增资和降本增效等方面的帮助。

01 如何利用财税新政实现增收增资？

疫情之下，危机并存。阿里巴巴就是在"非典"期间崛起的。企业在危机之下，也要把握机遇，谋求崛起。

（1）从增加收入方面来讲，企业可以通过整合资源，研究疫情期和复工复产期可以提供的特定环境下的产品和服务。

中小企业"船小好掉头"，要善于发挥自身的优势。例如，上海通用五菱就利用已有的无菌车间开始生产口罩。在财税政策方面，国家对于疫情防控物资生产企业有各种优惠，比如企业可以申请财政的贴息贷款来购买相关设备，设备价款也能在所得税前一次性扣除。

在收入免税上，国家考虑到企业的实际情况，推出了诸多免税政策。具体来讲，有以下三点：

1）对纳税人提供公共交通运输服务、生活服务，以及为居民提供必需生活物资快递收派服务取得的收入，免征增值税、城市维护建设税、教育费附加、地方教育附加。

2）对纳税人运输疫情防控重点保障物资取得的收入，免征增值税、城市维护建设税、教育费附加、地方教育附加。

3）纳税人按规定适用免征增值税政策的，不得开具增值税专用发票；已开具增值税专用发票的，应当开具对应红字发票或作废原发票，再按规定适用免征增值税政策并开具普通发票。

（2）从增资角度方面来讲，企业有多种途径寻求支持。

1）寻求创业担保贷款的支持。疫情之下，在个人和企业的创业担保贷款方面，政府推出了相关优惠政策：

①对已发放的个人创业担保贷款，借款人患新型冠状病毒肺炎的，可向贷款银行申请展期还款，展期期限原则上不超过1年。

②对受疫情影响暂时失去收入来源的个人和小微企业，地方各级财政部门要会同有关方面在其申请创业担保贷款时优先给予支持。

③在个人创业担保贷款上，符合创业担保贷款申请条件的人员自主创业的，可申请最高不超过15万元的创业担保贷款。

④小微企业当年新招用符合创业担保贷款申请条件的人员数量达到企业现有在职职工人数25%(超过100人的企业达到15%)并与其签订1年以上劳动合同的，可申请最高不超过300万元的创业担保贷款。各地可因地制宜适当放宽创业担保贷款申请条件，由此产生的贴息资金由地方财政承担。

需要注意的是，各地个人创业担保贷款申请条件不一样，以北京为例，有10类人符合创业担保贷款申请条件，其中包括本市户籍的登记失业人员、就业困难人员(含残疾人)、复员转业退役军人、刑满释放人员、高校毕业生(含大学生村干部和留学回国学生、技师学院高级工班和预备技师班毕业生、特殊教育院校职业教育类毕业生)、化解过剩产能企业职工和失业人员、农村劳动力(含返乡创业农民工)、网络商户、建档立卡贫困人口、实现自主创业且按规定办理了就业登记的其他人员。小微企业如果招聘这10类人的话，也可以申请创业担保贷款，但要达到一定的比例。

2）寻求融资担保贷款支持。

①政府对疫情防控重点保障企业和受疫情影响较大的小微企业提供信用贷款支持。

②对受疫情影响较大的批发零售、住宿餐饮、物流运输、文化旅游等行业，以及有发展前景但受疫情影响暂遇困难的企业，特别是小微企业，不得盲目抽贷、断贷、压贷。

③确无还款能力的小微企业，为其提供融资担保服务的各级政府性融资担保机构应及时履行代偿义务，视疫情影响情况适当延长追偿时限，符合核销条件的，按规定核销代偿损失。

3）争取发行债券融资。目前，政府鼓励信用优良企业发行小微企业增信集合债券，为受疫情影响的中小微企业提供流动性支持。其中，允许债券发行人使用不超过40%的债券资金用于补充营运资金。此外，2020年也允许发新债还旧债。

4）针对疫情防控重点保障企业（如直接防护品生产制造企业、生活必需品骨干企业，相关仓储、通信和服务系统等），政府提供财政贴息贷款，另外还会为其提供足额信贷资源。

02 企业如何利用财税新政实现降本增效？

（1）降低人工成本

1）在个人所得税方面，单位发给个人用于预防新型冠状病毒肺炎的药品、医疗用品和防护用品等实物(不包括现金)，不计入工资、薪金收入，免征个人所得税。

对参加疫情防治工作的医务人员和防疫工作者按照政府规定标准取得的临时性工作补助和奖金，免征个人所得税。

2）在劳动关系方面，企业因受疫情影响导致生产经营困难的，可以通过与职工协商一致采取调整薪酬、轮岗轮休、缩短工时等方式稳定工作岗位，尽量不裁员或少裁员。符合条件的企业，可按规定享受稳岗补贴。

3）稳岗返还政策方面，国家为加大失业保险稳岗返还力度，将中小微企业失业保险稳岗返还政策裁员率标准由不高于上年度统筹地区城镇登记失业率，放宽到不高于上年度全国城镇调查失业率控制目标。其中对参保职工30人(含)以下的企业，裁员率放宽至不超过企业职工总数20%；湖北等重点地区可结合实际情况将所有受疫情影响企业的稳岗返还政策裁员率标准放宽至上年度全国城镇调查失业率控制目标。

支持企业开展在岗培训，受疫情影响的企业在确保防疫安全情况下，在停工期、恢复期组织职工参加线下或线上职业培训的，可按规定纳入补贴类培训范围。

以北京为例，对受疫情影响较大，面临暂时性生产经营困难且恢复有望、坚持不裁员或少裁员的参保企业，可按6个月的上年度本市月人均失业保险金标准和参保职工人数，返还失业保险费。此外，疫情期间，对符合首都功能定位和产业发展方向的中小微企业，截至2020年4月底企业职工平均人数与上年平均人数相比持平或增长20%(不含)以内的，一次性给予该企业3个月应缴纳社会保险费30%的补贴；截至2020年4月底企业职工平均人数与上年平均人数相比增长20%及以上的，一次性给予该企业3个月应缴纳社会保险费50%的补贴。

对于享受上述政策的企业，根据岗位需要组织职工(含待岗人员)参加符合规定的职业技能培训，可按每人1000元的标准享受一次性技能提升培训补贴。

4）社会保险阶段性减免

自2020年2月起，各省、自治区、直辖市（除湖北省外）及新疆生产建设兵团可根据受疫情影响情况和基金承受能力，免征中小微企业三项社会保险单位缴费部分，免征期限不超过5个月；对大型企业等其他参保单位（不含机关事业单位）三项社会保险单位缴费部分可减半征收，减征期限不超过3个月。

自2020年2月起，湖北省可免征各类参保单位（不含机关事业单位）三项社会保险单位缴费部分，免征期限不超过5个月。

受疫情影响生产经营出现严重困难的企业，可申请缓缴社会保险费，缓缴期限原则上不超过6个月，缓缴期间免收滞纳金。

（2）公益捐赠支出

企业捐赠防疫物资免征进口关税和进口环节的增值税、消费税；捐赠所得税税前扣除（通过机构可以全部扣除，直接捐赠只认定给医院的物品），需要保留证据。

（3）固定资产

对疫情防控重点保障物资生产企业为扩大产能新购置的相关设备，允许一次性计入当期成本费用在企业所得税税前扣除。

此外，对于企业在2018年1月1日至2020年12月31日期间新购进的设备、器具，单位价值不超过500万元的，允许一次性计入当期成本费用在计算应纳税所得额时扣除，不再分年度计算折旧。（设备、器具，是指除房屋、建筑物以外的固定资产。）

（4）税费减免

1）增值税留抵退税。2020年1月1日起，疫情防控重点保障物资生产企业可以申请全额退还，其他符合条件的企业（如先进制造业等）也有一定退还比例。

2）文旅行业有退还旅游保障金政策，标准为缴纳全额的80%。

（5）减免房租

国家鼓励给困难企业减免房租，要求地方政府自行制定具体细则。

以北京为例，中小微企业承租京内市及区属国有企业房产从事生产经营活动，按照政府要求坚持营业或依照防疫规定关闭停业且不裁员、少裁员的，免收2月份房租；承租用于办公用房的，给予2月份租金50%的减免。

对承租其他经营用房的，鼓励业主(房东)为租户减免租金，具体由双方协商解决。对在疫情期间为承租房屋的中小微企业减免租金的企业，由市区政府给予一定资金补贴。此外，对符合条件的小微、初创型文化企业房租，通过"房租通"政策给予房租补贴。

（6）资产损失的处理

因为疫情期间无法复工等不可抗力导致的物资损失，可以作为进项税额抵扣。此外，资产损失所得税税前可全额扣除。

（7）亏损和弥补

受疫情影响较大的困难行业企业[包括交通运输、餐饮、住宿、旅游（是指旅行社及相关服务、游览景区管理两类）四大类]2020年度发生的亏损，最长结转年限由5年延长至8年。

（8）延长申报纳税期限

国家税务总局出台相关政策表示，在全国范围内将企业2020年2月纳税申报期限延长至2月28日；其中，湖北等疫情严重地区可以视情况再适当延长，具体时间由省税务局确定并报税务总局备案。

受疫情影响到2020年2月28日仍无法办理纳税申报或延期申报的纳税人，可在及时向税务机关书面说明正当理由后，补办延期申报手续并同时办理纳税申报。税务机关依法对其不加收税款滞纳金、不给予行政处罚、不调整纳税信用评价、不认定为非正常户。纳税人应对其书面说明的正当理由的真实性负责。

相信通过最大限度地享受国家财税优惠政策，企业一定能够渡过难关。

4.8 企业如何借助 IT 资产管理开源节流？

企业需要改变IT资产管理模式，从过去的粗放式管理向精细化管理转变，更灵活地调配自己的IT资产，帮助企业员工更方便快捷地在线办公。

口述 | 胡祚雄【小熊U租创始人】
整理 | i黑马

01 在线办公，IT办公设备得够"硬"

疫情倒逼企业转变IT办公设备管理方式：由粗放式管理转向精细化管理。

随着新型冠状病毒肺炎疫情的蔓延，全国进入了疫情防控关键时期。为全力支援疫情防控，阻断病毒的传播，很多企业已经响应政府的号召，开启在线办公模式。

办公模式的改变，要求每一家企业都需要重新思考，如何组织和管理好团队，远程在线协同各种工作，以及如何更好地做好IT办公设备支撑，方便更高效地开展工作。这时候，需要企业改变IT资产管理模式，从过去的粗放式管理向精细化管理转变，更灵活地调配自己的IT资产，来帮助企业员工更方便快捷地在线办公。

虽然企业的员工通过一部手机可以解决很多在线办公的问题，但从实践来看，员工如果缺少IT办公设备的支持，办公非常不便，效率非常低。

目前，整个企业IT资产管理主要有两种方式：第一种是IT资产管理系统。

它包括企业IT设备采购、入库、使用到报废的全生命周期的数字化管理，以及跟踪整个周期IT设备的财务、合同、库存等详细情况，还包括记录的所有的设备维护日期、定期审计、人员轨迹等。这些都需要系统化、数字化地进行管理，进而保证企业IT资产数据的准确性，优化生命周期的资产投资。第二种是IT资产代运营。它将企业IT资产管理工作全权交给第三方，由它们提供一整套的综合解决方案，包含IT设备租赁、IT技术服务、IT设备回收、资产管理SaaS软件服务等，让企业由传统购买模式转为新兴的租赁模式。

很多企业管理者会疑惑，IT办公设备采购需要支出很多成本，租赁又觉得东西不是自己的。对于这种顾虑，我认为如果企业是轻资产办公，IT设备是员工办公需求，完全可以通过租赁的方式解决。

企业可以根据发展情况，灵活地调整IT办公设备的需求，或者根据特定项目的时长，采用租赁的方式，这样可以减少IT设备的空置时间，从而减少IT资产闲置带来的成本。

企业租赁IT办公设备，除了长租、短租，可以选择多种设备，满足企业特殊时期对IT办公设备使用灵活性的需求。像这一次疫情的特殊时期，有的员工的计算机在公司，由于疫情防控，根本无法回公司去取，这就需要租赁IT办公设备。

总的来说，IT资产代运营可以为企业降本增效，具体表现这五方面：

1）灵活调整IT办公设备。不用考虑供应商选择、设备品牌、机型、参数选定等。

2）减少IT设备的空置时间。以租赁方式灵活满足因为员工异动带来的增减需求。

3）减少挤占现金流。缩减对IT资产的一次性支出，减少占用资金。

4）降低资产闲置沉没成本。企业可以根据员工级别、工种的差异设定IT设备月支出费用。

5）不需要仓库、运维人员，释放IT资产管理上的大量人力和物力。

02 做好IT资产管理，帮助中小企业降本增效

其实，每家企业都对IT设备有不同的需求，有的想要灵活性，有的想要提高效率，有的想要降低成本，有的想要减少维护等。

很多企业觉得几千台设备很难管理。根据我们的统计，1000名员工以上或者1000台设备以上的企业，10%～15%的设备是不知道在哪里的。

其实，数字化IT资产管理在欧美国家的普及率很高。美国企业大约有59%的办公用计算机是采用租赁方式获得的，欧洲有63%的IT类上市公司采用设备租赁模式。而在中国，这个数据是多少呢？只有不到5%，这不但让我们看到中国与外国的差异，也看到在中国这是一个巨大的市场，充满无限想象空间。

总的来说，一个完整的数字化IT资产管理解决方案，需要从两方面考虑：第一，通过租赁方案智能推荐，帮助企业不同员工快速匹配IT设备；第二，应用智能风控的大数据算法，算出免押金额度。因此，以租代买模式，可以减少企业巨额资金一次性投入，缓解现金流压力，保证核心业务的战略需求。

以我们的客户每日优鲜为例，在企业高速发展的过程中，每日优鲜从3年前租赁六七十台计算机，到现在变成六七千台计算机，它最大的困扰是如何降低设备带来的资金占用问题。

我们采用的方案是租赁智能推荐，帮助每日优鲜快速匹配员工的IT设备，从不到100元/（台·月）的普通办公用计算机，到用于技术开发超过1000元/（台·月）的高配苹果计算机；同时通过每月回访，应用智能风控的大数据算法，得出每日优鲜的免押金额度，从最早几十万元到现在几千万元的额度；再通过以租代买的模式，让它3年时间节省了逾千万元现金流。

03 通过IT资产管理提升办公效率

很多企业特别是中小企业表示，目前它们都在严控现金流，希望通过开源

节流来帮助企业渡过难关。疫情之下，企业人力成本非常高，受到了很大的压力，很多企业要求严控人员成本，对招聘严加控制，尽量做到每一个员工更高效、更充分地发挥自己的能力，把负责的工作做好。只有这样，企业和员工才能共渡难关。

员工办公效率的提高，需要我们管理好、组织好员工开展工作，充分发挥每一个员工的积极性。但有一点可能往往被企业管理者忽略，企业员工对IT办公设备是否能提高工作效率很重视。

员工对计算机的依赖性还是非常高的。腾讯、阿里巴巴这样的公司，对于IT办公设备这块的要求非常高，主要原因是人力成本高。这些大公司的计算机已经由以前的四五年的使用年限提升到现在的3～4年，最多4年，由此可以看出，随着员工成本的上升，员工对IT办公设备的要求越来越高。

影响员工办公效率的因素主要有以下四点：

1）员工使用较旧的IT办公设备。

2）IT办公设备使用出现故障。

3）设备性能与工作需求不匹配。

4）员工自行处理IT办公设备运维问题。

如果员工使用比较老的IT办公设备，我相信会出现各种各样的问题，需要花时间处理计算机硬件甚至因为硬件引起的软件问题，会占用很多办公时间。

特别是中小企业，又没有专门的IT人员，员工自己修一修，或者找人帮忙解决一下，这种隐形成本最终都还是要企业自己承担的。这样一来，员工不能高效地工作，甚至更严重的是，因为硬件故障导致数据丢失，会带来很大的浪费和损失。

假如我们能够根据员工对IT办公设备的需求，给予灵活合理的安排，员工的办公效率会大大提高。

以我们的客户GE为例。GE为了实现移动终端上的数字化转型、提升移动办公效率，打算在2020年为员工配发专用工作手机。但传统采购方式成本高，资产管理及处置烦琐，员工分布全国导致回收成本高昂。因此，小熊U租提供了一站式租赁解决方案，包括4000台iPhone XR手机，定制化管理平台，专属项目技术运维团队，通过资产管理软件进行设备编码，统一分级管理，设备发放一对一匹配，设备管理与回收无缝链接，不仅降低98%的一次资金投入，同时移动办公效率提升70%，资产管理效率提升超过200%。

04 借助IT资产管理实现开源

IT办公设备回收，可以让企业做到开源。很多企业的IT办公设备由于各种各样的原因，放置在仓库中没有使用，这一部分设备在持续地贬值，假如我们能够及早地管理好不需要的IT办公设备（可以通过回收处置），一方面可以获得部分费用，另一方面还能减少办公设备存放带来的空间占用成本。

以土巴兔为例。土巴兔在公司快速发展期间购置了大量办公设备，但人员流动及经营情况变动，导致数百台设备处于闲置状态，为此付出不小的管理成本和人力成本。如果按照低价处理，不仅资产折旧过高，企业信息安全也得不到保障。小熊U租在严格保障数据安全的基础上，将土巴兔的闲置设备按使用残值进行回收处置，解决了企业固定资产积压、闲置浪费等问题，同时降低了土巴兔的仓储及管理费用，有效优化企业现金流。

小熊U租做过的最大单笔资产处置过亿元，这说明这些IT资产存在很大的价值，只是我们不知道而已。

Q&A 黑马问答

Q 黑 马 除了降本增效，IT 资产管理可能给业务创新带来哪些价值？现有IT 资产如何帮助企业做业务拓展？

A 胡祚雄 IT资产管理能给业务带来哪些创新，要具体问题具体分析，具体要看是什么行业，每个行业给业务带来的价值不一样。

有些行业，像门店比较多的，甚至有一些人员比较分散的，比如链家，它们的需求不光是降本增效、设备投入维护，还有人员能不能复用的问题。

通过我们的IT资产管理，把每个地方的IT资产使用情况都弄得很清楚。以前企业要用几个人员管几个店，现在他们用外包的方式，能够更快、更及时地响应需求，比过去仅靠自己店里的人员要快，拓展业务就更好些。

Q 黑　马　针对30人左右的小企业，如何提高IT办公效率？

A 胡祚雄　100人一个界限。每个企业都是从小做到大的，公司几十人，什么都要自己干，不可能30人还请一个IT，也不可能请采购。这时候企业更应该采用外包、租赁的方式，一个人租一台设备，每月基础费用为100元左右。

5

数字营销

回归用户、重构关系

增强用户躯体记忆 ● 所有做产品的企业,都要抓住用户感知,在产品中植入更安全、更健康的新材料、新服务。在疫情期间和疫情过后一定要加强店铺的SOP(标准作业程序)级别,不仅是自上而下,还要在线上与各渠道、加盟商一起共创细节提升。机器替代可避免人员的参与和干预,能够用软件和机器去替代原来需要人工作的场景和环节。机器替代包括泛机器人,像无人机、工业机器人、智能AI和人工智能软件都是机器替代的一种方式。

专业可视化 ● 在"可视化"表达上,我们必须用幼儿园的方式,在产品包装和交互设计上直接体现用户对技术的感知,表达时用图画、大白话等方式,让用户快速及时感知你的专业。

O型消费行为	线下体验、线上购买，线下付费、线上送货等，用户是完全自主选择的。而不是线下消费就得线下取货，线上体验就得线上交割。例如教育机构，可以让所有用户都用线下交的钱来兑换线上课程；或者线下体验以后，也可以预约消费线上课程。
用户关系设计	第一，和精准用户面对面，与付费用户直接沟通，和忠实用户谈恋爱。第二，企业保命的原则是，存量用户第一，增量用户第二，要把80%的资源花在存量用户上。
与忠实用户谈恋爱	一定要服务好你的忠实用户。怎么定义忠实用户？第一，他们重复使用和购买你的产品；第二，他们经常给你反馈；第三，他们经常将产品推荐给别人。这样的忠实用户从运营角度，要提供会员制、订阅制。
打造核心竞争力	要为消费者提供无与伦比的消费场景，为消费者提供更好的消费体验，深耕每一个消费者的终身价值，这是商业世界变化中的不变。
生活提案	围绕一群用户展开生态化的产品和服务。茑屋书店CEO增田宗昭说：我们不是一个书店，而是一个生活提案公司。茑屋书店里面有咖啡、硬件产品、服务、家电、私人办公空间等。

5.1 疫情之下，离开"用户"这两个字，我们什么也不是

先有用户，后有产品。一定要关注人、关注用户；大处着想，小处着手，快速行动；要用一颗心，给用户设计可感知性高的产品和服务。

口述 | 韦凯元【设计思维商学院院长】
整理 | 胡 漾

先从一个小故事讲起。今天我收到盒马鲜生快递员发给我的一条短信："您的订单已经送到小区门口了，我是快递员×××，电话×××××××××××，我测量过体温，正常，没有任何新型冠状病毒肺炎感染症状。"

这条短信让我非常感动。盒马鲜生"非接触"快递的设计，绝非个人行为，而是整个公司从用户视角出发，对用户接触点从0到1的新设计。这样的设计，让用户在内心深处产生强烈共鸣。

这个故事告诉我们，做企业一定要有敬畏心。敬畏心指什么？就是"离开用户，我们什么也不是"。如果没有对用户体验的根本性洞察，很难做产品和业务创新。以下我们就从用户视角出发，来谈应对疫情的方法。我将从五个方面来分享一些想法。

1）如何判断疫情对用户体验的影响？
2）如何调整一季度到全年业务的节奏？
3）怎样设计用户运营和用户关系？
4）如何设计当前的创新产品、服务和业务流程？
5）怎么在产业大变革的背景下做根本性创新？

疫情就像一场测试，测的是企业的商业模式是否健康，是否有反脆弱的能力，是否能随时随地创新。疫情之下，企业的CEO要跳出画面看画面，跳出疫情看企业的健康程度。

现在最重要的不是抱怨和哀叹，而是凝神静气，冷静地面对市场变化，尽快采取行动。希望以下内容能帮助创业者安全渡过疫情，助力企业在未来赢得市场。

01 如何判断疫情对用户体验的影响？

先请大家跳出现有业务和商业模式思考一个问题，疫情对用户体验有什么影响？这些影响中有哪些需要我们彻底改变产品和业务？我专门研究用户体验和用户感知，我认为疫情让用户体验产生了三个变化：

（1）用户躯体记忆

用户大脑所带来的身体感官上的体验和经验叫作用户躯体记忆。消费行为和认知会因为躯体记忆而改变。例如，疫情带来了三个重要的躯体记忆：安全、健康、在线化。这将成为所有中国人未来在消费中的集体躯体记忆。所有行业的安全、健康、在线化级别都要提升，这是用户体验一个很重要的改进方向。

所有做产品的企业都要抓住用户感知，在产品中植入更安全、更健康的新材料、新服务。在疫情期间和疫情过后一定要加强店铺的SOP（标准作业程序）级别，不仅是自上而下，还要在线上与各渠道、加盟商一起共创细节提升。

（2）专业可视化

疫情还给大家带来了非常严重的焦虑，使得用户对任何产品都会关注技术和专业，而不仅仅是颜值。

专业可视化就是用户对专业技术和数据的即时感知，是用户体验很重要的新变化。在"专业"上我们必须是博士级别的；但是在"可视化"表达上，我们必须用幼儿园的方式，在产品包装和交互设计上直接体现用户对技术的感知，表达时用图画、大白话等方式，让用户快速及时感知你的专业。

（3）O型消费行为

O是什么呢？O是一个圆。什么叫O型消费行为？顾名思义，用户可以自由选择、全渠道、从千人千面到细致的每个人在线上、线下不同场景，获得无微不至的细节照顾。也就是说在不同的时空里，消费者可以无缝、自由地决定他的选择、购买和使用的方式。线下体验、线上购买；线下付费、线上送货等，用户是完全自主选择的。而不是线下消费就得线下取货，线上体验就得线上交割。

疫情期间，很多企业已经开始动手做这件事情了。例如，我辅导的上海做英语外教教育的萌语IKids，创新了很多不同时空的产品和业务模式，让所有用户都可以用线下交的钱来兑换线上课程，或者线下体验以后，可以预约消费线上课程。

用户的灵活性、开放性、自由选择空间非常大，这叫"用户体验正义"。正常情况下一家企业要完全形成一种O型消费模式，得花一两年时间。但萌语IKids在最近短短不到两周时间，就实现了线上收入现金回正，下个月线上收入可以超过线下。

安全、健康和在线化的用户躯体记忆、专业化可视、O型消费行为这三点将导致2020年乃至未来用户体验最重要的变化。

02 如何调整一季度及全年的业务节奏？

我把全年拆解为四个季度，刚好对应四个阶段：

第一季度： 现金流、私域流量

第一季度想实现大规模的现金收入不现实，所以要冷静下来，重点发展两件事：

（1）现金流

要想方设法地让自己有6～12个月的现金流。企业当下最好的办法是打折融资，或者找到最好的朋友，先延出3～6个月的现金流再说。

（2）做私域流量

例如，疫情期间，国内最大的陈列营销和新零售营销培训公司陈列共和的CEO和联合创始人都开通了抖音号，开始每天做直播，实现私域流量的转化。这家公司原来是一家线下公司，有200多名员工，压力很大。但他们立即行动起来了，直接在抖音里做直播，这非常值得企业家们学习。在艰难的时刻CEO要快速摆脱情绪，投入实战。

第二季度： 供应链、产品、用户池第二季度的业务收入和用户的流动性依然不会有太大提振，因为疫情的影响很有可能会从第一季度蔓延到第二季度。第二季度我们可以在第一季度私域流量的基础上做转化，把用户池建起来，用户池就是指付费用户。此外，第二季度还要好好研究供应链和产品品类扩展放大问题。

第三季度： 生活提案

什么叫生活提案？我用一个案例来说明。

茑屋书店CEO增田宗昭说：我们不是一个书店，而是一个生活提案公司。茑屋书店里面有咖啡、硬件产品、服务、家电、私人办公空间等。它围绕一群用户展开生态化的产品和服务。

有人问我是如何看专注和多元化的。专注和多元化的矛盾只存在于非互联网和纯线下商业模式中。今天所有人都应该知道，既可以专注，又可以多元化，关键是围绕用户池来进行设计。

第四季度： 增长运营

第三、四季度希望大家多卖货，全力增加收入；上半年蓄势待发，把流量资源投入到下半年。

业务节奏上记住一句话：2020年，生活提案为城，用户运营为护城河。

03 如何设计用户运营和用户关系？

疫情期间，服务用户有一个前提，即"无接触的用户在线化和上门服务"，这是疫情下比较特殊的一点。

我们可以三个阶段设计用户运营和用户关系。

1）私域流量，这是流量层。私域流量有一个关键点——跟精准用户在线面对面。

例如，一家做鱼胶产品的线下社交电商纯真一味，其CEO于2019—2020年走遍了全国各地，跟渠道、电商加盟商面对面做品鉴会，地推产品。但疫情来了，没办法做线下推广了，怎么办？就要开始思考如何在线获客，如何在线赋能加盟商,产品如何在保质期上扩展多元化的生活提案迭代,增强供应链的反脆弱性。

我问他:"这么多事情,最重要的是哪件?"他说:"开抖音号,自己上场做直播。"这就是私域流量,这就是大家当下应该立刻做的事。

2)用户在线化,这是业务层。用户在线化可使企业跟付费用户直接沟通。

我的学员企业浙江和也之前筹备了一个项目,花几亿元建了一个300亩的博物馆群,计划做线下旅游产品,疫情一来泡汤了。最近我辅导他们筹备中老年用户在家躺着也可以逛博物馆的短视频直播产品,跟付费用户面对面,用户可以顺便在线打卡、消费、预约上门送货服务。

3)用户池,这是运营层。用户付费后,就进入到用户池。运营付费用户的关键点是跟忠实用户谈恋爱。

疫情期间,我对辅导的学员说:"一定要服务好你的忠实用户"。怎么定义忠实用户?第一,他们重复使用和购买你的产品;第二,他们经常给你反馈;第三,他们经常将产品推荐给别人。这样的忠实用户从运营角度,要提供会员制、订阅制。例如,头发理疗企业黑奥秘,它在全国有600家植发店面,近期推出了一项服务,在安全级别提升的情况下,店铺将为用户提供送货上门服务。另外一家企业东原地产,给住宅小区的5万名用户送口罩,这就是跟自己的忠实用户谈恋爱。

从私域流量的流量层到用户在线化的业务层,再到用户池的运营层,展开用户关系的设计,这是当下就可以做的事。这个部分记住两句话:第一句,和精准用户面对面,与付费用户直接沟通,和忠实用户谈恋爱;第二句,企业保命的原则是,存量用户第一,增量用户第二,要把80%的资源花在存量用户上。

04 如何设计当前的创新产品、服务和业务流程?

疫情下做创新,不要照搬线下模式,不要背包袱,不要怕犯错,要从用户感知最强烈的点去切入,不要做普通的事,做从0到1的创新。

那么具体如何做呢?我把2~3天甚至一周的我们设计思维工作坊的内容浓缩成了三个关键点,希望可以帮助大家做当下的创新。

❖ 创始人精神：中小企业如何应对黑天鹅

（1）大处着想，跟用户共情

什么叫大处着想呢？例如，给孩子提供全脑开发线下早教课的科贝乐，最近因为疫情重新设计产品。他们有6000多个家长铁粉，都是付费用户，科贝乐开始思考为用户提供生活提案，比如做社交电商，或者引入其他家产品，重新设计商业模式。不拘泥于传统的线下模式，甚至可以给别人做引流，给家长提供最好的在线服务，商业模式顺势而为，这叫大处着想。

采取大处着想时要解决四个问题：针对什么核心用户？解决用户什么问题？用户是否一定要在线获得？最适合的方案是什么？

（2）小处着手，只做一件事，只做三天内就能做的事情

采取小处着手时，问自己：解决用户什么问题。如果用户只有一个需求，解决什么？只做一件什么事？答案是：只做三天内就能做的事情。

最近美的生活电器的压力锅具推出了一个特色服务，每天给用户发美食食谱，教用户在家做更好的饭，这就是三天之内就可以做的事。美的这么一个大的公司，也可以做微小的创新。

（3）快速行动，放大用户喜欢你的部分

快速行动，有一个要点，即只把用户喜欢的放大，先不去管用户不喜欢的部分，这在疫情期间非常重要。

小结一下，在这个过程中，不背包袱，现在是从0到1。你可能有好几个创业成功的公司，但是当下你是一个抖音新手，不要犹豫，先进去服务好自己的合作方，先做存量用户的运营，再做增量，不要背任何光环和包袱。

05 怎么在产业大变革的背景下做根本性创新？

作为操盘手，CEO必须跳出疫情来思考，要看到本行业发生的巨大产业变革，要跳出现在正在做的事。例如，我辅导做跨境电商的深圳猿人创新，在海外和国内成立了产品创新实验室，专门进行新的模式研究，并赋能和孵化创业者进入智能硬件行业。

2020年，不给自己设限，要围绕用户池展开新的生活提案，这很重要。

5.2 疫情之下，企业如何靠抖音和快手自救？

企业要清晰地知道用户画像，找到用户在哪个平台上，在用户的必经之路上，通过营销，去影响他们的消费决策。

口述 | 徐　扬【微播易创始人兼 CEO】
整理 | 朱　丹

01 在逆境中寻找机会

疫情给我们每个人的生活都带来了很大影响，同时，疫情对企业的发展也造成了很大的冲击。很多餐饮企业，为了年夜饭备了很多货，疫情出现之后堂食生意受到很大影响，面临艰难的经营困境。

我们也要看到，疫情在产生不利影响的同时，也带来非常多的机会。我总结为以下四大方面：

（1）消费形态线上化

疫情当下，我们都无法出门，消费方式都通过线上实现，出现了云卖货、云办公、云开学、云看病，甚至出现了云蹦迪、云喝酒等。这带来很大的机会，企业需要思考自身和线上化的结合点，寻找突破。

（2）消费流量社交化

疫情让所有的社交产品流量暴涨。对于企业来说，在营销方式上，要随着流量、用户注意力的迁移进行转变。

(3) 表达方式视频化

视频让我们的生活得到释放。相比图文的表达方式，视频更加简单直接，同时也更加立体有趣，让用户具有更深的代入感。企业产品在表达形式上也发生了很大的变化。

(4) 消费升级精细化

疫情使我们拥有大量闲余时间，在消费上大众更加注重产品之间的差别。

这四大变化使我们的生活更加复杂，但也为很多企业提供了非常好的成长机会。面对变化，企业需要把握以下三大方面：

1）磨刀不误砍柴工，打磨好个性化产品是首位。

面对大众消费精细化的趋势，企业一定要用个性化的产品来破局。中国所有的产业都值得认真做一遍，只要用比别人10倍的认真去做，这个产品就有非常大的空间和机会。我非常认同这一点。

2）在流量最多的地方去"炫耀"你的产品。

流量最多的地方在哪？以前可能是火车站、机场等线下场景，现在则是社交平台。企业在营销时，一定要抓住视频的精准渠道。各社交平台受众、调性、模式不同，各有千秋，适合最为重要。目前主要社交平台的特点见表5-1。

表 5-1　目前主要社交平台的特点

平台	独立设备（亿台）	用户基础特征	内容调性	分发逻辑	商业化成熟度	关系黏性
抖音	4.3	潮流、时尚 • 90后占比 52.9% • 男女比例：45：55 • 一、二线城市用户占比：超50%	有趣、潮酷、年轻	机器算法 人工推送 强内容运营 粉丝关系 地域算法	☆☆☆☆☆ （五星）	• 弱关系 • 平台推送及内容运营
快手	3.2	大众、接地气 • 90后占比 80% • 男女比例：42：58 • 三线及以下城市用户占比：54%	生活化、搞笑、趣味	机器算法 粉丝关系 地域算法	☆☆☆☆ （四星）	• 强关系 • 更关注私域内容和粉丝关系

续表

平台	独立设备（亿台）	用户基础特征	内容调性	分发逻辑	商业化成熟度	关系黏性
B站	0.8	年轻、二次元 • 90后占比85% • 男女比例：52：48 • 一线城市用户占比：47%	动画、cos、鬼畜等主流二次元文化	粉丝关系 兴趣推送	☆☆☆ （三星）	• 强关系 • 拥有超强黏性的高净值用户
小红书	0.5	垂直、种草 • 90后占比70% • 女性为主 • 一、二线城市用户占比：50%以上	分享、种草、搭配	粉丝关系 兴趣推送 人工推送	☆☆☆☆ （四星）	• 强关系 • 意见领袖属性明显
淘宝	6.6	剁手 • 25~35岁为主要人群 • 80%女性为主	种草、带货	兴趣推送	☆☆☆☆☆ （五星）	• 弱关系

注：数据来源：艾瑞咨询，时间截至2019年12月。

以抖音平台为例，它的用户画像中，90后占比52.9%，男女比例为45：55，一、二线城市用户占比超50%。在快手上，90后用户占比80%，男女比例为42：58。B站以年轻、二次元文化为主；小红书是垂直的种草社区；淘宝是剁手党用户的聚集地。

企业要清晰地知道用户画像，找到用户在哪个平台上，在用户的必经之路上，通过营销，去影响他们的消费决策。

3）快速把自己的店搬到线上去。

在线下流量式微的现在，企业要积极拥抱线上化，快速把自己的店搬到线上去。

关于这一点，现在已经有很多成熟的玩法。以服装品牌GXG为例，它通过商家服务公司有赞将大量的线下店面搬到线上，让所有的店员利用社群进入店周围的小区，向用户展示热销品和畅销品，并通过发放优惠券的方式把用户导流到线下店面，店铺中的服务人员则通过快速送货上门达成交易。通过这种方式，GXG四天成交额达1000万元。此外，泡泡玛特、安踏都开始使用有赞，将地域性很强的地面店开到了线上，在逆境中实现突破。

企业是否能够实现线上化只是决心问题，只要企业愿意做，都可以将线上与线下结合。

02 2020年，视频营销的五大风向

2020年，视频营销出现了一些新的趋势和风向，具体体现在以下五点：

（1）动态不平衡是自媒体营销的常态

目前"两微一抖"是主流，同时其他社交平台也有很多发展机会。用户的爱好在不断变化，很多人仍然会选择细分的社交平台，比如声音互动平台荔枝、老年人社交平台糖豆都发展得很好。社交平台出现了动态不平衡的状态，并且会一直分裂下去。

（2）自媒体营销节奏越来越高频

大众高度关注社会热点，一个话题在微博时代可以火三天，直播时代可以火两天，短视频时代只能火半天。因此，企业在视频营销时，要找到最匹配的平台，用高频的方式快速扩散。

（3）自媒体营销进入工业化阶段

什么叫工业化呢？例如，李佳琦不管在哪里做直播，主要就是"试色""好好看呀""我的妈呀，买它"。在快手搜吃播或者做饭，会出现内容很雷同的百万粉丝账号。这个现象告诉我们，在社交的从众场景中，不论是做号还是进行品牌传播，首要的是做到高效和快速与你的用户连接，这是成功的保障，而只有工业化才能实现这一点。

（4）视频营销进入数字化决策时代

社交平台进入一个长期不平衡的状态，加上算法时代的到来，使得网红、自媒体的更新迭代速度加快。原来网红和自媒体的生命周期是六个月到两年，现在则是三个月到一年。这使企业很难靠肉眼选择资源，必须要利用数字化决策。

最简单的方法是企业可以通过建立一个表格，长期跟踪自身、友商在各个

平台的活跃情况和用户好评情况、用户吐槽的点等。此外，微播易深耕社交、短视频营销多年，沉淀了大量的社交数据可以为企业提供数据决策：通过对大量网红账号和媒体资源进行数字化盘点，为企业提供从洞察市场、产品打磨到内容生产再到碎片化自媒体的精准选择及投放后的优化，全链路的数据化决策服务。这个时代，有数据就不要拍脑袋靠猜。

（5）自媒体电商或大有可为

李佳琦参加一个综艺节目时说了一段话让我印象非常深刻。他说："很多人觉得我一夜成名，其实我已经做了四年了；有些人觉得我卖货很牛，实际上我只是勤奋而已；一年365天，我一年做了389场直播，有时候一天甚至直播两场。"

2020年，自媒体电商或大有可为。利用视频做好线上化电商带货有5个要素：①专业能力主播；②产品场景代入&货品体验；③优惠刺激点（如折扣、全网最低价等）；④转化路径闭环，所见即可得；⑤团队整体运营能力，如选品、场控、售后等。

我们可以分析主流玩家的电商直播模式：

淘宝直播的流量来源是公域流量、内容矩阵及庞大的用户基础；带货KOL的属性是头部主播高度集中，代表主播有薇娅、李佳琦。头部主播会产生非常大的交易额，如李佳琦一年可以达成100多亿元。同时，中腰部也有机会，如雪梨每次直播最多有上千万元的收益。带货商品的属性是淘宝体系内全品类，价格在200～500元，退货率高。

快手的流量来源则是"老铁文化"、达人品牌崛起、扶持产业带直播。带货KOL属性主要表现为头部主播相对分散，代表主播有散打哥、辛巴、娃娃。带货商品属性以百元内为主，以服装、鞋帽、化妆品、日常用品为主，性价比非常高。

抖音、火山的流量来源比较偏公域，直播流量少，代表主播有正善牛肉哥，商品以美妆、服装、百货占比较高，商品价格集中在200元左右，商品品牌更有调性。

微博的流量来源偏公域，头部主播如张大奕、雪梨，购买通道是淘宝。此外，京东直播也是一个兴起的平台。目前，电商直播平台百花齐放，自媒体电商或大有可为。

03 要想做好视频营销，企业需要做好准备

企业要想做好视频营销，需要做好以下三点准备：

（1）团队升级

首先，团队在认知上要意识到线上业务能力、数字化运作、社交媒体的重要性；其次，要融入短视频、直播等社交媒体，要做到人人都懂、人人会玩、人人能播；最后，团队要能够针对不同平台、不同形式有效输出策略和内容，在关键时刻，人人都能成为顶梁柱。

（2）数字化转型

企业应该携手新媒体，迅速共建数字化、社交化新模式，依托大数据做营销决策，依托系统提升营销效率。例如，在选择一个网红合作时，不要只想自己喜欢哪个网红，了解哪个网红，而要通过数据来看你的受众在关注哪些网红。微播易提供了300多项细分的自媒体数据维度，可以通过微播易网站来查询判断。

（3）立即行动

只要去试，就有机会点。

5.3 疫情之下，如何重构营销体系和客户关系？

企业不仅要及时地重构自己与客户的关系，同时还要调整自己对客户的营销价值体系，这样才能有效减少客户的流失，在危机中迎来转机。

口述 | 罗　旭【纷享销客创始人】
整理 | 李　虓

在本次疫情的冲击下，很多产品型或服务型的企业发现，他们原有的客户关系被打破了。一方面是由于员工和客户的离散分布，在新旧客户的触达上遇到巨大阻碍；另一方面是由于很多客户处于自救状态，对原有的产品和服务的需求发生了改变。

面对这种情况，企业不仅要及时地重构自己与客户的关系，同时还要调整自己对客户的营销价值体系，这样才能有效减少客户的流失，在危机中迎来转机。

01 客户关系重构

先给大家讲一个小故事：

有两个猎人去森林打猎。当他们拿好猎枪走进森林时却发现，由于过去一周连续下了很大的雨，几乎所有平时能猎到的动物都躲在窝里不出来了，但池塘的鱼比平时多了很多。这时猎人A决定继续打猎，而猎人B选择回家放下枪，拿上钓竿去钓鱼。经过一周时间，森林恢复了正常，猎人B放下钓竿重新拿起猎枪，而猎人A已经饿得奄奄一息，动弹不得。

疫情当下，如果企业内外部的环境与业务发生了改变，作为创始人，第一件要做的事情就是，重新去洞察客户的变化。要问自己四个问题：

1）实际客户与潜在客户现在的痛点是什么？

2）客户选择和购买企业产品和服务的方式是否有变化？

3）客户认可企业产品和服务的价值点是否发生偏移？

4）客户是否有了新的期待？

德鲁克说过一句很经典的话：企业的定义应当由客户来回答。因为只有洞察到客户的真正诉求与痛点，企业才有可能去创造客户真正想要的价值。所以，企业想要重构与客户的关系，首先要知道客户当下需要什么。

作为一家B2B营销公司，疫情对纷享销客的冲击也很大。因此，春节之后我们做的第一件事，就是对200多个客户进行及时观察，发现了他们一些共同的需求：①企业内部的在线办公、协作、培训；②在线连接他们的客户；③在线营销、在线分销。

由此看到，客户从过去简单的营销需求，开始转变为在线协同与营销。于是，我们随即切换思路，决定在客户真正期待的需求点上，给他们及时有效的产品与服务支撑。

当企业试图重构与客户的商业、价值连接时，情感连接其实也非常重要。越是在困难的时期，越要坚定地以客户为中心。如果抱着自我优先的态度，企业一定想的是如何搞定客户；只有抱着客户优先的态度，才能去思考如何帮助客户。

企业与客户的情感连接有三个可考量的维度：

1）频率。一年连接5次还是10次？

2）私密度。能否跟客户谈关于孩子、家庭等私密问题？

3）共同度。是否与客户有相似的爱好或共同的商业诉求？

我们纷享销客的客户群体大多是生产制造型企业，他们面临巨大的复工困难。因此，我们在洞察客户需求的同时，也在积极地与医疗型客户沟通，帮助所有客户找口罩、体温枪等安全防护资源，用行动让他们感受到我们的温度与关怀。

如果能与客户保持一个健康、良好的情感连接，后期转化时的难度会降低很多，企业的商业基础反而会更加牢靠。

02 营销体系重构

在清晰洞察了客户的新需求之后，企业就要思考价值如何传递，也就是整个营销体系如何去重构。

营销的本质是价值传递。内容属于基本功，是不变的因素。而受疫情影响，线下的地推、传单等传播方式被阻断，因此企业要迅速做出两点变化：

（1）道：营销的社会化

1）效率是企业必须完成社会化营销转变的原因之一。

全民在线已成为不可逆的趋势。尤其在疫情当下，大家不得不依赖线上的方式，因为线下地推、面对面营销等方式已经彻底被阻断。而企业如果掌握社会化营销手段，如直播、短视频，实际上对竞争对手来讲是一种降维打击。当普通销售的图文、电话、视频营销，变成了企业创始人、超级IP的在线演讲，产品与服务的价值传递将更加高效。

不仅如此，社会化营销的传播特点是裂变。过去销售与客户是一对一的关系，通过直播、重播等方式，如今一个人可以面对成千上万的客户，而不断地裂变传播也使得营销更持久、更广泛。

以纷享销客为例，社会化营销已成为当下我们的第一战略。我们与黑马学院等机构达成直播合作，把我们的客户与员工都聚在一起，在线分享共同关注的一些话题，如在线化服务、在线化上下游供应链等，持续、高效地与客户进行互动。同时，我们还邀请了很多渠道商，而这些合作伙伴又邀请了他们的客户，大家一起探讨、交流，把精彩视频放到抖音、快手上传播，在这样的过程中潜移默化地完成了潜在客户的积累与转化。

2）价值认同是企业必须完成社会化营销转变的另一个原因。

社会化的核心是引领趋势、抢占客户心智，从而实现价值的层层传递，最终与客户达成价值共振，使其完成购买动作。因此，在传统线下销售漏斗受阻的情况下，企业需要借助社会化营销的机遇，达成如下三点目标：

①定位升级。不能再粗暴地卖产品，一定要把产品与服务的定位拔高，从功能营销上升为理念营销。要告诉客户时代的趋势与变化，通过你的洞察与思考，引起客户的强烈共鸣，把客户变成你的粉丝。

②内容升级。产品说明书一样的内容已经无法引起客户的兴趣，企业要把内容体系的搭建当成战略性行为，从理念层、逻辑层、价值层、场景层、案例层，层层传播，告知不同的客户，在不同的场景下，通过使用你的产品和服务，能够解决不同的问题。

③全员营销。每一个员工都可以成为企业社会化营销的一个节点，通过朋友圈、微博等渠道，通过分销等机制传达到他们的圈层，最终达到多维度的传播链条。甚至，企业还可以对外众包营销，像保险公司除了自己的业务员，还会与保险自由人、代理人合作一样，充分利用行业资源。

④服务升级。企业线下的服务模式，要尽快地以最大限度完成在线化。客户的培训、工具、售后等服务都要在线化。营销不再是一锤子买卖，而是要持续培育用户的习惯。

（2）术：营销的自动化

为了更好地实现效率与价值认同，企业与客户之间需要一种持续的、自动的运营体系。我们可以分三步来构建：

第一步，客户资源企业化。

过去企业大部分客户资源散落在每一个销售手里，很难形成合理分配。因此，我们需要让所有销售人员把自己的客户资源全部录入到公司的系统里，成为公司的公共资源。

当客户资源录入之后，我们要为客户打标签，并且分类分级。这样才能制定相应的服务策略，用友善的方式邀请用户重新体验产品，或者给客户推送最适合的服务，实现客户资源的数据化管理。

最终，通过把散落在全国各地的销售体系经企业平台整合，客户资源才算在企业内完成一体化。

第二步，商机漏斗体系化。

营销是一个L2C（Leads To Cash，从线索到现金）的过程，从商机开始，经过层层漏斗，最终到达订单与服务。在这样一个过程里，企业必须要做一套体系化的设计，来保证客户资源的高效利用。否则，当产生了一个商机，传统企业可能就打个电话，问问客户是否有需求，整个流程就结束了。

如今，通过对每个商机进行标签化处理，对每个销售手中商机保有量的追踪与能力分析，最终依靠系统和平台，把客户资源分配给合适的销售，这样才能实现最大限度的转化。

而想要做到这一步的前提，是企业要完成对"营销旅程"的设计。一个完整的营销旅程包含两段：第一段是从客户接触到购买企业的产品和服务；第二段是从客户产生满意度到主动传播、推荐企业的产品和服务。通过对这两段旅程的重新设计，企业需要提升客户在每一个环节上的价值感，而不只是简单地把以往的销售流程从线下搬到线上。

第三步，营销服务的自动化。

这一步需要各种体系化工具来帮助实现，比如SCRM、CRM、ERP等软件，以及客服型的工具等。

当然，在构建营销服务自动化的过程中，企业的组织也会面临适当的调整。在疫情期间，我们纷享销客就把市场部提升成公司的战略部门，帮助公司构建更大的销售漏斗；公关经理（PR）、商务拓展专员（BD）等一些岗位，现在要做营销、获客、用户的触达、价值的渗透，整个战略定位会随之而变。

同时，在不同区域有分公司的企业，或许不能再按照各自区域做营销体系了，需要总部进行联动一体化，通过区域广泛邀请自己的客户，挖掘客户的价值点，由总部统一去传播，以此实现对客户要求的敏捷反应。

Q&A 黑马问答

Q 黑　马 如何做好 B2B 私域流量的运营？

A 罗　旭 首先，To B领域最好的销售是你的产品，只有当产品具备价值，企业才有竞争力。

其次，除产品外，客户是你最好的销售。因此To B私域流量的核心就是你的客户。因为，你的老客户不管是上下游、供应链，以及私人人脉关系，有大量的流量可以供你挖掘。一定要让你的客户不仅仅是为你转介绍客户，更要让他帮你去传递你的价值，去影响他的上下游和产业链。最终从点到面，形成了一张价值传播网。

最后，客户的销售人员也是一种私域流量。但是，你卖给客户的CRM是用来管他们的销售人员的，因此想要这些人成为你的私域

❖ 创始人精神：中小企业如何应对黑天鹅

流量，你要为他们创造利益。通过销售众包化的方式，让他们成为自由人，通过分销机制和激励计划，让他们为你服务。

Q 黑马 我们为中小企业做 SaaS 和私有部署，如今中小企业受影响，私有部署受限制，怎么办？

A 罗旭 疫情当下，企业服务应该坚定地往大企业转，这是短期内的解决方案。但并不代表中小企业没有机会。通过在线化的获客、营销、实施、收费、续费等一系列转变，才能解决中小企业低客单价、服务成本高的问题。

而私有部署和公有云如果用比喻的话，我认为是打井队和自来水公司，这是战略选择的问题。过去觉得打井才方便、安全，但未来一定是自来水公司才能实现更专业、持续的管理和服务。因此，如果客户坚持私有化部署，我们也建议推公有云上的混合云部署。

Q 黑马 客户资源实现共享的路径是什么？

A 罗旭 ①最核心的是要构建一套客户分类分级的体系。②要设计好客户资源的周转。千万不要出现客户资源在员工手里被浪费的现象，要让客户的保有量和销售能力正好匹配。③要设计好客户的服务周期，超过服务周期还没有成交的客户，要坚定地把客户做联合跟进或换销售跟进。

客户资源的共享，最终是要形成公共池和自由流通池。公共池可做公共客户的筛选，而自由流通池里存的都是貌似低价值客户，可以让新销售人员来进行再次触达，或者练手。

5.4 To B 企业如何实现客户互动的全流程在线化？

如果把企业经营归为两件事：一是营销获客，分为线上与线下；二是生产组织，分为离散型与聚集型，那么在这四个元素形成的象限里，每家企业都可以清晰地找到自己的位置。

口述 | 黄　金【易企秀创始人兼 CEO】
整理 | 李　虤

如果我们把企业经营归为两件事：一是营销获客，分为线上与线下；二是生产组织，分为离散型与聚集型，那么在这四个元素组成的象限里，每家企业都可以清晰地找到自己的位置。

我认为，每家企业在这四个象限中都要有合适的配比，这样才能分摊危机下的风险。例如，线下的、聚集型的传统餐饮、酒店、旅游等企业，无疑在本次疫情中受到的冲击最大，那么线上的营销获客与离散型的生产组织就是转型的方向与机会。

01 在线营销获客的两大要点

（1）在线化思维

在本次疫情中，我们看到各行各业，凡是拥有在线属性的业务几乎都获得了很大增长，比如在线的网络视频、生鲜电商、游戏、企业服务等。

不仅如此，服务于这些业务的工具也得到了不错的增长。例如，金山办公的最近市值突破了千亿元；还有我们易企秀，一些过去从没有关注过的群体，如居委会、乡镇组织、中小学校、卫生组织、党建等，为我们带来一大波H5、表单的流量。

在疫情中失去客户需求的企业，需要思考如何用在线化把客户重新连接上。而因疫情突然获得了大量需求的企业，更要好好思考如何用在线化工具提高供给侧的效率，否则没有好的产品与服务给客户，巨大的流量反而对企业口碑是一种负面冲击。

因此，疫情给了每家企业一次养成在线化思维与提升在线工具使用能力的宝贵机会，我们应当迎头而上，完成业务的迭代升级。

（2）流量私域化

如果把营销分为三段，即内容生产、内容传播和内容消费，那么传统的营销便将这三个部分都交由第三方来完成。企业只提供一个需求和想法，由营销公司制作内容，再找到集中媒体采购投放，最终通过第三方工具完成导流与转化。

而如今，随着传统营销效果越来越差，成本却越来越高，很多企业开始学会利用社会化媒体自己制作内容，通过自己的媒体矩阵进行传播，使用户流量完全沉淀在自己的平台上，最终形成了流量私域化。

这样的好处：一是省钱，通过自己制作创意内容，节省了很大一笔市场投放费用；二是周期短，过去以周、月为时间单位开展宣传工作，如今可以更快速、直接地传达给用户；三是反复利用，所有沉淀在企业平台的流量，通过友善的互动都有机会把用户变成粉丝，可以随时随地反复利用。

因此，企业首先要培养内容创作的能力，无论是文章、海报、H5，还是短视频、小游戏，只有优质的内容与丰富的形式才能真正打动用户；其次要构建私域流量入口，把流量分为免费与付费、可控与不可控，只有这样分级分层，才能筛选出真正可用的私域流量；再次要构建用户互动体系，通过有温度、有价值、有品牌的产品、服务与情感连接，最终把用户变成企业的粉丝。

02 生产组织赋能化的两大要点

（1）组织赋能

赋能于组织，是为了让企业拥有可以随时响应用户需求的系统。只有当一线的员工可以快速决策，在一定框架内自主响应、服务，才能使公司进入一个快速的发展状态。

因此，相比于传统组织，赋能型组织有三个最大转变：

1）由管控转向赋能。我们易企秀的组织架构与很多企业不同，呈倒三角的形态。最上面是客户，往下是一线员工，再下面是部门负责人，最后才是CEO。全员以客户需求为导向，层层向上支撑，这样才能实现用最快的速度来响应客户的目标。

2）由职能分工转向创业平台。让能听得见炮火的人做决策，以这些人为中心形成小团队，通过企业中台获得资源与"弹药"，不断进行闪电战。

3）由集中化办公转向分散式协同办公。相信这次疫情让很多企业都习惯了这样的办公方式，但重要的是，只有把全员的OKR（目标与关键成果）公开，才能达成企业与团队目标的一致性，才能有效地监督、赋能每个员工来实现工作目标。

而很多企业往往因为会议效率的低下，导致目标与过程难以把控，所以在此也分享三个实用的开会要点：

1）轮流组织：每次开会要由不同的人召集、主持、做纪要，这样能让团队所有人都主动了解工作进度与目标，形成主人翁意识。

2）会议回溯：会议开始时要对上次会议未解决的事情进行回溯，不能旧的问题没解决就开始讨论新的问题。

3）会议分段：为了避免每次会议冗长且无实质结论，每个人发言要遵循模板，讲结果（完成情况）、讲经验（优点与不足）、讲目标（接下来要做的事）、讲需求（需要哪些支持）。

（2）权限管理

我们曾遇到过一个案例：有家企业给员工开通了易企秀付费账号，在这个账号下面留存了很多工作内容与用户信息。但是有一天员工离职了，而且还与老板闹了不愉快，拒绝归还账号信息，因此这家企业老板多方周折找到我们，最终才妥善解决。

如今很多企业把软件资产开放给员工后，却不注意管理权限，导致组织生产形式虽然达成了离散的目标，但是工作成果也脱离了企业平台，这样反而降低了效率，甚至会带来一些不必要的麻烦。

因此，企业要拥有用SaaS在云端集中管控、存储的工作意识，通过企业账号、在线协同办公工具等方式，让企业的数据、内容，甚至每一次沟通都能做到可溯源、可追踪，这样才能实现企业资产的沉淀。

Q&A 黑马问答

Q 黑马 传统企业如何构建创意营销体系？

A 黄金 ①你要有内容创作能力，企业要有懂内容、懂设计的员工，同时也要会使用第三方的内容创作工具，来快速、简便地完成内容创作；②要构建私域流量入口，企业相关的微信公众号、小程序、视频号等媒体矩阵要建立、运营好；③要有人持续维护用户与粉丝，形成不断地转化与消费。

Q 黑马 如何有效赋能老员工将组织效率发挥到最大？

A 黄金 不管是老员工还是新员工，如果你想要让员工产出更多，就要上升到组织维度去思考这个问题，那么你的整个赋能体系就要重新变革。

老员工的优势是经验丰富，劣势是比较世故。那么，赋能型的组织可以为老员工提供一个单独的业务模块，使其自己形成一个小的业务闭环，以公司统一的目标为导向供其自由发挥。但单独的模块并不意味着让他自生自灭，而是要把资源划到企业中台，让中台给他赋能，让他调取资源。有了这样的赋能机制，这个员工到底是毒还是药，过段时间就显露无遗了。

5.5 新营销成为疫情下的"救命三节课"

此时企业的"救命三节课"中,社群营销+电商是最终成交的闭环,而短视频营销+直播,还有数字营销+内容传播,则通过渠道相互搭配,实现了引流的闭环。

口述 | 李　博【乐天电商 CEO、互联网+电商运营管理专家】
整理 | 张九陆

01 消费反弹不会很快发生

对于很多企业来说,2020年的开门红已经错过,现在需要开始考虑第三季度以后的事情了。我们来分析一下下半年国内线上与线下商业的发展趋势。

用一句话来形容2020年的形势,就是"山穷水尽,置之死地而后生"。

实际上,所有的传统企业现在都已经进入了"破天荒时代"。就我自己的体会而言,年前我也经常给别人讲课,但从来没有像现在一样,从早到晚不间断地做直播,这种状态已经连续七八天了。而且很有意思的是,我讲的课程只有三个内容:短视频营销、数字营销、社群营销,其他课程零需求。

由此可见,这次疫情对各个公司,尤其是传统企业,在头脑中、心理上产生的触动是巨大的。

我发现,对于企业家来说,现在最关心的无非就是以下几个问题:疫情结束之后,消费是不是会出现反弹?接下来,企业的卖点到底要进行哪些调整?

为了今后的生存和发展，企业需要做些什么事情？

首先来看消费压制之后是否会出现反弹？我要确定地告诉大家，消费的反弹实际上是非常漫长的。

出现疫情，在人类历史上已经不是第一次了，我相信也不会是最后一次。在古代，任何一次疫情之后都会出现一个结果：刚需类的产品会占据我们购物清单的主要位置，而非刚需的产品会卖得比较困难。

这一点其实不分线下与线上。线下就不用说了，目前非刚需已经基本清零了；线上虽然没有线下那么惨，但据我了解，节后中国的电商包裹量是2019年同期的1/4，也就是说电商也丧失了3/4的市场。

那么，刚需和非刚需的分水岭是什么？蔬菜、肉类、食品是刚需产品，服装、化妆品是非刚需产品。我们会发现一个很明显的现象，非刚需类的产品需求已经很难得到释放，单纯依靠营销解决不了这个问题，相信非刚需产品需求会在很长时间内无法有效释放。这就是市场需求变化的分水岭。

那么，企业能不能苦尽甘来、脱胎换骨呢？实际上，90%的企业都可能会脱胎换骨，只是大家所看到的行业趋势未必是真实的。

就我的观察而言，传统的广告、营销并不会因为线下店不开门就转到了线上。有数据显示，疫情期间数字营销，包括抖音、快手、百度等诸多广告平台也是一片狼藉，因为广告主不投广告。这种被压制的需求，在疫情结束之后只能慢慢地恢复。

有人说现在改做口罩，或者卫生用品、消毒水、洗手液，是不是会很好卖？我认为不一定，很有可能你会变得更惨。因为，疫情何时结束很难预测，但现在各大工厂、各大制造商却全都在开足马力进行口罩和卫生用品生产，很有可能出现过剩。

那么，这段时间作为一家企业，到底要做什么事情才能脱胎换骨呢？我给大家两点建议：首先，卖点、营销点要进行全面升级换代、全面改革；其次，企业一定要对自己的组织架构做减法。

02 全渠道营销革命，拼的是速度

实际上，你会发现大家都在转型，凡是你能想到的，你的竞争对手一定也能想到，比如线上营销，所有人都在研究、学习短视频、数字营销。

几天前，我跟某计算机厂商做了一次史上最快的线上沟通，连面都没有见，直接敲定合作，内容就是帮这位计算机厂商做短视频营销。因为他们发现，5年前人们的笔记本式计算机2~3年就要换一个，现在却7年都不换，笔记本式计算机已经从一个办公+娱乐工具，退化得仅剩办公属性了。他们希望通过感性的、娱乐性的流量，把娱乐需求重新再唤醒。所以，这位计算机厂商以最快的速度，两三天时间就做出了方案，在内部要培养100个直播专员，开始做短视频了。

还有在全球重型机械生产制造企业中排名前列的重型工程集团，也要求我帮他们做短视频布局，两个月之内要在抖音上获得一百万粉丝。他们用不到一周的时间就已经开始执行了。

此时，比拼的并不是我们能想到什么，而是比拼谁做得更快，谁做得更精准，同时谁做得更优秀，这才是需要我们真正静下心来分析的事情。

过去，我们各有各的山头、各有各的市场，你做线上，我做线下，大家都活得还凑合，虽然光景是一年不如一年。但现在不是了，我们面临全渠道营销的一场革命。

未来的线上营销，有三座"独木桥"你必须一一走过：社群营销+电商，短视频营销+直播，数字营销+内容传播。

在疫情期间，你会发现全民都在做社群电商，因为没有其他的销售通路了，这是唯一的机会，春节期间连包裹都发不了，社群电商是唯一的最终解决方案。

短视频营销+直播则是我们的引流方式，因为网络的主流流量，已经从网站、新媒体、自媒体，进入了短视频时代。短视频是一座独木桥，这是你获取高性价比流量的唯一通道。

说到短视频营销，不得不提到"黑马共生计划"，创业黑马正在把以往中国每晚100万个同时开餐的生意饭局，全都搬到线上，开启CEO直播带货季，让企业家为自己代言，老板对老板进行直销，建议大家加入。

短视频营销时代，比的就是谁快，此时必须要有数字营销。数字营销+内容传播是一种最便捷、最精准、可视化的获取流量、获取用户线索的方式。当你把这种方式运营得当的时候，对你的企业、对你提升企业的获客能力会有强大的帮助。

这就是所谓的"企业需求的三节课"，现在也可以说是"救命三节课"或者"营销三板斧"。大家记住，这三节课中，社群营销+电商是最终成交的闭环，而短视频营销+直播，还有数字营销+内容传播，则通过渠道相互搭配，实现了引流的闭环。

这是一场工具与方式的革命，一场时间与速度的竞争，一场不得已而为之的转变。无论你是做B2B还是B2C，都需要朝着这个方向进行布局。此时，比拼的是速度。即使是在半年前，你跟一些大企业说要做短视频营销，他们也会觉得不可思议，但是现在他们所有的员工都在家听课，课程一结束马上操作、马上执行。可见，疫情已经把我们的企业改造了。

你可以说现在是最坏的时代，但也可以说现在是最好的时代。

03 未来消费者心态分析

接下来我们再研究一下，这场疫情之后消费者心理上会有哪些改变。我认为会有三种心态。

（1）持币待购的心态

消费者手里是不是还有币呢？有，可是人们不敢花了。有数据显示，在整个疫情期间，将近35%的消费者是没有任何收入的，我觉得甚至可能会达到50%。与此同时，我们国内的人均平均存款不到4万元。因此，可能大多数消费者都会有一种心态，我们要节约了。

大家想想，2020年春节你的消费是不是比往年要少很多？过完春节之后你就会消费吗？应该也不会。我们的心理预期出现变化了，作为消费者，我们发现了风险。

（2）专注于刚需的心态

正如前面所说的，对于刚需我们依旧如常，比如米、面、油不仅仅要买，可能还要多买，但非刚需消费会有一个慢慢恢复过程。

（3）观望与不安的心态

这个时候我们每个人心中都是充满焦虑的。员工担心被裁员，企业家的心态则由考虑要不要转型，变成了不得不转型。

此时，企业家必须对自己的企业采取瘦身措施。无论对哪一家企业来说，第一要素都是挺住，活下来才有可能逆袭，如果倒闭，就没有任何机会了。

Q&A 黑马问答

Q 黑　马　短视频营销的难点在哪？

A 李　博　短视频营销的最大难点在于，目前在整个抖音世界中90%的短视频账号都是不盈利的，就是说真正能够产生利润的都是所谓的头部号和垂直号。现在做短视频，你会在线上看到很多课程，去任何线上平台你都能花几十元买到非常多的短视频课程，但是这些课程都没办法帮你解决一个问题，就是盈利。它帮你解决的都是怎么拍、怎么剪、怎么发布、怎么让你的视频被更多的人看到。但企业短视频的核心问题是盈利，你的账号未来在那些通路中可以产生利润，这是非常多的企业所遇到的最大难点。

Q 黑　马　如果要做短视频账号，我是应该自己做还是交给代运营做？

A 李　博　我非常明确地告诉你，不要找代运营做，因为账号的归属权很重要。你的短视频账号跟别的账号是不一样的，如果你做个淘宝、天猫店，让代运营公司做，做得起来或做不起来，你都可以把店拿回来。短视频账号是需要用身份证注册的，未来你要收回来的时候，很容易出问题。

另外，拍摄、内容构思、传播，账号所有的根都在你的脑海中，一个代运营公司怎么可能帮你把它拍摄好？

所以，除非你是大企业，比如某些企业需要大量账号，而且有很高的预算，可以找顶尖的机构，才可以找代运营。对于大多数中小企业而言，必须掌握运营短视频账号的技能。

如果它是你未来营销的一个触点，你是可以外包的；但如果它是你营销的核心，你一定要亲手去做，用尽时间、用尽精力去做才可以。

❖ 创始人精神：中小企业如何应对黑天鹅

实操小贴士

找到 2020 年占据客户心智的新品类

战"疫"是一项系统工程，需要产业上下游环环紧扣、抱团取暖。纾困中小企业，黑马学院推出"企业共生计划"，发起黑马社群互助行动。黑马商圈助力资源链接，带货直播推进业务交易，行业解决方案直播课共创特殊时期突围方法论。

2020年2月27日，黑马企业共生计划·行业直播课"消费复兴专场"第10课，我们邀请到黑马实验室导师、品类咨询创始合伙人兼董事长唐十三，分享"找到2020年占据客户心智的新品类"。

口述 | 唐十三【品类咨询创始合伙人兼董事长】
整理 | 胡　漾

品类隶属群体行为心理学，是一个经济学名词，主要原理是品类定律，作业手法是品类"244法"。消费者涌向超市购买某个品牌的产品，跟进行垃圾分类、识别交通信号灯一样，是在一种符号的刺激下产生的群体认知趋从行为。例如，提到格力就联想到空调，"格"和"力"这两个字跟空调原本没有关系，但依靠品牌绑定，让消费者慢慢产生了群体性、趋从性的认知。

基于品类定律，我们在实践中总结出品类升级的作业手法——"244法"："2"是指两个判断，判断品类归属和品类进程；第一个"4"是指四种品类升级路径，即品类汇聚、品类延伸、品类扩张、品类弯道；第二个"4"是指四种品类升级方式，即品牌升级、产品升级、场景升级、传播升级。这套手法帮助过真功夫、百合网、凯叔讲故事等企业成功升级。

每一次大的社会事件都会对认知产生影响和冲击，也会对后续的购买行为产生影响。新型冠状病毒肺炎疫情发展到现在对中国群体心理影响核心是两个字——"伤害",但湖北以外的地区、湖北非武汉地区和湖北武汉地区受伤害的程度有很大区别。

(1)对湖北以外地区的人群来说,受到的最大影响是"禁足",我整理出3条线索总结这个群体认知受到的影响:

1)常备、消毒、多功能、耐用。长期宅在家中让人产生压力和危机感,这时候人们就需要能够带来健康安全感的产品平衡焦虑的情绪,比如防疫常备药箱,包括体温表、酒精、口罩、手套、帽子,还有常备药,还有存储功能强大的冰箱、有消毒功能的空调、更易操作的厨具、节省空间的家具、小区安保系统、食品保鲜技术等都是未来有机会的品类。

2)智能化。智能化的重心会从便利性转向远程陪伴和可控制。疫情导致亲近关系被隔开,年老的父母与子女隔开之后,子女对父母的牵挂需要有载体,智能化的产品可以满足陪伴的情感需求。例如智能眼镜,父母戴上智能眼镜后,子女可以远程引导协助他的生活起居。

3)对密闭空间和密集人群的排斥。疫情让我们了解到,封闭场所病毒传染性极高,后续很长一段时间我们会更少去人多的地方,综合商业体发展会受到抑制。过去为了效率,我们建造了大量的综合商业体、地铁等密闭的空间,它们不分昼夜、不分四季地运营。在群体对密闭空间产生了反感、排斥之后,本能会反感追求单一经济效率的价值观,更多人开始追求慢生活。西餐、简餐、咖啡馆会是比较好的机会,因为它们私密性好、安全卫生、节奏慢。

此外,线上办公则突破了行为成本,办公空间的灵活性会进一步加强,可能会出现日租办公室模式。

抑郁症药物、婴幼儿教育也是两个值得关注的品类。抑郁症是一种器质性疾病,疫情对普通的轻度抑郁症有推动作用,再加上中国抑郁症的治疗和药物市场本来就不饱和,未来2~3年这个品类会有大的变化。同样,疫情对生育的推动也为婴幼儿产品带来机会。

(2)对湖北非武汉地区人群来说,会产生非常沮丧、无奈的被标签的感觉。往后很长一段时间"湖北人"都是被非湖北人抵触的一类。"湖北人""山东人"这类属于地缘心理标签,是人的自我认同中重要的组成部分,而且它是不可改变的。如果一个人对自己的地缘心理标签不认可或不接受,自我接纳就会出问题。

未来湖北非武汉地区的人可能会有两种变化：一是离开湖北，为自己增加新的身份标签，比如到北京、上海、广州、深圳及海南去买房落户。二是证明心理，当湖北人和其他地域的人在一起的时候，会更加积极主动，努力让自己更优秀，由此来刷新外界的评价。"证明心理"将会使湖北出现更多的优秀人才。

（3）武汉地区的群体记忆很难用语言形容，如果非要说，可能是绝望中的崩溃与愤怒。疫情中心地区的惨烈情况仅次于战争，这会催生两个领域的新品类：一是心理咨询与心理治疗；二是疫情应激品类，包括疫情应激专用设备的科研、工业设计、信息化，以及疫情应激组织机构学研究、城市疫情应激学研究、疫情应激法律与政策研究、疫情应激社会支援与心理治疗等。

以上讲到的2020年所有的品类机会，都是在探讨未来可以做哪些更有价值的事情，而不是探讨如何成功。如果你特别渴望成功，我可能帮不了你。我帮过很多有价值的事情获得成功，但我没有帮过成功的事情变得有价值，没有价值的事情只会更没有价值。如果你确定自己做的事情是有价值的，即使不成功也要干，或许我的专业能帮到你一些，欢迎你来我的品类升级实验室。

6 模式升级

从物到人 重构商业模式

"直播/短视频" — 直播和很多行业的结合会加速，比如直播相亲、直播教育、直播健身。多使用直播和短视频的方式进行获客。直播可能改变很多行业，短视频可能成为很多行业获客最主要的手段之一。

机器替代 — 避免人员的参与和干预，能够用软件和机器去替代原来需要人工作的场景和环节。机器替代包括泛机器人，像无人机、工业机器人、智能AI和人工智能软件都是机器替代的一种方式。

提高业务的IP化能力 — 建设企业的品牌，包括专利、知识产权、私域流量等的建设，像企业公众号、企业抖音号、企业快手号、企业B站号，都要如火如荼地建设起来。作为CEO，首先要把自己作为一个IP，积极对内、对外去发声。

6.1 企业如何构建自己的"免疫系统"?

企业如果依旧想要保持小步快跑的前进状态,就一定要从业务、组织和商业模式这三个维度,着手构建起一个强大的"免疫系统"。

口述 | 潘定国【艾佳生活、环保水圈、五格货栈创始人】
整理 | 李 虓

近期由于新型冠状病毒肺炎疫情的影响,很多企业都面临着各种各样的风险和挑战。但其实,即便没有疫情,我们也应该像当前一样紧迫,因为不论哪个行业,市场都早已进入存量时代。

在存量时代,跨界与变化就是企业的新常态。在这种环境下,企业如果依旧想要保持小步快跑的前进状态,就一定要从以下三个维度,着手构建起一个强大的"免疫系统"。

01 在线化

过去有很多企业家朋友不解我为何如此注重在线化,其中还有一部分人坚称自己不需要在线化。如今疫情的来临,相信让很多人都改变了观点。

我个人目前同时在经营5家企业,分别处于软件、餐饮、电商、家装、环保五个不同的行业。虽然都说"隔行如隔山",但我一直秉持着一种思维来改造这五个行业,在线化是其中最关键的一步。

以我做的家装企业艾佳生活为例，一个客单价2万～30万元的传统生意都可以用在线化改造，我相信任何行业、任何业务也都有方法通过在线化重构。在2019年，艾佳生活举全公司之力打造线上系统，希望打通在线的设计、签约、转单、施工、交付这条核心业务线。我认为只有这些环节全部在线，才能使家装业务的效率达到最大化。而只要做到这点，就足够有价值。

过去在家装行业，服务一个客户的效率很低。仅约见客户、面议设计方案这一个环节，都是以周为单位来进行沟通的。如果赶上客户周末在忙，或者某个家人不能到场，对企业来讲时间成本其实特别高。而通过打造一套在线的AI设计系统，设计师可以随时随地向客户提交方案、与客户沟通方案，对于客户的任何个性化需求，也都可以在5分钟之内完成修改，甚至客户可以通过DIY的方式自由创作出他想要的方案。做到这一点，艾佳生活与传统的家装企业已经是天壤之别。所以在艾佳生活，我们有一半的员工是软件研发人员，他们所做的不是销售、签单，而是将所有传统家装的环节全部实现线上化。虽然一开始，有很多客户不习惯在线上和我们交互，甚至选择观望或者放弃，公司也因此损失了一些业务，但是我相信未来线上业务的比重一定会超过线下业务，这种趋势是无法逆转的。

在疫情期间，很多房地产公司售楼处都处于关闭状态，但我们之前打造的AI智能售楼处系统，从大年初二（2020年1月26日）到现在供不应求，累计签下几百份合同。通过这套系统，用户可以实时在线看到楼盘信息，这也是我们提前做在线化业务布局的效果展现。

因此，如果过去你的企业没有重视在线化，那么从现在开始就一定要想象新的业务场景，尝试构建一套全新的、在线的业务流程。只有当你把业务搬上线的时候，才是你实现效率最大化的那一刻。

02 "使用而不拥有"的组织创新

一家传统的装修公司想要做到20亿元的成交总额（GMV）需要多少员工？

答案是5000人，其中至少有1000多名销售和2000多名设计师。而艾佳生活只拥有十几名销售和更少的设计师，却做出了100多亿元的业务，这靠的就是一套"使用而不拥有"的组织逻辑。

在疫情期间，很多企业最头疼的地方就是"员工还在，业务没了"。而在未来，越来越多的企业会选择"平台+自由职业者"的组织形态，像淘宝、滴滴一样，不用自己雇店长、不用自己买车，依靠平台实现业务与组织的赋能。

艾佳生活打造了"喜舍创享"这一设计师平台，邀请全球各种特色的设计师在平台上做方案，最终按照设计版权付费。这样一来，艾佳生活不仅节约了一大笔养设计师的成本，通过设计一套"被选择越多，版权费越高"的在线运营管理规则，达到客户与设计师双满意。

因此，当企业的业务实现在线化之后，通过改变相应的组织结构，可以更进一步提高企业的运营效率与竞争壁垒。

这种"使用而不拥有+按结果付费"的组织核心逻辑在于：一方面能够极大地减少企业成本；另一方面是把事情交给最专业的行业伙伴去做，既带动整个行业上下游以你为中心协同发展，又能通过技术与管理赋能，达到业务效率最大化。

我在黑马学院开了一个实验室，里面有一个学员之前是做宜家的家居安装，招了很多安装工人。2019年他将整个物流+安装搬到了线上，实现了安装工人在线培训、派单、结算的全流程，极大地整合了行业资源，提升了自己的竞争力。

> **导师观点**
>
> 为什么打造"使用而不拥有+按结果付费"的组织？
>
> （1）能够极大地减少企业成本。
>
> （2）把事情交给最专业的行业伙伴去做，既带动整个行业上下游以你为中心协同发展，又能通过技术与管理赋能，达到业务效率最大化。

03 模式重构

我非常赞同牛文文院长曾说的一句话："中国所有产业都值得重做一遍。"

很多人问我为什么能同时做好五家企业，我认为核心在于对每个行业的深度解读，并依靠新技术、新思维将传统的商业模式解构再重构。这其中包含两个主要逻辑：

（1）从物到人

在如今中国的商业环境下，如果你还以一种"我有什么产品和服务"的出发点去看用户和市场，未来一定会跌很多跟头。很多人不能理解新物种，像小米、盒马、瑞幸，不理解它们为什么在以这样的方式和形态打造，其根本原因在于这些人还在用"物"的逻辑思考问题。

我可以断言，所有今天基于物的服务，未来都会变成基于人的服务。而未来的商业模式也不再是通过一个物来解决我有而别人没有的问题，更多的将是围绕一群特定的人，来解决他们所需要的所有的物。

我曾经与一个黑马营的同学探讨茶叶行业的重构问题。他的企业在全世界袋装茶叶出口领域已经做到前几名了，那么他未来的竞争对手会是谁呢？其实，不是福建的茶商，也不是工夫茶、小罐茶，而是喜茶、奈雪的茶、小鹿茶。虽然同样都叫茶，但根据不同年龄段的人群，茶这个品类已经开始延伸出众多不同的物种。如果你没有看到用户的变化，没有想好你未来要服务的究竟是怎样一群人，他们的特点如何、喜好如何，那么你就没有办法打造出令人满意的产品。

（2）升维

构建多维的商业模式的本质在于拓展多维的盈利模式。

疫情之下，纯线下的门店一定非常难受，开启了外卖、配送业务的会稍微好一些，但是像盒马这种，过去很多人以为就是个线上菜场，无非就是做了一个补充罢了，如今这些人却争相成为盒马的用户、会员，这其实就是0和100的差距。

物的逻辑很长，你需要建立规则来提高效率、降低成本。但说到底，围绕物的经营，你只能赚商品差价和渠道差价。如果你可以跳出自己现有的业务来深度思考行业，你总是可以通过对某些环节的重构，帮助企业找到新的盈利模型。

"米兰壁纸·墙布"是我黑马实验室里的一位学员企业，他原来完全依赖经销商，赚一点差价。后来这个企业不断开拓，从经销商模式突破了C端，同时在线上还运营着电商品牌，甚至还在迈向海外市场。

企业总要从单一的模式走向多元，这其中的障碍往往是企业家的思维界限难以打破。很多人守着自己过往的成功，不到万不得已的地步往往不会做出改变。

如今疫情给了我们一段珍贵的空档期，我们要抓住这个机会，深度去思考在线化、布局和用户，通过小范围打造系统和产品来验证，之后再逐步进行深度化。但是切记，在没有考虑成熟的情况下，企业一定不要贸然行动，把问题想透才是关键。

Q&A 黑马问答

Q 黑 马 农业产业链条需求端会倒逼生产端做出怎样的变革？

A 潘定国 我认为所谓需求端、生产端的变革，以刚刚的茶叶为例，核心在于思考用户是谁，为谁创造价值，然后才是为这些用户提供什么样的产品和服务。今天是从物到人的转变，一个产品已经很难满足一切用户的需求，所以一定要想明白企业具体需要哪些用户，再倒逼自己做出他们需要的产品和服务。

Q 黑 马 艾佳生活的设计系统是怎么运营和发展的？

A 潘定国 我们自己投了几亿元做了一套DR设计师系统，通过邀请制，让几千个设计师在系统里面做设计方案。今天我们能够实现一个香港的设计师给内地一个县城级用户做家装设计。这是一种供给侧改革，为设计师提供平台、提供系统、提供工具，将他们进行整合之后面向广大需求。

Q 黑 马 为什么你会强调"使用而不拥有",或者平台+自由职业者的组织形式呢?

A 潘定国 20年前如果你能把市场上需要的产品生产出来,就已经很好了,那个时候是生产力落后带来的矛盾。而今天中国是人们的美好生活需要和不平衡、不充分发展的矛盾,本质上就是供大于求。供大于求就要在需求端和供给端进行重新配置,因此只有平台型的企业能够做到这一点。淘宝"双十一"的销量一年比一年高,是因为全世界的工厂和全世界的消费者在平台进行交易,再大的工厂都无法满足这么多种类的需求。所以,只有用共享的逻辑,才能实现资源的重新配置。

6.2 活下去，成为"数字化基础设施"

做产业互联网，就是要做数字基础设施，让整个行业由第一代撮合交易、沟通双边市场的流量型轻平台，变成云化的、可在供给侧赋能的第二代重平台。

口述 | 陈小华【到家集团创始人兼 CEO】
整理 | 张九陆

疫情影响到了所有人的日常生活，但是也使我们拥有了更加持久的数字化生存能力。

我的分享将分为以下几个部分：首先，我会讲讲疫情对到家集团的影响，相信通过我的个例，大家也会有一些自己的感触。其次，我会谈谈企业在疫情下怎么活下去。最后，是要抓住机会，任何危难之中都有机会。

最后一个话题是升级。前段时间我接受了一些采访，提到危机以后，到家集团也要完成商业模式的升级。尤其黑马学院平台上很多都是扎根于产业的"一亿中流"创业者，我想借这个机会跟大家谈一谈互联网平台、产业互联网，以及我们在其中是如何实践的。

我分享的不仅仅是疫情中的机会，也是"一亿中流"创业者们在下一个十年甚至二十年的机会。

01 影响

与大家一样，2020年春节前疫情来临时，我第一时间想到的就是它对我和员工的健康、对周边的人有什么影响。

大年初二（2020年1月26日），我们开始意识到这次疫情不仅仅是员工的健康和如何上班的问题，而是对产业和经济都有巨大的影响。于是从那天起，我们的财务部及各个业务部门就开始测算疫情带来的影响，每个月有多少现金流出，以及我们能活多久。

疫情对不同行业的影响是不一样的。可能有些行业是受益的，比如游戏、短视频、在线娱乐，还有生鲜电商。但是疫情对服务业的影响巨大，旅游行业停摆，餐饮行业几乎都关门了，包括理发行业也受巨大影响。

疫情对家政行业的影响更大。不仅是家政行业，所有O2O服务都受到巨大冲击。出行服务同样如此，除滴滴外，疫情对快狗打车的影响也是巨大的，因为货运也要跟人接触，比如搬运货物。

广告行业也一样。往年这个时候都是招聘广告、房地产广告最火的时候，但是如今房地产经纪公司没有开门，工厂都没有开工，怎么招人，又怎么打广告？

所以，疫情对各个产业的影响巨大，这是第一个判断。

第二个判断，风险的降临，到底是对大树影响大，还是对小草影响大？有人说，疫情对大的餐饮公司、家政公司影响大，但对于小老板、个体户影响不大，我认为不对。其实疫情影响的严重性，跟企业大小没有关系，跟企业的健康度、资金储备有关系。哪怕只是开一个小加盟店，借了几万元，现在也要交房租。相对而言，大企业的筹资能力、银行贷款能力、找股东借钱的能力肯定也更强。如果你没有负债，资金储备足够，大企业一样可以在疫情下活很久。

02 活下去

那么，企业如何活下去？

摆在第一位的就是控制成本。很多"独角兽"企业融资时，投资人都会问：你融完这轮资做多少个月的打算？一般是做一年，稍微保守的是18个月，没有哪一家公司会动辄储备30个月的资金。像58到家、眉州东坡、西贝这种规模比较大的企业，尽管有融资、有资金储备，但是这些钱同其每年的收入相比，还是个小数。今天的腾讯、阿里巴巴很强大，但是看看他们的财务报告，一年的成本也是以千亿元为单位的，而他们不可能储备几千亿元资金。所以，即使像BAT这么强大的公司，如果没有收入，也同样存在着巨大风险。

此时只有一种办法，当收入为零的时候，一定要控制成本。

到家集团在2020年2月10日就完成了动员。我们是怎样控制成本的呢？

1）把原来计划扩张的费用全部停掉。例如市场费，即原来计划在今日头条、快手、百度平台上做品牌的费用。这个时候大规模推日活没有用，品牌广告费要减。还有计划新开店和员工招聘要停掉，新开的城市计划要停掉。

2）我们将按照政府政策的指引，对某些支出做一些合规的延缓。国家允许社保、税收、五险一金延迟缴纳，还有房租等可进行充分协商。在今天的大环境下，面对不可抗力，政府、社会的舆论环境是会支持创业企业的。等疫情过去，业绩爆发，再将钱补上。

3）在疫情下，很多公司可以跟员工协商工资。按照人社部的要求，在第二个工作周期里，工资是可以协商的。尽量做到不裁员，如果业务大量减少，可以在政策允许的情况下，让部分员工休年假、轮岗。如果公司现金储备足够，也可以不做这项。

我从来不担心政策层面会有不利变化。最近，人社部出台了很多政策，各地政府也出台了很多政策，为企业减负。在任何一个时代，企业收入、政府税收和员工工资的本质都是劳动者创造的价值，如果企业活不下去，员工利益一定会受损，政府的税收、社保、五险一金也一定会减少。

4）想尽办法抢收入。虽然疫情的影响很大，但是随着2020年2月10日的到来，逐渐有一些公司复工了。看起来这个时候抓收入很难，但是竞争对手也少了。

58到家的很多员工非常了不起。我本以为疫情这么严重，公司应该几乎没有收入，但是他们通过在线办公、在线招聘、在线视频、远程签约，实现了相当于原来百分之二三十的营业收入，对我们来讲，这也是一笔不小的钱。尤其是在线培训部门，我可以很骄傲地说，我们1月份在线培训的收入，跟去年12月是差不多的。

此外，还可以寻找外部资金。如果创业者这时候能融资，要赶快拿，能交割的赶快交割，能向股东借贷的赶快借贷。尤其是基本面非常好的公司，此时一定要补充现金。

总而言之，活下去就是要削减市场费用、削减人力成本、削减房租成本，取得员工的谅解，凝聚人心，想尽一切办法抓收入，想尽一切办法募资。只要企业能活下来，竞争对手就会少很多。

03 机会

前面说的是疫情的影响和企业要想办法活下去，同时我们也可以看到，疫情同样也带来了机会。对58到家来讲最大的机会就是现在是完成商业模式升级的最佳时刻。

从创办的第一天起，58到家就不是为了做一个简单的家政连锁店，而是至少要做到两个颠覆：①把中国的家政行业从家庭作坊变成现代连锁，带入现代商业文明；②把整个中国家政行业带到移动互联网时代。我们不但要把原来的"小卖部"式的家政公司变成国美、苏宁，更要把它们带到天猫和京东式的电商时代，我们就是为此而来的。

这次疫情给了我们千载难逢的机会。以前，客户、家政服务员要面试，总希望线下见面，现在疫情把线下的依赖都打碎了，我们的员工推在线签约非常顺畅。我原来说，需要三年时间才能让在线面试、在线挑选、在线签约超过50%，但是这几天，大部分订单都是在线签的。我相信疫情过后，所有的客户、家政服务员、员工都会习惯在线找工作、在线签约。

当然，目前绝大多数家政公司都没有这种能力，因为它们之前都习惯开门店，靠一个店长做所有的事情。而58到家靠的是一个强大的研发产品技术体系，所谓的门店只是一个客户接待中心。我们所有的阿姨都来自互联网，所有的客户线索都来自互联网，没有纸质合同，都是电子合同，所有环节都实现了数字化，所以在这次疫情中可以迅速切换。

正如2019年华为被美国打压，海思半导体一下子从备胎转正，我们的线上业务也是这样，幸亏过去一年半我们坚持在产品技术和数字化方面的投入，这是我们对商业模式的升级。例如线上培训，原来都是免费的，2019年开始，我们建立了几个远程教学的直播室，天天去研究跟谁学，好未来、新东方是怎么做在线培训的。我们还提出一个口号——2020年培训要从成本中心变成业务中心。我们才刚刚开始，就被疫情迅速变成了一家互联网在线培训公司。虽然行业不同，但是这时候一定是有商业升级的机会的。做SaaS软件的创业者，就应该抓住千载难逢的机会，做视频、做娱乐；生鲜创业者，就应该抓住机会做送菜到家。快狗打车做物流，原来采用的是"货地模式"，但是现在我们发现三轮车出不去了，摩托车出不去了，然而复工以后，很多公司仍然要吃饭，希望集体订饭，怎么办？所以，最近我们密集地跟很多生鲜店合作，跟小区合作，然后跟办公室合作，用我们的面包车来送餐，因为这样效率更高、更安全。这一切都是在抓新的商业机会。

第二个机会，就是跟各方面建立合作的机会。因为这时所有公司都受影响，越是艰难的时刻，大家越要抱团取暖。此时，我找物业公司合作消毒服务，找另外一个App合作流量共享，都很容易实现。

大家一定要记住一句话：你艰难，别人也艰难。绝大多数公司都是生存在竞争的环境中，到了今天，很多竞争对手都放弃了，此时正是开发合作伙伴的好机会，也是公司建立品牌的最佳时机。

第三个机会，是修炼组织能力。对于一个公司，变革的最强大力量来自生命需要。作为一名创业者，即使此时你进行商业模式升级、找合作伙伴都没有机会，但还有一件事应该做——修炼组织能力，每到危难时刻，就是修炼组织能力的好时机。

关于机会，还有一句话要跟大家分享。虽然这次大家看到很多危险，但是记住，对所有人都危险的危险不是危险，对所有人都是机会的机会不叫机会。此时要做的是取得相对优势，只要你活下去，相比对手做得更好，成本控制得更好，商业模式升级得更快，员工凝聚力更强，品牌做得比别人更好，当疫情过去的时候，你的企业战斗力、工作状态、效率就会比别人高。

04 信念

这些天我的感受是，越到后来，信心越足。我们一定要相信疫情肯定会过去，不管一个月、两个月还是三个月，它总会过去。真正的需求一定会存在，除非你原来的商业模式和需求是假的。

今天受疫情影响越大的行业，等疫情结束以后，爆发的可能性就越大，包括旅游、餐饮。好多人都在说，疫情结束以后要去吃火锅、聚会、唱歌。今天大家没上班，过一段时间大家都上班的时候，都要请月嫂、请保姆，很多人家里都是好久没打扫了。所有真正的需求，在疫情结束以后一定会爆发。

作为创业者，一定要有活下去的信心，不要害怕做艰难的决定。

当年，在58同城，2008年金融危机来临的时候，很长时间没有新的资金进来。当时公司有500人，账上不超过50万元人民币，不要说三个月，一个月的资金都没有，怎么办？

我们要活下去，必须做艰难的决定，必须要挣钱，必须要盈利。记得当时我跟姚劲波做了一个当年看来比今天还要残酷的决定：公司有三个事业部，我们对这些事业部的负责人说，从明天起自负盈亏，每个月给公司交10万元，亏了算你的，挣了也算你的。

我们还对深圳、广州的分公司总经理说，从下个月起你们要自负盈亏，总部不会给你拨一分钱的资金，你们要挣钱养活员工。58同城深圳分公司在2008年金融危机之前有100多人，最艰难的时候，只剩不到10个人。他们在罗湖租了一个民房，一个组长带着不到10个人度过了2008年的冬天。到了2009年，深圳分公司迅速恢复到上百人，当初坚守的组长变成了深圳的总经理，后来变成了华南区的总经理，又成为一项业务的大主管。我经历过这些，所以我在58到家对所有员工讲，58到家一定会活下去，无论多艰难。

有一部美国电影，叫《127小时》。一个骑自行车的小伙子摔下山崖，手被卡在石头缝里面。他想了各种办法，想把石头撬开，让自己的手臂出来，但无法做到。最后只有一种办法，趁着自己有力气的时候，把自己的手臂砍断。那个人真的用自己背包里的小刀，一刀一刀把自己的手臂给砍断了，最后拿着断臂出去，活下来了。

我们一定要有这样的信念。如果一个公司面临困难就慌了，那么我们作为企业家、创始人是不合格的。

创业是一件非常残酷的事情。很多创业者都说过，创业最开心的就两天：一天是开业的时候，因为兴奋；另一天是公司关闭的时候，因为解脱。只要你能活下去，你会发现，这次疫情一定不是你人生最艰难的时候。

一家公司最大的挑战，永远是团队。各位"一亿中流"的创业者回想一下，你有没有同合伙人吵过架，朋友反目成仇，股东对你不支持，发不出工资，商业模式踏空，竞争对手突然融了很多钱发起一场补贴战……这些事情哪一个比疫情小？当你经历过这些事情，再回过头来看此次疫情，又算得了什么呢？

05 数字基础设施

2019年58到家开年会的时候，我提到了一个词——数字基础设施，58到家一定要成为中国家政行业的数字基础设施提供商。我认为，产业互联网就是数字基础设施。

我们原来做生意都是靠一系列基础设施，比如要线下开店，需要物流、水、电、燃气，再加上线下的许多服务等，都是基础设施，但它们都不是数字化的。在家政行业，目前还缺少数字基础设施，比如保险系统、家政服务人员健康系统、家政服务人员简历系统、在线面试系统及家政服务人员的工资发放系统、培训系统、信用系统等。我把这些叫作家政行业的数字基础设施。到家集团去年做了七八个系统，这些系统逐渐要向整个行业开放，帮助别的家政公司做得更好。

今天我们看到的电商基础设施，很多都是由阿里巴巴提供的，像支付宝、阿里旺旺、模特拍照系统、统计系统、阿里云等，都是电商的基础设施。多数电商网站都在卖商品，只有阿里巴巴和少数超大企业在提供数字基础设施。

未来有野心的企业家，可以在其所在行业内做一个基础设施。做产业互联网，就是要做数字基础设施，让整个行业由第一代撮合交易、沟通双边市场的流量型轻平台，变成云化的、可在供给侧赋能的第二代重平台。只有完成了这一生态进化，创业者才可以成为"爬上岸的鱼"。

我们一定能穿越今夜的黑暗，看到明日太阳升起！

Q&A 黑马问答

Q 黑马 为什么58到家不主张做预充值或办卡？

A 陈小华 因为办卡不是客户的第一诉求。办卡的业务模型如果能成功，只有一个原因，就是它的业务保证了一定的增速，老客户的服务是靠新客户的充值来保证的。按照严格的会计准则来讲，那都是负债。稍微做一些充值是没问题的，这就是杠杆率。你的交易额为1亿元，充值1000万元，就是10%的杠杆。办卡就等于你借钱在炒股，在业务快速增长的时候，挣钱的速度是加快的，但是当行业遇到危机的时候，借钱炒股就是加速死亡。所以严格意义上来讲，充值是要被国家监管的。

我一直跟到家集团的员工讲，我们来到这个行业是要让行业更加美好，而不是为了让户主多充钱。

6.3 产业互联网如何赋能？

什么是最正确的事情？就是以客户为中心，为他们创造价值，尤其是那些长期价值。那些能把消费互联网和产业互联网打通的融合生态平台，将会更加有机会、有竞争力。

口述 | 王国彬【土巴兔创始人兼 CEO】
整理 | 李佳浩

01 在疫情下做最正确的事

以下我分享的主题是疫情下产业互联网的赋能体系，希望和大家探讨疫情下产业面临的压力及应对策略。

我相信对于绝大多数人来说，这个假期都是终生难忘的。我们每天都看到、听到各种各样的报道，很多行业都受到冲击。在这个疫情下，几乎没有行业不受影响，只是程度大小、时间早晚的不同。

餐饮、线下零售等需要线下人与人接触的行业，受到的冲击会较大，同时它们的商业模式也相应地会面临更大的考验。我们可以看到，很多企业正在想尽办法生存下去，把业务该停的停、该收的收，对组织人员进行优化，对薪酬制度进行调整等。但我觉得，现在更紧迫的应该是集中精力做最正确的事情。

什么是最正确的事情？就是以客户为中心，为他们创造价值，尤其是那些长期价值。我们可以看到很多产业中的中小企业，经历此次疫情后，对在线化的认知都在快速提高，企业需要加速拥抱在线化。像土巴兔一样的平台型企业，需要加速在线化进程，产业互联网不仅仅是赋能，更是一种责任。

我们可以看到，不同行业受疫情的影响千差万别，应对的策略也有所不同。总体来说，深刻理解产业特点，更高频地倾听客户的声音，积极拥抱产业协同，很多企业是有机会化危为机的。

> **导师观点**
>
> **什么是最正确的事情？**
>
> 就是以客户为中心，为他们创造价值，尤其是那些长期价值。产业互联网不仅仅是赋能，更是一种责任。

02 家装产业面临的四个压力

接下来我以家居装饰产业为例，分享一下土巴兔近期应对疫情的一些举措。首先家居装饰产业虽然是一个比较低频的产业，但赛道非常大，有着超过4万亿元的商业规模，用户需求极其旺盛。前段时间，知乎上有一个热议话题，大家都在探讨疫情下如何把家装扮得更舒服、漂亮。由此看出，在此次疫情下，消费升级已成为大趋势，越来越多的人都会向往一种美好的家居生活。家居装饰产业也一定会有无比广阔的市场空间。

我们再从产业属性看家居装饰产业。家居装饰产业是一个由服务业、零售业、制造业等多种产业相融合的大产业。例如，设计师、家装公司、包工头及各种油漆工、木工，还有比较大的卖场、材料经销商、相配套的物流配送商等，都在这个产业链中。这是一个产业链非常长且复杂的产业。

我们还可以从产业特征来看。除了大家熟悉的低频、高客单价，家居装饰产业还有以人工为主、作业周期长、专业性极强、服务项目多等产业特征。因

207

为太低频，周期又长，并且以人工为主，所以整个产业要做好口碑着实不易。为用户提供服务的工序特别多，时间特别长，使得装修公司有足够多的"机会"与用户发生摩擦。所以，口碑是极其难做的。这样的产业非常需要一个产业协同平台，可以让用户清楚地知道哪些厂家注重质量、哪些装饰公司设计能力强等信息，真正为用户创造价值。

综上所述，我们可以得出两个结论：一方面，家装产业链条长，并且环环相扣，所以疫情会导致整个家装产业面临较大冲击；另一方面，用户的装修需求不会因疫情发生而消失，只是有所延后。

下面我会分析这个产业最主要的几种压力，并介绍土巴兔的应对策略，供大家参考。

这个产业首先面临的压力是现金流的压力。家装产业对现金流的消耗较高，需要现金做周转，面对疫情，一定是雪上加霜。这时候，产业互联网平台就应该承担责任、发挥作用，帮助中小企业渡过难关。因此，土巴兔在疫情期间给予了合作伙伴大量的线上流量资源支持，提供了多种多样的交易方式。针对疫情影响较为严重的地区，我们免费赠送网店支持，给用户和商家提供线上交流沟通的平台，让用户可以在线下单，也让商家可以更好地服务用户。此外，基于商家在土巴兔的交易信用数据，我们还积极协助商家对接金融政策支持，让中小企业更容易贷款。

第二个压力是人员安全保障的压力。家装产业在施工时，需要业主和工人、设计师密切接触，在疫情之下，自然会面临比较大的安全保障压力。平台方这时候应该站出来有所作为，保障好商家与用户的健康和权益。土巴兔赠送了总计10亿元保额的抗新型冠状病毒肺炎保险给平台合作商家及平台签约业主。同时，我们还成立了一个专项资金，用来帮助商家采购最近疫情所需要的防护防疫用品。

第三个压力是日常运营的压力。家装业务都是建立在人与人的高频接触之上的，当前情况下，用户和商家都会担心自己的安全，也就增加了平台上商家日常运营的压力。近期我们推出"无接触"式量房解决方案，让平台上的商家可以快速响应业主。我们还推出了线上直播等模式，让商家可以更有效地在线营销、更有效地与消费者在线实时沟通，帮助商家实现签约前的互动过程在线化。这种在线化的方式，既可以确保信息交流的及时性、准确性，又能帮助交易双方保存关键的沟通信息。这些举措可以助力平台合作企业更顺畅地走上在线化发展的道路。

最后一个比较明显的压力就是商家线上服务能力的压力。过去几年，一些高频消费领域的商家，其线上服务能力都有了显著提高。但像家装产业这样低频、重决策、依赖线下服务的领域，中小企业的线上服务能力仍比较薄弱，加上这次突如其来的疫情，很多创业者更是措手不及，不知如何进行线上服务。这时候，我们为商家提供300多节线上培训课程，以此来帮助中小企业加速学习线上服务和运营的相关技能。

对于产业互联网平台来说，这次疫情是发挥自己社会责任，也是围绕用户价值快速响应、快速创新的一个契机所在。我们要有所担当，有所作为。

03 疫情过后的变化与趋势

最后跟大家分享一下，疫情过后会发生的一些变化，以及可能涌现出的一些新的机遇。在疫情期间，用户的在线消费习惯将会逐步深化，不管是低频领域、高频领域，还是重决策、高客单价领域，用户的认知一定会发生变化。消费侧认知的转变一定会影响到供给侧，也就是说，不管是商户还是平台，都要为疫情结束后的日子提前做好准备，努力适应即将到来的变化。

事实上，作为平台方，我们深切地感受到，在这段时期很多中小企业对在线化的认知有了显著提高，拥抱在线化的决心也前所未有的强烈。过去，特别是比较传统的产业，让它们主动去拥抱在线化发展是比较困难的事情，通过此次疫情，很多中小企业从中发现了自己的短板，开始主动拥抱产业互联网平台，快速提升线上运营能力。

平台方也会有一些变化。我相信最近绝大多数的平台会更加专注于打磨自己的数字化基础设施。过去很多不够完善的在线化产品，这段时间都在加紧打磨升级，快速推出市场，从而支撑平台上的企业更好地满足消费者需求。

我个人的看法是，疫情的到来，促使消费者在线消费行为的不断强化，进而也推进了消费互联网平台和产业互联网平台的发展。而那些能把消费互联网和产业互联网打通的融合生态平台，将会更加有机会、有竞争力。

怎么理解消费互联网和产业互联网融合？我们常见的大众点评、携程等是比较典型的消费互联网平台，它的核心是用户口碑。产业互联网平台，就是提供产业SaaS解决方案、软件解决方案等的平台，它的核心是提高效率、降低成本。将消费互联网和产业互联网融合的关键是围绕客户进行价值创新，在两者之间进行数据的打通。当产业互联网拥抱消费互联网后，消费者的体验感、安全感、信任感都会获得极大的提升，这时候，商家业务发展的问题将得到真正解决。

我们相信疫情过后，在这段时间得到成长的商家，将会围绕用户的在线消费行为做出更多创新。我们也相信，未来一定会涌现出很多新物种，特别是在这段时间积蓄能量、拥抱创新的企业，将会成为新的消费领军品牌。

6.4

假如从此我们不再拥有办公室

其实，在线化是一种习惯或者认知。我们能够在家办公，就能够在游轮上、沙滩上、旅途中办公。互联网、5G、云储存、云计算让这一切成为可能，这是一件特别酷的事。

口述 | 贾　伟【洛客设计平台创始人、洛可可创新设计集团董事长】
整理 | 马继伟

2020年春节期间，我窝在家与孩子一起画画，画着画着，就喜欢上了。我画了一幅猫头鹰的画。猫头鹰的脑袋可以转270度。我思考，如果我们换个思维、换个角度看疫情，会不会有一些不同的新理解呢？

2014年，受到Airbnb、Uber、滴滴的启发，21个洛可可合伙人聚在一起讨论，未来设计将会变成什么样子？创意行业、设计创业的从业者可能不必加入某家公司或者受雇于人，也可以为全世界的公司服务。甚至可以没有办公室，能边旅游边办公。我刚毕业时，就在想能不能一个月待一个地方？能不能线上接单？当时，我们认为未来一定会出现大量线上办公的职业，所有的脑力工作者都可以在家里办公、在路上办公、在无人汽车里办公、在旅游中办公。

不远的未来，可能就在疫情结束以后，大量的行业会真正进入在线化的办公模式。它会是什么样的形态？我们21个合伙人在线开会，讨论要不要退掉我们的办公室，或者至少退掉一大半的办公室，让员工在家里办公。

目前，我们还没有完全适应在线化办公，一旦适应了，会不会不适应公司办公？尤其在北京、上海、广州、深圳等大城市上班的员工，一天通勤时间三四个小时，企业也需要承担工位成本。为什么不能节省高昂的租金，用钉钉或者其他软件在线工作？我们已经用了四年探索未来的工作方式：一个美国、德国或者以色列的设计师，在家里可以接到中国的单子，在线化交付。

其实，在线化是一种习惯或者认知。我们能够在家办公，就能够在游轮上、沙滩上、旅途中办公。这些都是可行的。互联网、5G、云储存、云计算让这一切成为可能。我们21个合伙人在一起讨论的时候，都觉得这是一件特别酷的事。

01 解构在线化

在线化是一个绝对趋势。我想帮助大家解构一下在线化。它有四个步骤。

第一步：工作结构化。

财务流、法务流、商务流、产品开发流、营销流都要结构化。结构化以后，才能够标准化。结构化、标准化之后，才有可能通过在线化的工具和软件，实现在线化的完整工作流。2016年开始，在线化洛客设计平台建设，先实现了结构化、标准化，之后逐渐将商务流、财务流、法务流、项目流、设计师管理往线上搬。需要指出的是，在线化的工作和结构化的工作、标准化的工作能够同步进行。

第二步：数字化。

在线化完成以后，线下和在线最大的区别是什么？在线化是大家能通过数字模式，把工作流展开。在线化以后，每天的考勤和日报都是数字化的，我们的工作流和项目流都是数字化的。在线化也是数字化的过程。

第三步：智能化。

数字化之后，大量的数据驱动产生了。

在线化的意义就是通过数据驱动，再产生智能化。希望大家能理解"四化"。一定要先让工作流标准化，如果工作流不标准化，就很难在线化。先有标准化，再有在线化。最重要的是要用数字驱动。当数字留存以后，创始人要考虑将人工智能与数字结合起来。我们探索在线化用了四年，第一年做了结构化，第二年做了在线化，之后慢慢开始做数字化和智能化。洛客设计平台10秒可以生成100个智能标志（Logo），这些智能标志是通过数据化生成的。原来，一个标志需要耗时两三周，现在三秒就能做一个。我们没用多长时间就给武汉火神山医院做了100个标志。

在线化的风口来了。我想强调的是在线化的后面是数据驱动，数据驱动后面是数据加智能的双向驱动。这样，在线化才真正有意义。我特别怕大家把在线化理解成在家里办公或者在网上办公。在线化是用数字化的逻辑去驱动工作流，用数字化的逻辑去决策，用数字化的逻辑让工作效率和成果变得更好。

第四步： 构建在线的生活方式和文化。

2020年2月12日，我们开了一个在线会议，策划2月14日的情人节。一般情况下，情人节这天，我们会带着妻子或者女朋友出去看电影、吃饭、逛街。今年，大家只能窝在家里。能不能过一个数字化的情人节？通过头脑风暴，我们把情人定义为四种，并用数字化的形式表达出来。趁着难得的空闲，我还画了一个情人节的鹦鹉送给我的爱人。我知道，很多人在做各种各样的视频来表达爱。

在我看来，在线化首先是数字驱动的一种工作方式。之后，在线化是一种数字加智能的工作方式。最后，在线化是一种生活方式。希望大家能够有这样的理解：在线化是一种新的工作方式，在线化是一种新的生活方式。

在这里补充一句，企业一定要有在线化工作小组，而不是老板要做在线化，而员工不理解。在线化必须由一个完整的工作小组完成，以日为单位发现问题、解决问题。同时，工作小组要盯商务流、法务流、财务流、项目流等是不是真正在线化了。

> **导师观点**
>
> 如何实现"四化"？
>
> 一定要先让工作流标准化，如果工作流不标准化，就很难在线化。先有标准化，再有在线化。最重要的是要数字化，用数字驱动。当数字留存以后，创始人要考虑将人工智能与数字结合起来，达到智能化。

02 为疫情后筹谋，不要做疫情难民

我把疫情分为疫前、疫中、疫后。疫前，大家都懵懵懂懂，再加上春节，都不知道怎么回事。疫中，大家突然间发现疫情这么可怕。只有大公司捐了几十万只口罩，中小企业哪有钱，只能在家待着，做不了什么。但是到了疫后，国家肯定会刺激经济。这个时候，要尽快解读国家出台的各种政策，不管是对中小企业的扶持政策，还是贷款政策，谁能够尽早解读，谁就能够跟政策贴得更近，谁也就能够把政策和自己的现状连在一起。这段时间，我们跟政府、银行密切沟通，商讨怎么样能获得优惠的贷款和补贴等。我建议，中小企业一定要设立专项小组来做这件事。

举个例子，我们公司有一个文旅事业部，为博物馆、故宫、敦煌、复星文化做电影IP和衍生品文化项目。2018年和2019年，这个事业部的现金流和利润最高。疫情来了以后，博物馆不开门了，电影院不开门了，各种线下文化IP、娱乐也都没有了。怎么办？有合伙人建议，是不是把这个事业部先关掉，让它转向互联网。我的观点恰恰相反。国家不可能让旅游产业、文创产业消失。后续，国家一定会出台大量的政策激活这些产业。当国家刺激、产业自救的时候，你有没有准备好一套完整的思路？你有没有准备好一套完整的产品或者服务，服务这些博物馆、4A级景区、5A级景区？如果没有，疫情过后，你也得不到商业回报。

疫情过后，企业一样要和国家同频，和客户、用户同频。我认为危难就是机会。如果我们不去想疫情之后的事情，我们就会变成彻头彻尾的疫情受难者，成为疫情难民。我知道各位企业家、创业者、员工都不希望成为疫情难民，这时候，我们就要赶快做准备，去解读政策，去解读受灾最严重的行业的政策，去修在线化的内功、数字化的内功、智能化的内功，并将之内化为一种文化。如果你形成了一套文化机制，疫情之后，你就有可能把办公场地缩减成疫情前的五分之一。

Q&A 黑马问答

Q 黑马 在线化，会不会失去社交？

A 贾伟 我认为不会。社交是人类的天性，在线化只能让社交的频率、效果、方式更加多元。在线化不仅不会失去社交，还会让社交变得更宽、更精准、更有黏性、更丰富。

Q 黑马 在线化以后，设计师何去何从？

A 贾伟 在线化会解放设计师在雇佣时代的雇佣关系。雇佣制模式下的设计师只能在一个很局限、很定制化的空间里做定制化产品。这是非常不好的。洛客平台上的设计师既可以给空客做飞机设计，还可以利用空气动力学做耳机。有的建筑设计师能够画特别好的插画。在线化能够让设计师服务更多公司。

Q 黑马 设计可以在线，制造可以在线吗？

A 贾伟 制造不仅可以在线，还可以无人制造。2018年，我去了一趟日本，参观了机器人"四大家族"的其中一家。社长带我们参观了一个平时不带人去的车间。这个车间无人、无灯，进去之后，我震惊了。我看到三台三米多高的机器人正在造一个和它们一模一样的机器人。整个车间没有一个人，全是机器人在造自己。所以，制造进入在线化、数字化以后，能够很快进入到智能化的进程中。

Q 黑马 在线化的工作效率怎么把控？

A 贾伟 其实，在线化的工作效率是数据驱动的。在线化不是管理逻辑，在线化是数字驱动逻辑，不要用原来300年的管理思维去看在线化。

行业篇

共克时艰

❖ 疫情来袭,各行各业都受到冲击。企业创始人该怎样判断行业趋势,引领企业渡过难关,实现转危为机?本篇选取了大消费、连锁商业、教育以及互联网服务四个行业之中的典型案例。有的企业在疫情期间不仅没有慌乱,反而实现了数倍的增长,其中的秘诀究竟是什么?

消费趋势

托底经济，场景重建

选择性关店 ● 砍掉异地业务，回到游击战。①缩小战场，取得相对的兵力优势；②全民皆兵，保持灵活性；③保存实力，打不过就跑。大部分消费中小企业都应该只专注自己细小的市场和领域，在兵力和资金没有积累到一定量的时候，不能为了追求经营"快感"四处出击，跨区域或跨品类进攻。

开设赚钱的临时副业 ● 例如同程，现在旅游业停摆了，可以去卖菜；饿了么、美团等均开启了买菜服务。

提升毛利 ● 毛利高的公司才能活得比较舒坦，活得舒坦的公司才有改良、改善、创新、创业、创富的欲望。不断提升毛利，在产业链寻求更强的话语权，培养总成本领先能力。

7.1 吹哨经济，三条军规，消费服务抗疫守业

对国民经济增长具有关键引擎作用的消费服务行业，尽管在疫情中遭受重创，但危中有机。消费服务行业的企业家们该如何调整方向、重新出发？

口述 | 宋向前【黑马实验室导师、加华资本创始合伙人】
整理 | 李佳浩

01 托底经济，战"疫"必胜

这场抗疫大战里有八个字非常关键——托底经济，战"疫"必胜。不言而喻，当下最重要的任务是全国团结抗击疫情，这是所有组织、企业、个人都应该具备的社会责任感和公民意识。我相信面对这次公共卫生事件，无论过程如何艰辛，战役终将胜利。但随着胜利号角声一同响起的，可能是许多中小企业的丧钟。同样可以预见的是，在这个过程中，中国经济会触碰到低谷，也就是我们所说的"底"。

经济触底不可怕，触底才有流动、才能反弹。流动和反弹首先要依赖于政府"托举"的动作。也就是说，我们号召中小微企业积极自救，也倡导国家和社会从宏观层面"托"起这些企业，这才是面对大考时的共克时艰。社会主体之间是同呼吸、共命运的，托底经济救活中小企业，也是在完善整个国家的社会系统，最大限度地降低疫情对老百姓生活的冲击。

保障百姓生活的衣食住行、吃穿用度，是加华资本一直在做的事，站在民

生角度上救助消费企业、扶持中小企业，也是我们共同的任务。

为什么说政府对这次疫情的托底政策非常重要呢？因为中国作为一个超级巨人，它的经济体量和产业结构都与2003年"非典"时期有着巨大的差异。2003年中国GDP大概是11.7万亿元，2019年年底已经达到了近100万亿元的水平，这是总量上的差异；此外，"非典"时期消费服务对国民经济的贡献只占39%，而现在第三产业对宏观经济的贡献率已达59.4%，成为第一大产业，其中消费服务行业对GDP增速的贡献率更是超过78.5%，对经济民生的影响不言而喻，这是产业结构上的巨大变化。

大家千万不能小看这两点差异。在疫情影响下，人口的正常流动被阻断，老百姓的消费需求被抑制，大多数直接面向消费者提供终端产品和服务的企业都暂时关门歇业了。春节又正值一些消费服务业的营业高峰，此次疫情来得猝不及防，企业春节前拿钱换货，囤积了大量库存，而抗疫期间的消费低迷和延迟复工现状，又让这些企业没有足够的人员、物资和现金流去应对，却仍要发工资、付房租等，损失的惨烈程度可想而知。

这次疫情对于宏观经济到底影响几何呢？以我个人的估计，疫情对2020年第一季度的GDP的影响会有1～1.5个百分点。全年来看，2019年春节期间，仅电影、零售、餐饮、旅游四个细分子行业，全国实现销售额大约15000亿元，占据2019年第一季度GDP的6.8%。而新型冠状病毒肺炎疫情发生之后，这些行业基本停工、停业、停市，消费总量也基本消失。这意味着，仅仅春节假期的7天内，全国四个消费服务子行业的直接损失至少达到了15000亿元。

在这种情况下，抗击疫情固然是眼下最重要的事情，但经济问题是疫情背后的巨大隐患，看问题要两面看，做事情要两手抓。现在网络上有一种分法，把人民分成两派，一派是抗击疫情派，另一派是托底经济派。我觉得这是一个伪命题，这两件事完全可以同时做好。眼下只有一派，就是希望国家向好这一派。

我非常钦佩西贝的贾国龙先生，他在中小企业主们最困难的时刻挺身而出，以西贝的号召力为行业群体发声，包括这两天刷屏的手撕员工联名信的老乡鸡餐饮董事长束丛轩先生，这些民营企业家都在为经济复苏贡献自己的力量。我认为他们是这个时代里值得尊敬的"经济吹哨人"，而这样的吹哨人，我们都应当有责任、有决心、有动力去做。只有企业运转良好，社会才能运转下去，人民才能活得幸福，去追求自己想要的人生，正所谓"民族有信仰，国家有力量，人民有希望"。

我是最早一批站出来联合媒体，倡导救助消费服务行业及众多中小微企业的投资人，我们也看到国家和各级政府都已经意识到这个问题，正在出台各种帮扶政策。因此，我们更要竭尽所能地熬过这段时间，因为一旦政策能够真正落实到位，精准于消费服务及中小企业身上，消费的未来一定会春暖花开，值得期待。

02 经济吹哨人：三条军规，激活企业

正如我此前提及，消费服务行业的每名企业家、创业者甚至从业人员，都应敢为当下中国社会的"经济吹哨人"。提出问题，昭示困境，才能让国家和社会有计可施，托底和自救相结合是当前最有效的纾困发展之路。

疫情之下，企业首先要想尽一切方法自救。

首先，对于受到疫情冲击最严重的消费服务业，最核心的建议是紧抓现金流，这是一切的根本。现金流是企业的血脉，企业的首要使命是活下来，跪着也要活下来，活下来就是对国家最大的贡献。2019年黑马学院提出一个概念叫作"一亿中流"，这些商业社会的中流砥柱一定要科学管理现金流，争取活过疫情，提高企业自身的免疫力，挺起国家经济的脊梁。

除了现金流管理外，企业在这个时期还要积极寻求多方合作，重视商业模式的迭代升级，增强抗风险能力，治病的同时也增强自我免疫力。企业不能成为堰塞湖，要不断寻求源头活水，让自身的收入多样化。例如，现在餐饮行业的线下店面虽然无法正常经营，但可以采用定点订餐外卖、与其他业态合作等方式。这一次西贝和盒马鲜生共用人力资源就是非常有益的探索和尝试。

疫情也催生了许多新的商业模式，对创业者和投资人而言都是良好的契机。正如我们所说，消费者需求反向塑造了业态供给，老百姓是消费者，也是最值得尊重和好好研究的。

其次，合理管控经营成本和费用结构，优化商业模型。现阶段，中小微企

业在条件允许的情况下，应当尽可能采取灵活用工的方式以降低人力成本。我建议各位企业家和管理层与员工友好协商，一起共抗疫情、共谋企业发展。毕竟经济塌陷意味着企业危机，企业停摆对所有社会个体而言都将产生最直接的冲击和影响。针对销售额缓滞的情况，最关键的就是对成本和费用的控制，企业上下凝聚一心，可以更好地对此定向发力，有所作为。

最后，企业家自我刷新，企业升级迭代。经营停业只是暂时的，但精进学习却永远不能停。疫情时期最适合创业者更深度、更系统地学习和思考关键商业要素，比如组织、品牌、战略、团队、供应链、人力资源、消费心理等。举个例子，企业运营怎样数字化？在线办公如何提升效率？企业人力资源架构如何设计？

> **导师观点**
>
> ### 疫情之下，企业的自救方法
>
> （1）紧抓现金流。
>
> 现金流是企业的血脉，企业的首要使命是活下来，跪着也要活下来，活下来就是对国家最大的贡献。
>
> （2）重视商业模式的迭代升级，增强抗风险能力。
>
> 企业不能成为堰塞湖，要不断寻求源头活水，让自身的收入多样化。例如，现在餐饮行业的线下店面虽然无法正常经营，但可以采用定点订餐外卖、与其他业态合作等方式。
>
> （3）合理管控经营成本和费用结构。
>
> 中小微企业在条件允许的情况下，应当尽可能采取灵活用工的方式以降低人力成本。针对销售额缓滞的情况，最关键的就是对成本和费用的控制，企业上下凝聚一心，可以更好地对此定向发力，有所作为。
>
> （4）企业家自我刷新，企业升级迭代。
>
> 疫情时期最适合创业者更深度、更系统地学习和思考关键商业要素，比如组织、品牌、战略、团队、供应链、人力资源、消费心理等。

相对于业务拓展，经营管理是许多创业者忽视或抗拒的问题。经营管理涉及企业中后台的一切琐事，很多创业者觉得离钱远，不愿意做。但在这个特殊时期，我们必须冷静下来，练一练内功，重新检验自身的核心竞争力，看看运营能力是否系统化、科学化、规范化，组织管理的颗粒度是否足够饱满，借此机会好好升级迭代企业的运营系统。现金流管理、创新业务模式、反思商业模型等更多偏向于外部价值创造，那么企业家通过深度思考和学习刷新自我认知体系，促进管理系统的迭代升级，就是我一直以来强调的另一大理念——内部价值经营。现在中国的企业管理已经进入精耕细作、强调德鲁克管理科学的时代，我提出三条商业军规，它们在帮助企业锻造真正的核心竞争力上，起到了非常重要的作用。

> **导师观点**
>
> ### 激活企业的三条军规
>
> （1）培养高毛利下总成本领先的能力。
>
> 毛利高的公司才能活得比较舒坦，活得舒坦的公司才有改良、改善、创新、创业、创富的欲望。不断提升高毛利，在产业链寻求更强的话语权，培养总成本领先能力，这是首要。
>
> （2）系统运营能力的全面优化。
>
> 具备了高效流转的中台系统和后台能力后，企业才能够在健康的系统支持下向外部拓展，在外界的危机冲击下不摇晃、不停摆、不崩溃，这在这个系统已经高度耦合的社会运转结构中非常关键。
>
> （3）组织进化迭代、自我刷新的能力。
>
> 我们的组织和管理都要进步，渠道和产品都要迭代升级，这样才能守正出奇，远超对手。

除了这三条商业军规之外，商业世界还有三条经营管理的定律，这也是我非常推崇的，值得创业者在内部价值经营的层面上学习和思考。

1）科斯的交易成本定律。企业只有内部交易成本低于外部交易成本，才有增长潜力,因此企业家一定要学习精益化的管理系统。

2)德鲁克的社会职能定律。一个社会问题一定孕育着一个商业机遇,一个巨大的社会问题往往背后孕育着巨大的商业机遇。能不能抓住机遇,就看企业家有没有同理心,有没有敏锐的商业嗅觉。这次疫情来了以后,我们的在线娱乐、无人配送、物流、生鲜、新零售等都获得了模式上的新转机。

3)熊彼特的企业创新定律。熊彼特在1912年出版的《经济发展理论》中提到,经济不是自然而然发展的,而是来源于创新。对企业来说,只有叠加在商业组合上的创新,才能持续获得利润,带来商业模式上的良性循环。

在这次疫情下,不是所有企业都活不下去,也不是所有企业都遭受同等程度的冲击。这些差别从何而来?从企业自身的核心竞争力而来。核心竞争力有三个关键——商业模式、运营能力和产品服务的黏性。

作为一家消费服务公司的掌门人,你一定要想尽办法占领消费者心智、不断耕耘用户的终身价值。试想一下,当疫情结束后,消费者最想报复性消费的是什么产品?一定是那些占领他们心智、为他们创造价值、赢得他们信任的产品。疫情期间,我好想吃西贝的牛大骨,好想去海底捞感受它的服务,这些公司是值得消费者尊敬的公司,是打不倒的公司,也是这个不安时代值得人们不断学习的公司。

大灾之后必有大变,大变之后必有大建。我觉得中国的商业文明、商业范式一定会借助这一次疫情之机破釜沉舟,完成更深层面上的迭代和升级,熬过来就必定能迎接春天,对此我十分看好。我们不要在整天刷屏中让过载的信息把自己变得焦虑和悲观。请大家相信,万物之中,希望至美。一定要认真记住这个词——希望。有希望,就能战胜一切。疫情并不可怕,人心齐,泰山移。

03 政策托底:疫情下的经济扶持建议

不管对国家还是企业家,抑或是普通的消费者而言,我们都在面临一个非常重要的转折。在这个时期,我们也呼吁政府能够出台卓有成效的经济政策对冲经济下行的风险。这时候，减税让利、藏富于民，一定值得被反反复复地提。

1）减税让利的关键在于企业现金流。我们看到目前政府出台的各项优惠政策，主要是通过社保缓交、税费优惠、延长汇算清缴申报期限等非直接方式，利好中小民营企业的链条仍然很长。但我认为，所有经济扶持动作的核心就是直指现金流。很多中小企业不是倒在商业模式和毛利结构上，而是倒在现金流短缺上。此外，这种经济扶持动作一定要注重时效性，传导链条短、直转现金流、政策刺激强。

例如，我倡导第一季度、第二季度的增值税全部免除；其次2019年已经缴纳过的所得税，2020年适度返还或根据历年缴纳额度延缓，这是短期的补贴优惠；长期来看，我建议修改流转税种制度，用消费税取代增值税，并把消费税从价内税改为价外税，价外税能让老百姓看得更明白，也是全世界主要经济体都采用的主要消费税制。我认为，增值税应该减免、降低，甚至最终走向取消。这样一来，税费不跟营业额挂钩，而跟流水挂钩，对于支持民营企业及中小微企业的发展，是非常有帮助的。

2）高效的金融政策扶持、强力的财政支持。最近我看到政府陆续出台相关政策，比如推出1.2万亿元的逆回购，利率调低10个基点等，所以我们金融系统的反馈还是非常迅速的。我们呼吁银行能在间接融资上给予更多的优惠，针对特定群体如中小企业等，提供中长期无息贷款或财政低息补贴，并鼓励银行给予优质企业更强的增信评级，对消费服务业开放绿色通道等，降低企业的实际信贷压力；其次，还可以通过组建纾困发展基金、推广注册制鼓励优质企业上市、给予行业的绿色通道等多种模式来托底经济。优质的中小企业需要更多的活水，我们不鼓励扶持落后企业，但好的企业还是需要金融系统的扶持。

一方面，中国的消费服务行业在国民经济中扮演着非常重要的角色，我们呼吁在上市体系上紧紧抓住注册制的改良机遇，在消费服务行业中选择一批龙头企业、代表性企业，给他们提供上市融资的快速通道，起到示范性的作用以提振市场信心。

另一方面，我们也要激活债券市场。企业债、交易所债券等都可以有所倾斜地扶持消费服务业，为其开设绿色通道，给予更低的利率和更好的审批环境；财政部门可发行财政专项债，定向扶持消费服务行业等核心领域的中小微企业，不再把资金投向机场、高铁等行业，而是投放到与民生息息相关的消费、服务、科技等未来行业上，更投向踏实勤勉、艰苦卓绝的中国企业家精神上。

我相信金融监管机构和财政体系有足够的智慧和技术解决这个问题，让直接融资和间接融资一起发力，为中国经济托底。在这样积极高效的商业环境中，中国的商业伦理与文明才能真正焕发光芒。

3）我们的法律法规一定要禁止交易野生动物，并且强化食品安全体系建设，提高全社会的管理能力和应急能力。疫情背后带来的思考不仅是商业层面的，更是整个社会治理体系上的，身在其中，我们都应当为此发声，积极响应。

吃一堑长一智，疫情终究会过去，和十三年前我创立加华资本时一样，我仍然看好中国，尤其愿意重仓押注中国的消费服务行业，这是不可扭转的超级浪潮，在这个浪潮中，希望我们都成为打不死、吹不倒的时代弄潮儿。

熬过冬天，就是春天。还是那句话，希望最美。

7.2 面对疫情只有一个字：打

消费类企业，尤其是盈利能力不错，不需要投资人的钱，现在恰恰是最好的投资机会，聪明的投资人都会意识到现在是一个非常不错的买点和谈判机会。

口述 | 王　岑【黑马实验室导师、消费王、BV 资本董事长】
整理 | 朱　丹

01 疫情之下，哪些领域影响较大？

消费领域，包含了人们的衣食住行、吃喝玩乐。疫情来临之后，线下的人流没了，凡是重度依靠线下人流的消费类企业，都遭受了巨大的冲击。

车间内员工密集的工厂不得不减产或停产，部分区域仓储和物流也被强制关闭，疫情将逐渐影响生产型企业。整个经济生态一环扣一环，当实体企业遇到了问题，没有钱，预算减少时，To B 企业也会面临很大的问题。

此外，这次疫情也使得规模较小、品牌力不强的企业，受到了具有强大品牌力企业的冲击。据我了解，目前世界500强的餐饮企业麦当劳在二线、三线、四线城市的门店依然营业，其部分自建的外卖配送团队开始发挥更大的效能，而规模小的本土餐饮品牌则被"一刀切"，不许营业。

02 打！而且要积极地去打

疫情出现后，成熟的企业家们的第一反应就是思考如何改变模式、在员工远程办公的情况下如何拓展新业务，没有那么慌乱。相反，大部分年轻创业者就懵了，在朋友圈不断转发一些疫情资讯。

过去很多年轻创业者一直在赢，而天灾人祸超出了他们的预判能力范围，一下子被打蒙了。这样的状态会带来一个非常不好的现象，就是高估了疫情，低估了自己。创业者需要记住，走到今天，靠的就是创始人不怕死的那股劲，而不是看各类新闻。

战争来临，企业的队形也要及时调整。首先，应对疫情，企业要立即成立危机小组。即使是一个非常小的企业也要这样去做，本质在于可以多个人分担压力。

而在危急时刻，女性的韧劲往往要比男性更强。因为，女性在社会中更多地扮演辅助的角色，习惯了波动。在家庭中出现重大问题时，母亲往往比父亲更有韧劲。因此在团队中，我建议可以让公司的中年女性挂帅。

如果企业的团队中出现了一些非常消极的声音，我建议让他闭嘴。既然是战争，不是他死就是我亡，一个字，就是打！而且要积极地去打，绝对不允许有负面的声音出现，因为我们没有退路。

03 积极寻找和利用可用资源

有创业者问我，疫情来了不能营业还能做些什么？首先，一个人疼了就要喊出来。遇到问题，企业一定要发声，让行业、政府、媒体、投资人知道你的艰难和苦处。

在寻找和利用可用资源方面，企业要把握以下几个方面：

1）行业协会。面对疫情，企业的第一个动作应该积极寻找行业协会。企业平时不怎么参与的行业协会实际上是有用的。在当地政府面前，行业协会"喊疼"

要比企业"喊疼"的效果更好。毕竟它是一个组织，好过一个企业孤军奋战。由于同行之间平时沟通较少，面对行业的重大问题时，需要协会出面进行组织。

2）当地的行业媒体及自媒体。媒体是距离企业最近的"喇叭"，它们的传播量要远高于企业自身。媒体的属性决定了它需要内容素材，媒体非常关注社会经济发展，对突发热点事件极其敏感，同时主流媒体也具有很强的社会责任和人文情怀。这个时候企业和媒体彼此都非常需要，更要彼此相信，坚定地站在一起。

企业要通过当地的行业媒体及自媒体，坦诚如实地告诉大家发生了什么，不要夸大，也不要谦虚硬抗，告诉外界你需要帮助。

3）疫情之下，很多企业没有了收入来源，而租金、人员薪水等成本很高，大家都缺钱，要积极寻找当地银行、担保公司或有钱的第三方机构去解决问题。

4）企业要主动自救，和政府商讨出台一些辅助政策，核心诉求就是三个字——减、免、退，即减税、免租金、地产及工资税退税。在商讨方式上，企业一定要积极引导，提出相关解决方案，供政府参考评估。

目前，苏州政府效率很高，已经出台了相关的扶持政策。创业者们应该主动把苏州的政策转发出去，让当地的政府看到。很多政府官员现在也在观望，他不知道应该怎么做。而有些人做得不错，大家很拥护的话，他就会学。

回顾2003年"非典"期间，很多政府都出台了一些切实有用的政策。例如，一些商业银行联合给予企业低息、无息的贷款，重点协助一些服务性企业，如娱乐、餐饮、旅游，用来支付员工的部分工资；政府出台了具体到数字的紧急援助计划；银行允许企业延期还款，以及低息的过渡性贷款。此外，疫情期间/部分时间税务局给予减税/免税，减少消费企业的固定营运成本，工资税退税，降低第一季度的水费、房租、排污费等。

> **导师观点**
>
> **如何寻找和利用可用的资源？**
>
> （1）行业协会。
>
> 企业平时不怎么参与的行业协会实际上是有用的。在当地政府面前，行业协会"喊疼"要比企业"喊疼"的效果更好。毕竟它是

> 一个组织，好过一个企业孤军奋战。
>
> （2）行业媒体及自媒体。
>
> 企业要通过当地的行业媒体及自媒体，坦诚如实地告诉大家发生了什么，不要夸大，也不要谦虚硬抗，告诉外界你需要帮助。
>
> （3）当地银行、担保公司或有钱的第三方机构。
>
> 疫情之下，很多企业没有了收入来源，而租金、人员薪水等成本很高，大家都缺钱，要积极寻找当地银行、担保公司或有钱的第三方机构去解决问题。
>
> （4）和政府商讨出台一些辅助政策。
>
> 核心诉求就是三个字——减、免、退，即减税、免租金、地产及工资税退税。在商讨方式上，企业一定要积极引导，提出相关解决方案，供政府参考评估。

04 经验&教训

我做了将近20年投资，现在恰恰是最好的投资机会。我反复呼吁这一点，聪明的投资人都会意识到现在是一个非常不错的买点和谈判机会。

消费类企业的优点是现金流不错，因为都是To C的企业，不存在大量的应收款，甚至还有大量的预收款。而且当企业的规模大了以后，还可以压别人钱，应付款可以压两三个月。

消费类企业，尤其是盈利能力不错的企业现金流非常好，平时都炙手可热，不需要投资人的钱，银行求着给信用都不需要。这次疫情，让创业者们明白了，再好的企业、再厉害的人，都有遇到困难的时候。企业接受投资人的投资、接受银行1000万元的信用额度没什么不好，能以防万一。原来不愿意跟我谈投资的企业，现在也都发现了问题所在。同时，艰难时期，优质的企业更容易被筛选出来。

当前，对于正在融资的企业，我的建议是尽快签约、抓大放小、可以接受分批付款。因为投资人也担心风险，企业家要互相理解。同时，就不可抗力条款要多和自己的律师沟通咨询，如果出现地震疫情中的业绩严重下滑情况时，投资方如何/是否启动回购或对赌履约。

对于需要融资的企业，应该先尽量争取银行信用额度，各个投资机构反应不一，有很多投资机构认为未来几个月是价值的洼地，是投资最好的买点；值得注意的是，企业一定要收集面对疫情的业务数据和应对举措，让投资人看到企业在低谷的时候的应变能力、管理能力、财务管控能力及判断能力，这是加分项。

我接触的大部分消费类企业，有了钱之后第一步就是扩张。如果没有这次突发疫情，相信某些消费类企业又开始攻占了某一个省的市场。实际上，某些企业的扩张并不理智，而是为了满足企业家自己经营的"快感"，这很害人。

通过这次疫情，在现金流方面，企业应该注意以下几点：

1）企业至少要有六个月的现金储备，不能有了钱就盲目扩张。

2）要形成良好的分红意识。分红是企业变相的备用金。如果一家企业每年都分红，出现问题后股东就会主动帮助，应对危机。中国很多中小企业没有股东分红意识，一开会就告诉股东今年不分红，要趁大好之势再攻占一个省，实际上很多时候是在满足企业家自己的经营"快感"。

3）企业有了钱之后，鼓励大家提前居安思危，提前购买一些"可变现资产"，比如好的商铺、利率不错的定期存款等。

4）在日子好的时候，对银行也要好一点。如果等到企业发展不好的时候再找银行就挺难了，人都是有感情的，届时的挽回成本就太高了。

5）企业在管理现金流的同时，也要及时止损，做最坏打算，能关、能砍的异地业务必须砍掉，回到游击战，囤在根据地。在团队方面，企业在保留最基层员工的同时，降薪或辞退中高管，减少固定费用。

> **导师观点**
>
> **企业在现金流方面的注意事项**
>
> （1）至少要有六个月的现金储备。
> （2）要形成良好的分红意识。
> （3）提前购买一些"可变现资产"。
> （4）对银行也要好一点。如果等到企业发展不好的时候再找银行就挺难了，人都是有感情的，届时的挽回成本就太高了。
> （5）要及时止损，做最坏打算。能关、能砍的异地业务必须砍掉，回到游击战，囤在根据地。在团队方面，企业在保留最基层员工的同时，降薪或辞退中高管，减少固定费用。

05 坚定地打游击战

经商就像打仗一样，在商业战场上，企业应就不同的资源、不同的时间点发起不同的战争。资源即资金、团队，战争即业务线扩张、开发新产品或推出子品牌。

战争第一原则是优势兵力原则（取自于德国战略家卡尔·冯·克劳塞维茨）。任何战争，最终取得胜利的原因就是兵力要比别人多。孙子兵法的精髓追求的不是胜，而是不败。在东西方的战争哲学里，都是追求如何不败。

中小微企业的兵力极其有限，这种情况下，最适合的战争形态的就是打游击战。游击战的核心有三点：①缩小战场，取得相对的兵力优势；②全民皆兵，保持灵活性；③保存实力，打不过就跑。大部分消费类中小企业，都应该只专注自己细小的市场和领域，在兵力和资金没有积累到一定量的时候，不能为了追求经营"快感"四处出击，跨区域或跨品类进攻。

例如，一家厦门的本地企业，即使面临来自全球龙头企业的竞争，也可以

❖ 创始人精神：中小企业如何应对黑天鹅

在巷战中赢得胜利。因为在一个小的封闭区域里，本土企业的兵力优势超过对方。战争打到最后，一个不可忽视的规律就是人多的一方往往获得了胜利。很多人讲求通过奇兵和奇招以少胜多，这是不科学的。

对中小规模的企业来说，在大的战争中，经不起一次失败。因此，我们必须每次出击都要取得胜利，打10次赢9次，最好全赢。

这次疫情，对一些非常老的、效率低的业态冲击得既快又狠。同时，我们也看到，疫情加速了企业的数字化和服务产品化，加深了电商的渗透。

这次疫情也使在家办公的人越来越多，去公司化的趋势加速。因此，我预判社交电商、微商2.0或微商3.0、直播电商三大行业将会出现非常大的创新，实现井喷发展。这三类业态都不需要线下场景，用户在家里就可以完成卖货。2020年将会是一个创新年。

值得注意的是，社交电商、微商2.0或微商3.0、直播电商要想实现更大的发展，唯一缺乏的是现代化的物流、配送和仓储。这会倒逼美团、饿了么及顺丰等物流配送公司在未来一年中创新升级，在软件、硬件和快递员小哥的穿戴设施上发生质的变化。这一升级的效率超过了帮助传统企业升级的效率，因此大量的投资资金将会密集涌向这些行业，推动基础设施的升级。

此外，社交电商、微商2.0或微商3.0、直播电商进一步发展，也可以与线下的餐饮企业结合，其中蕴含着巨大的机会。例如未来的餐饮企业很有可能出现80%外卖、20%堂食的业态，进一步推动餐饮行业工厂化、产品化。

Q&A 黑马问答

Q 黑　马　在目前的形势下，To B 企业应该怎么做？

A 王　岑　我相信To B企业，尤其是科技类、软件类、SaaS公司，在2020年甚至未来三年都是黄金年。

过去几年To B企业和消费行业的渗透率或合作深度并不够。一些传统企业和消费类实体企业仍然没能积极拥抱数字化。这次疫情，让所有实体企业意识到，无论是防御天灾人祸还是从商业效率和投资回报率来看，公司的产供销都应该软件化和数字化。随着各个消费企业的销售端、生产端和To B企业深度沟通，软件的使用场景将会越来越多，功能也将越来越强大。通过软件，员工在家里就可以办公、销售、互动或作业。

Q 黑　马　疫情之下，您对体育用品线下实体店在拓展市场方面有什么建议？

A 王　岑　对体育用品线下实体店来说，当前最重要的是切实帮助困在家里的消费者解决运动问题，不能单单去思考线上与线下应该如何结合。没有疫情的时候，我们可以去健身房锻炼、去户外打篮球。疫情之中，在家里如何更好地锻炼是令人烦恼的事情，而家用的多功能、高强度的体育器械在一定程度上可以解决这个问题。体育用品线下实体店可以和工厂直接沟通，看是否能生产出一些爆品，我相信这能带来非常不错的生意。

7.3 小众市场也有大生意

创业者掘金小众市场，一定要抓住特定群体，千万不要用做传统大生意的方法去做小众市场，那样会死得很惨。

口述 | 邵　俊【黑马实验室导师、德同资本董事长兼创始合伙人】
整理 | 朱　丹

01 吃透人和产品

谈论消费和零售，离不开"人、货、场"三大核心维度，消费趋势就是围绕这三点发生的。此次疫情，以非常规的形式让已经形成的消费趋势更加明显和强烈。

研究消费趋势，首先我们需要了解消费群体出现了哪些新变化。只有把握新消费群体的属性，才能更好地理解消费趋势发生的动因。

德同资本的团队下了很大的功夫来研究新消费群体的特性，我们观察到现在85后、90后"网生代"及00后"千禧代"已经成为社会主力消费群体，他们与60后、70后等老一辈消费群体的社会属性非常不同，具体表现在以下几点：

1）85后成为当下社会的中坚力量，消费层次逐步提高。

2）随着95后开始工作、00后进入大学，他们的消费意愿得到充分释放。

3）"爱美、怕死、缺爱、宅"是85后"网生代"和"千禧代"的消费群体的显著特征。

4）随着物质越来越充裕，新消费群体在消费时更加注重品质和个性化表达。

5）随着社会的上升空间被压缩，工作压力大，新的消费群体非常注重身心健康和休闲娱乐。

6）现在85后至95后已经开始组建家庭，结婚生子。

面对新的消费群体，什么样的产品和服务才能打动他们？从货的角度来看：

1）新消费群体作为互联网原住民，非常喜欢网络购物、移动购物和外卖。

2）新消费群体主张颜值即正义，对美有极致的追求，颜值经济开始蓬勃发展，带动了美妆行业、整容行业的崛起。

3）新消费群体"宅"的特征，推动了与其相关的外卖行业、电商直播、游戏、二次元文化的发展。

4）在精神层面，新消费群体在产品和服务上追求小众、个性、去品牌。同时，作为独生子女的他们，缺乏群体认同，带动了社群经济和粉丝经济的发展。

5）新消费群体习惯通过网课学习、为知识付费，他们还关注心理咨询、热爱健身及自助旅游。

6）当85后至95后开始组建家庭，结婚生子，在家居、母婴、汽车等家庭支出上与父母的消费理念非常不同，比如他们更加关注环保，装修采用环保材料、购车偏向于选择新能源汽车。

对于创业者来说，一定要把握新消费人群的特性，再针对性地研发满足需求的货和服务。只有吃透了人和货，创业者才能知道如何捕捉消费的新场景。

02 把握新场景是成败的关键

在消费的三个维度中，"场"对于创业者来讲最为重要，因为这是我们真正能够改变，并将命运掌握在自己手里的东西。

企业在打造新场景上，应该注意哪些事项？我想和大家分享以下几点：

1）企业需要思考，在线上线下一体化的背景下如何构建合作生态。

2）目前线上流量可以为线下导流，同时线下流量可以转化到线上沉淀与运营，两种模式已经完全交织在一起。

3）交易流量入口前置化的趋势明显，淘宝天猫的站外流量来源占比增高。

在商品短缺的时代，以货为本，社会的消费模式是"人找货"：用户通过搜索找货，流量入口非常短，消费决策相对直截了当。随着商品极大丰富之后，变成了"货找人"，用户的决策链被拉得非常长，甚至非常多元。因此，交易流量入口前置化的趋势非常明显，前置到符合用户喜好的入口。以淘宝天猫为例，目前其站外流量来源的占比越来越高。

4）腾讯控制下的社交流量格局被以字节系为代表的新兴玩家打破。

研究报告统计发现，近两年字节跳动系产品崛起之后，用户的使用时长增长得非常快。对创业者们来说，"场"一定要围绕人和货进行相应调整。

5）全线流量→多渠道广告采买+内容运营→混合型精准流量→数据解析→客户管理能力→营销闭环+交易转化。

在全线流量的获取上，从多渠道广告采买和优质内容运营，找到混合型的精准流量，并通过数据解析、客户管理能力完成营销闭环和交易转化。整个交易的链条非常长，甚至有多个触点。

到了线上线下一体化，社会的消费场景发生了很大变化。对创业者来说，吃透人和货非常重要，但把握好新消费场景是成败的关键。

在2019年"创业家年会"上，我就"小众市场的大生意"发表了主题演讲。"小市场"和"大生意"听起来比较矛盾。在技术不够发达、基础设施不够完善的时候，的确如此。然而，现在随着技术和平台的发展，我们发现小众市场也有大生意。例如，在文玩领域，我们投出了独角兽项目"微拍堂"。

创业者掘金小众市场，一定要抓住特定群体。在打法上，如果通过大平台去购买流量，除了价格昂贵之外，效率也非常低下。创业者千万不要用做传统大生意的方法去做小众市场，否则就会死得很惨。

在具体打法上，我总结出以下方法：

1）面对追求小众及个性化的消费群体，创业者一定要打造自己的人设，并且通过优质的内容传播和社交裂变吸引精准流量。

2）通过AI、大数据手段定位精准流量。原来小众市场只能做小众生意，我认为原因在于受技术水平限制，企业无法扩大服务半径，只能够服务所接触到的小众群体。现在创业者可以通过人工智能、大数据等技术手段，定位精准流量，不受时间和空间的限制，扩大服务半径。

3）与大平台密切合作，争取资源。创业者起步做小众群体的生意，不应该重新制造"轮胎"。创业者从小处落手，但也要站在巨人的肩膀上。我们非常鼓励创业者与大平台密切合作，从中争取资源。

4）通过优质服务和口碑提高留存率和复购率。通过借力，创业者找到了精准用户之后，一定要基于长期发展的目标，通过优质服务和口碑，提高留存率和复购率。不论是传统电商还是新消费电商，留存率和复购率是两个非常重要的标准。小众市场的用户比较难"伺候"，但同时也非常忠诚。

5）做好品控及柔性供应链的改造。企业如何打造优质的服务和产品？除了人设和品牌价值外，同时也与看不见的"供应链"息息相关。百年老店的产品并非新奇、特别，但能一直屹立不倒的核心在于其具有强大的供应链能力。只有做好整个供应链的管理、品控，才能成就一个行业龙头和一个伟大的企业。

导师观点

企业如何做好小众市场？

（1）一定要打造自己的人设，并且通过优质的内容传播和社交裂变吸引精准流量。

（2）通过AI、大数据手段定位精准流量。

（3）与大平台密切合作，争取资源。

（4）通过优质服务和口碑提高留存率和复购率。

（5）做好品控及柔性供应链的改造。

---

03 我们是如何投中美ONE和微拍堂的？

最后，我想分享德同资本投资的两个项目——美ONE和微拍堂。

第一个项目，美ONE。

很多人对美ONE并不熟悉，但提起美ONE旗下的李佳琦则无人不知。

2017年8月，德同资本领投了美ONE的A轮融资，成为他们的董事。很多人误认为我们投资了李佳琦，背后真正的故事是——我们投资美ONE时，还没有李佳琦。客观来讲，我们投资的是一个打造直播网红的平台——美ONE抓住了直播作为新流量入口的机会，发掘了李佳琦。

当年，一些国际大型美妆品牌公司和美ONE签约了B2B服务协议，如欧莱雅、宝洁。这些大型美妆企业在线下有很多专业知识非常强的美妆顾问，然而线下流量被电商侵蚀，他们不得不在线下店面"守株待兔"，等待客人上门。面对这样的困境，这些美妆企业非常着急，因此和美ONE达成合作，由美ONE帮助培训美妆顾问，让他们利用业余时间或在店面没有客流的情况下，在线上通过专业知识抓住客户，促进交易转化。

其中，美ONE和欧莱雅合作，通过举办类似《中国好声音》海选活动为欧莱雅在线下导购中选拔淘宝直播，李佳琦从中脱颖而出。而在此之前，李佳琦是欧莱雅南昌天虹商场美宝莲专柜的一位柜员。

通过直播电商及短视频内容，李佳琦突破了他原有的时间和空间，从欧莱雅的一位柜员成长为一位知名美妆达人。现在，李佳琦全网粉丝量超过8000万人，其中淘宝近2000万人，抖音近4000万人，小红书近900万人，微博粉丝近1200万人，真正做到了淘宝第一、小红书第一、微博最大的美妆达人，抖音全网前五、最大的美妆达人。2019年，李佳琦单人销售额能超过很多消费渠道连锁集团。在我看来，李佳琦的成功是因为他把消费者语言和供应链语言做了完美衔接，完成了专业化向大众化普及的过程。

时势造英雄，在这样的一个新场景、新入口下，如果没有李佳琦，我相信必定会有王佳琦、张佳琦脱颖而出。

回顾2017年，当时大家都苦于找不到方向，认为流量被阿里系、腾讯系控制，而美ONE则在三年内实现了爆发式增长。因此，当企业掌握了新的流量入口，完全可以打破所谓的流量封锁和垄断。

第二个项目，微拍堂。

微拍堂是一家移动拍卖平台，拍品类目覆盖玉翠珠宝、紫砂陶瓷、书画篆刻、茶酒滋补等七大品类。微拍堂通过社群运营+拍卖工具的方式切入，为用户提供了突破线下空间限制的新入口，通过社交流量迅速形成自传播，实现快速增长。在2019年，微拍堂的交易额突破了400亿元。

2015年年底，我们独家投资了微拍堂首轮融资。如果以传统思维去判断，微拍堂切入的文玩品类是一个小众市场。实际上全国文玩市场规模巨大，总量不低于2000亿元。

微拍堂所切入的文玩品类社交属性非常强，因为文玩没有实际功能意义，买来就是要晒、社交、与大家分享。文玩卖家和买家在交易过程中也存在非常多的互动学习，具有很强的社交属性。

2016年和2017年在社交电商领域创业，肯定离不开腾讯的平台。当企业的规模是10亿元、20亿元时没人关注你，当企业的规模达到百亿元时，和腾讯的生态圈搞好关系变得非常重要。因此在2016年年底，我们帮助微拍堂引进了腾讯的战略投资。

在2016—2017年，腾讯在流量、生态圈内部营销政策方面相对比较宽松，微拍堂在第一波吃到了微信红利，为此后的发展打下了一个非常好的基础。随着2018年腾讯生态圈在内部转发和二次营销等政策方面收紧，以及腾讯社交流量受到了新平台冲击，微拍堂开始探索"二次增长曲线"。当时，我们看到电商直播崛起的趋势，微拍堂果断地开始引进直播，吃到了电商直播的红利，使其在200多亿元交易额的基础上仍然实现了翻番增长。

因此，对于消费领域的创业者来说，一定要与时俱进，敏感地关注最新的流量入口和场景并为我所用。

在德同资本即将招募的黑马实验室中，我们不光针对新经济、新消费类的企业，同时也面向传统消费品牌企业，希望能够帮助他们掌握新消费的要素和创新打法，寻找到企业的二次增长曲线。

对于传统品牌、传统零售企业如何利用创新型渠道找到"二次增长曲线"，我归纳了以下四点：供应链社会化、渠道碎片化、媒体的社交化及用户圈层化。传统消费企业如果把这四个环节吃透或者打一个组合牌，甚至做好其中一两个环节，一定可以寻找到"二次增长曲线"，实现高速发展。

7.4 不要指望报复性反弹，餐饮业想自救得靠它

疫情防控后期或者结束后，餐饮一定会迎来营业的反弹，但这个反弹只是对运营能力很强的企业，安全流程保障和消费体验的打造将会是吸引消费者的核心所在；同时，要注意，在吃饭消费问题上，一个人不可能一天吃很多次，不存在报复性反弹空间，很多人以为疫情结束以后餐饮业会迎来报复性反弹，建议大家还是要谨慎乐观，抓好安全和体验两个核心工作，做好打长期硬仗的准备。

口述 | 孔令博【黑马导师、奥琦玮董事长兼总经理】
整理 | 马继伟

我的分享包括五个方面的内容：消费者需求洞察及餐饮行业变革分析；餐饮企业面临的深层次困局是什么；餐饮企业如何通过数字化实现转型；数字化需要组织层面做出哪些调整；餐饮行业未来发展趋势及应对措施。

01 不要过于乐观地预估消费的报复性反弹

疫情期间，消费者心态发生了一些变化。推荐大家看两个文档：一个是波士顿咨询刚刚发布的报告《新型冠状病毒肺炎疫情直击：现状、风险及影响》，其中对未来整个国家的GDP、食品零售、服务行业可能会发生的变化做出了判断；另一个是北京数字一百信息技术有限公司的调研报告，他们也发现了一些

有趣的现象：

1）疫情期间，从增加消费的维度上看，一线城市增加消费的比例达到了36%，三线城市的该比例只有29%。在一线城市，有46%的居民减少了消费，三线城市则有51%的居民减少了消费。在年龄段维度，70后、80后认为自己增加消费的比例分别达到了32%、34%。00后和95后则为21%，相反，他们认为自己减少消费的比例达到了55%。在消费品类上，疫情期间，排名第一的是家庭洗涤清洁和消杀用品，排名第二的是医药，排名第三的是食品饮料，排名第四的是日用品，但不是化妆用品。

为什么70后、80后增加消费的比例远远大于00后和95后？目前，70后、80后挑起了日常安全保卫和家庭生活保障的大梁。为了家庭安全，他们买了很多的消杀产品。00后和95后日常则购买非生活必需品。

2）疫情结束之后，有三个核心品类会被消费。排名第一的是服饰（包括服装和鞋帽），排名第二的是食品饮料。很多人认为，疫情结束以后，餐饮业会迎来报复性反弹。但我稍微提醒一下餐饮企业：请大家谨慎乐观，不要过高地预估营业额会有爆发性增长，宁肯稍微采购储备短缺一点，也要保持现金流健康。

总结来看，疫情结束以后，食品、服饰、化妆品会迎来较为明显的消费反弹，但大家不要过于乐观。因为，消费者对于未来经济、自己工资收入的信心不足，消费反弹一定在他们可以承受的范围之内，不会出现爆炸性和持续性增长。

02 餐饮企业面临深层次困局

疫情或者其他突发性事件，改变的是供给侧的核心要素和需求侧的消费习惯。

2003年至今，有三次重大事件对餐饮行业产生较大影响。一次是"非典"，一次是发生在2012年、2013年的"国八条"，一次是2020年的新型冠状病毒肺炎疫情。每一次重大事件都倒逼餐饮行业进行比较大的升级。怎么升级？围绕着消费者可以感知到的体验、品质，包括消费者获取的便捷程度，下大功夫升级。

刚才提到过深层次困局，那么餐饮企业面临的深层次困局是什么？举两个例子，疫情结束以后，餐饮企业能否用非常专业的标记让消费者感知疫情管控流程的专业性。餐饮企业的店面是否有专业测温流程？会不会对体温异常的客户说不？怎么管控每位进店客户？会不会对菜品的营养成分、用料进行标记？

餐饮企业也应该顾及消费者获取的便捷性。一家死守传统堂食业务的企业很难迎接餐饮行业即将到来的全面提升。未来的餐饮企业，一定会有四个不同的营收层次：①最传统的堂食收入；②平台性的外卖；③自营外卖和自营商城；④增值服务。消费者已经对外卖形成习惯，即便压力再大，餐饮企业也要硬着头皮上，将平台外卖作为重要的收入补充。一些具备食品加工能力的企业也可以发展平台性的电商，在天猫、京东开通线上商铺构建新的营业收入来源和渠道。拥有超过50家以上门店的连锁餐饮企业可以构建自营商城。餐饮行业也可以做增值服务，做衍生品，比如卖一些食品、杯子或者卡通宠物等。当然，对于小微企业来说，更关键的是，把周围三公里、五公里范围内的客人服务好。

> **导师观点**
>
> **未来餐饮企业有哪些营业收入层次？**
>
> （1）最传统的堂食收入。
>
> （2）平台性的外卖。
>
> 消费者已经对外卖形成习惯，即便压力再大，餐饮企业也要硬着头皮上，将平台外卖作为重要的收入补充。
>
> （3）自营外卖和自营商城。
>
> 拥有超过50家以上门店的连锁餐饮企业可以构建自营商城。
>
> （4）增值服务。
>
> 做衍生品，比如卖一些食品、杯子或者卡通宠物等。

整个商业运营就是从供给侧到消费者的需求侧，中间是价格和质量，这是传统餐饮运营模型的核心所在。消费者买的是性价比。随着数字化技术的改造，竞争激烈程度的加剧，大家开始竞争获取的便利性。懒人经济给很多平台带来了机会。2000年的电商、2010年以后的外卖主要为了满足获取的优惠、便捷与便利性。新平台让供需双方的关系从过去的两个维度（价格、质量）变成三个维度（价格、质量、时效）。时效包括时间上的便捷性和品牌上的时效性。这三个方面变成了供需之间的连接器。在品质的基础上，基于目标客群的需要，餐饮企业要做一个合理的定价区间。同时，餐饮企业还要在时效性和品牌时尚感上下功夫。

这段时间，云海肴做了菜篮子，向店面周边的客户卖净菜，一天可以卖几百单。它还做了一些直播，一小时的营业额也接近3万元。这只是云海肴的初期尝试，相信接下来，应该会有很大提升。旺顺阁也做了通过线上商城预定成品菜的尝试，效果也不错。疫情之下，云海肴和旺顺阁改变了客户链接渠道，提高了获取的便捷性，或者定义了新产品，让客户感知到了新的性价比。

消费者能够感知四个核心方面：价格、质量、时效性、品牌调性。只要让产品具备了这四个方面，企业再搭建一个连接桥梁，就可以很好地改变组织。但难就难在观念上。传统餐饮企业不要一味地沉浸在堂食经营，务必要在线上搭建连接消费者的渠道。同时，还要重新研发产品，不要只是把传统堂食产品外卖化。疫情之前，堂食产品外卖化尚有机会，疫情之后，一定要做一些专门的产品来做外卖。

03 餐饮企业应实现数字化转型

我提醒一些没有学过IT的创业者，千万不要把IT复杂化。

对于实体行业，数字化技术有两个核心所在。第一个核心是改变了信息传递的速度和形式。例如，一个企业过去做的是纸质优惠券，现在全部变成电子优惠券或者二维码，越来越便捷了。第二个核心是平衡信息不对称的全新渠道。过去，总部想要了解各个门店的库存，可能需要盘点一天；现在，通过RFID，总部可以随时了解各个门店的库存。

基于这两点，没学过IT的创业者可以思考，哪些信息的载体传递速度还不够，或者效率比较低？你可以想办法利用一些IT技术来改变。原来熟人营销是线下一个圈子的口口相传。现在熟人营销上线，变成社群营销，也只不过通过几个种子用户把口碑慢慢传递给一些新客群。社群营销改变了信息传递的速度和形式，也是一个平衡信息不对称的全新渠道。大家不要认为它有多玄妙和神奇，核心是你要知道自己想要什么。非IT出身的创业者琢磨好这两点就够了。

对于连锁餐饮企业而言，转型时，要把这两个核心问题搞清楚了。从我的观察来看，连锁餐饮企业可以进行以下三个场景的实体化改造：

（1）消费流量

连锁餐饮企业应升级消费流量。消费流量经历了早期的CRM到团购、社区营销，再到现在的社交营销。企业一定要认真地考虑消费者从哪而来。过去，消费者从街边来，从购物中心里来，现在从手机里面来。这跟技术没有关系，而是消费行为的改变。

（2）效率场景

在同等营销目标下，怎么能够用更低的成本达到这一营销目标？从效率管理的角度来看，企业流程要做优化，将环节变得更少。信息电子化以后，不需要那么多的人做手工凭证。数字化技术最刚性的地方，体现在降低人力成本，或者提高处理数据的效率。在效率层面，企业需要考虑有没有可以做数字化改造的地方。

（3）采购管理

还有一个场景属于采购管理。甲方怎么跟乙方形成实时的信息流转？举ZARA的例子，一般情况下，女性一年逛4次奢侈大牌服装专卖店，逛17次ZARA。为什么？因为ZARA以半个月和一个月为周期，不断推出新花样。而新花样就来自门店销售规律、工厂，包括服装款式的设计师所构成的一个动态信息流转系统。

创业者要重点考虑这三个场景，想一想消费者管理需要用什么样的工具？企业内部的效率管理需要用什么样的工具？采购供应管理需要用什么样的工具？这三个工具基本上可以映射到目前企业所面临的痛点。想清楚痛点，选准工具，就不容易跟风出错。

04 数字化需要坚决的组织变革

很多企业，碰到一个好的供应商，选了一个比较好的数字化系统，但最终没有发展起来。为什么？因为它们没有成为组织结构上领先于行业的企业。

很多企业发现新兴技术以后，并不会单独做一个组织来探索使用新技术的方向。中大型连锁企业做消费者管理，一定要定义一个创新部门与之匹配，要赋予该部门全新的指标。很多企业都做新零售，有的做得好，有的做得差。有的企业把新零售的营业额跟门店营业额分开，造成了新零售部门跟门店的对立关系，很难形成合力。做得好的新零售部门，可帮助门店提升客户复购率和客户增购的工具。店面和新零售部门融合在一起，组织一体化，利出一孔，力出一孔。

如果企业想创收，一定要有做创收的事业部门。如果企业想做效率管理，一定要有流程性梳理的改革部门，让这个部门来牵头。如果企业想管控成本，一定要有对员工、采购比较敏感、有经验的核心团队牵头成立一个部门。在组织的配合下，数字化技术才有可能变成企业的核心竞争力。

随着行业从"小散乱弱"发展到规模化、产业化、集中化，市场中的二八效应越来越明显，龙头企业占的市场规模越来越大。产业化以后，行业前十名可能要占到该产业营业额的30%甚至更高。成功的企业越来越少。如果大家想要成功，一定要主动判断消费者的趋势，要善于利用新兴的数字化技术，要坚决地做组织变革。

05 用数字化技术将餐饮行业重做一遍

《史记·货殖列传》提到，商业的核心本质有三个方面：生产、流通和交换。当市场供不应求时，谁生产，谁就能获取高额利润。当市场供过于求时，谁能做高质量交付或者交换，谁就能获取高额利润。当需求和供给交织时，谁能做流通，谁就能获取高额利润。时移世易，这个道理一直是不变的。

严格意义上来讲，目前，餐饮行业还处于优质生产、匹配消费者需求生产相对属于稀缺的状态。在规模层面上，大量餐馆没有构建起来领先其他品牌的企业群体。这说明优质生产还没有真正形成。

过去，餐饮行业没有流通环节。现在，在流通层面上，外卖平台出现以后，从原来的"人动菜品不动"变成"人不动菜品动"。前面，我提到餐饮企业一定要重视流通菜品，一定要注意在流通层的升级和创新。今天，一家店如果不做外卖、小程序、公众号运营的话，可能店周边300米的顾客都不知道你的店的存在。流通不仅仅带来营业额的问题，还关系到品牌的生死存亡问题。交换环节更重要。外卖产品要做得精致。我们要大胆地向日本学习，把外卖餐盒做得非常精致，敢于做得更有品质。这就是交换的质量，让消费者感知到品质感。

对于品牌来说，早期阶段，品牌需要告诉顾客你是谁；第二个阶段，品牌需要告诉顾客你有什么样的权益和营销；第三个阶段，品牌需要与顾客群体相互了解，让顾客信赖品牌。这样，品牌就能够走向一个更加长久的未来。

对于餐饮行业的趋势，我总结了以下三个方面：

1）消费者正在从过去的功能性消费开始全面地转变为品质体验性消费。企业不能只做网红，还得有品质。

2）企业一定要建立一个多维度的连接消费者的渠道。我们把它称作四位一体的解决方案。"四位"指的是堂食、平台、自营、增值。"一体"指的是消费者的满意度和复购率。未来，实体企业一定要关注复购率。今天的电商开始关注复购率了。

3）构建一个运营成本更低的生态性产业链合作体系。如果企业把这个体系构建起来，那么它的整体运营竞争力就会比别人强很多。

导师观点

餐饮业的三个发展趋势

（1）消费者正在从过去的功能性消费开始全面地转变为品质体验性消费。企业不能只做网红，还得有品质。

（2）企业一定要建立一个多维度的连接消费者的渠道。我们把

消费趋势——托底经济，场景重建

> 它称作四位一体的解决方案。"四位"指的是堂食、平台、自营、增值。"一体"指的是消费者的满意度和复购率。
>
> （3）构建一个运营成本更低的生态性产业链合作体系。如果企业把这个体系构建起来，那么它的整体运营竞争力就会比别人强很多。

最后，用一句我比较喜欢的话："战争打到一塌糊涂的时候，将领的作用是什么？就是要在茫茫黑暗中用自己发出的微光，带领队伍前进，谁挺住了，胜利就属于谁。"我衷心地希望各企业能够一起加油，共克时艰，一起拥抱疫情结束以后全新的商业环境。

Q&A 黑马问答

Q 黑 马 连锁企业如何 IT 化？

A 孔令博 实体连锁企业都有门店。在门店层面，企业可以通过收银系统、CRM系统、电商系统将信息化做出来。规模大了以后，在管理层面，企业可以把数字化系统建立起来。管理的核心有两个，供应链系统和人力系统，这涉及人力体系的管理、原材料体系的管理。

当企业变得更大，在决策层面上，企业要构建一个财务体系。这个财务体系不同于今天很多企业用的财务系统，它是可以支持决策的、业务财务一体化的解决方案。

我想提醒一点的是，千万不要过于超前或者过于滞后，因为这都会影响企业资源和资金的有效利用。

08 连锁商业

转战线上，生态共荣

黄金三角 ● 首先是信心重建，创业者要冲在最前线；其次，品牌力是疫情期间重要的资产，要确保有强大的品牌力护航；最后，利用数字化的力量把业务搬到线上，全员进行数字化营销。

转向新媒体渠道 ● 利用疫情的机会全面开放创新，全员进行数字化营销。企业应加大在抖音、B站、小红书，包括微信、微博等社交网络、社交媒体的人力、物力投入，通过这些线上的新媒体渠道，帮助品牌跟消费者实现更好的触达。

系统性规划 ● 重视企业自身的商业模式和业务模式的系统性思考和规划。在产业链上下游，要动之以情、晓之以理地实现减少或者递延支出，控制好必要的现金流。理顺并合理规划业务环节，避免产生巨大、隐性的"摇摆"成本。

8.1

从濒临破产到逆势上扬

此前两年,我们一直穿着数字化的新鞋,走传统零售的老路。突然,传统这条路走不通了,没有办法了,必须马上迁移到线上,这同样也给了我们一个机会。

口述 | 孙来春【林清轩创始人】
整理 | 张九陆

01 信心、品牌力、数字化:对抗疫情的黄金三角

林清轩是一个中国本土护肤品品牌。疫情暴发以来的这段时间,林清轩完成了一次"自救":大年初七(2020年1月31日)的时候,还有两个月零三天就会破产。但是通过努力,林清轩现在不仅没有走向死亡,反而实现了相当于2019年同期145%的业绩,部分门店的营业收入甚至翻了一倍。接下来,我给大家分享一下这段时间的经历与感受。

林清轩实际上是典型的传统线下生意,目前在全国开了337间直营线下门店,主要在购物中心和百货商场。每年春节黄金周,老百姓会逛街,衣服、护肤品都卖得不错。但是2020年,从 1 月 22 日开始,大多数门店的业绩跌到了平时的 10%,有的地方可能仅有5%。

本来我们从未融资,也不打算上市,立志做成"老干妈"那样的企业。但是从大年初二开始,我就每天拿着手机看疫情,越看心情越糟,我掰着手指头一算,靠手头储备的这点现金,再有两个月零三天就得破产。当时的感觉,就

像静脉血管被割开了，眼看着流血，然而并不知道怎么把它堵上。

在1月31日那天，我的情绪达到最低谷，写了一封信，名字叫《至暗时刻的一封信》。

没有办法，只能自救。

当时我给江南春（黑马实验室导师）发了条微信，问他："你经历过无数次的至暗时刻，是怎么处理的？"他跟我分享了一下自己的心得，然后问我："想一想，你还能干什么，不能干什么？你还有什么，没有什么？"

我算了一下，我还有店、有人（员工）、有货，我还有品牌，有数字化方案，但是线下没有顾客了。我现在能干的，就是把业务搬到线上；不能干的，是线下的模式暂时走不通了。

边思考边行动，就有了策略。现在回过头来，这些策略可以概括为"对抗疫情的黄金三角"。

（1）信心重建

我意识到，如果我自己都崩溃了，我的员工更不会有信心。而我就算死，也要战死在林清轩的工作岗位上，把我的生命和肉体淬到这个品牌里，这就是企业创始人，不能躲。所以，我写了那封《至暗时刻的信》，主要是鼓励我自己的。就是这种时候，才能磨炼创始人的心性。

我的信发到员工内部微信群里，有的员工看完当时就哭了。还有很多顾客给我回复，林清轩一定要加油，特别是武汉仁济医院的一位护士，说等疫情过去之后，要到林清轩柜台去做面部发光SPA，修复口罩脸。这让我们又发现了一个新的、很好的应用场景，我们重拾了信心。

（2）品牌力

品牌力是疫情期间重要的资产，无论是做餐饮、服装，哪怕是To B企业，一定要保护好品牌力。

很多人问我，是不是现在可以打折促销，我对这个问题是坚决反对的。打折实际上就把品牌做成了便宜货，千万不要在疫情期间建一个微信群给大家秒杀、便宜卖，那样的话，疫情过去后，你这个品牌就死了。

我们可以在疫情期间多送一些礼物，多做一些关怀，给顾客送一个惊喜。

（3）数字化

疫情到来时，我突然发现我们的数字化方案都在，只是过去员工不愿意用，比如我们用阿里巴巴的钉钉，两年前系统都做完了，微信+小程序商城也都铺好了，但是从初一到初七，所有的人都躺在床上刷手机，没有人去干活，这个问题才是最严重的。

于是，我们于2月1日在钉钉群里开了一个全员会议，提出各种工作要求。

疫情刚开始时，我们建了一个武汉关怀群，发红包、表演节目、陪他们聊天，结果还是有员工抑郁。后来，从2月1日开始，我们都去干活了，就没有人抑郁了。所以，我总结出一句话：治疗员工心理疾病的最好方式，就是让他工作赚钱。

这就是"对抗疫情的黄金三角"：信心重建，老板冲在最前线；要有强大的品牌力护航；利用数字化的力量把业务搬到线上。

1月31日写信的时候，对于业务我一点底都没有，然而截至2月22日，我们的线上业绩增长了500%，翻了五倍，线下靠数字化，业绩不仅跟2019年持平，并且略有上升，东北和武汉部分地区的业务还有翻两倍的，整体业绩达到2019年同期的145%，我们实现了逆袭。

> **导师观点**
>
> ### 企业对抗疫情的策略——"黄金三角"
>
> （1）信心重建。
>
> 如果我自己都崩溃了，我的员工更不会有信心。而我就算死，也要战死在林清轩的工作岗位上，把我的生命和肉体淬到这个品牌里，这就是企业创始人，不能躲。
>
> （2）品牌力。
>
> 品牌力是疫情期间重要的资产，无论是做餐饮、服装，哪怕是To B企业，一定要保护好品牌力。千万不要在疫情期间建一个微信群给大家秒杀、便宜卖，那样的话，疫情过去后，你这个品牌就死了。
>
> （3）数字化。
>
> 利用数字化的力量把业务搬到线上。截至2月22日，我们的线上业绩增长了500%，翻了五倍，线下靠数字化，业绩不仅跟2019年持平，并且略有上升。

02 催化剂、创新器、照妖镜：疫情带来的三个机遇

人的习惯是很难改变的，包括我在内，此前两年，我们一直穿着数字化的新鞋，走传统零售的老路。突然，传统这条路走不通了，没有办法了，必须马上迁移到线上，这同样也给了我们一个机会。

我在《至暗时刻的一封信》里提到了三个关键词——催化剂，创新器，照妖镜。

首先，疫情是催化剂。催化剂不参与任何化学反应，但是它让你原有的业务发生了巨大的变化。

最近这20天，我的工作效果相当于2019年半年甚至一年的工作效果，每天工作16个小时，经常一上网就是十几个小时，写了5万多字的新闻稿件，接受了几十家媒体的访问，每天开十几场视频会议，我突然感觉没什么是我不能干的。

员工也是如此，比如我们要求全员直播，找到阿里巴巴相关负责人培训了3天。刚开始直播时，我进到其中一个员工的淘宝直播间里，发现加上我也只有两个人在看，一个湖北的女孩儿在那拼命地讲，很专业，但是听了5分钟之后还是只有两个人。然而，过了一周，同样是这个导购，我再看她直播间，里边已经有500个人看了，而且当天她卖了7000元的产品。

其次，疫情是一个创新器。2月1日以后，很快我们就推出了11项数字化创新业务，包括：总部小程序数字分销，全员进行天猫直播，云集上线，蘑菇街直播，一线明星抖音视频，B站带货，成立疫情专项基金兜底治疗费用，百货接入小程序业绩共享，成立内容工厂，取消考勤和KPI、成立项目协同薪金小组，以及设立疫情期间大公关部等。以前做这些事没有动力，现在做了之后，发现效果真不错。

例如，在疫情发生之前，我们绝对想不到会跟百货公司的网络平台打通，最近却在万达等好多购物中心都开了线上商城，也累积了很多粉丝。在平台上的突破也让我觉得很意外，李佳琦也做了一场直播，完全超出我的想象，7毫升的旅行装护肤品，7秒钟卖了7万支，其中91.4%是新客户，也就是说一场直播带来了6万名新客户。

最后，疫情是"照妖镜"。其实绝大多数人一天上班8个小时，但没有几个小时处于工作状态。现在突然之间，我发现我们的工作效率可以大大地提升，比如内容团队，最近我们每天都发表七八篇公众账号内容，钉钉里的视频、广告、策划、图片、短视频哗哗地出现，速度非常快。所以，很有可能在疫情结束后，我们会开辟出全新的业务协同办法、业务在线办法。

当然，也确实照出了一批"南郭先生"，平时滥竽充数，现在现了原形。

> **导师观点**
>
> ### 疫情带来的三个机遇
>
> （1）疫情是催化剂。
>
> 催化剂不参与任何化学反应，但是它让你原有的业务发生了巨大的变化。最近这20天，我的工作效果相当于2019年半年甚至一年的工作效果，我突然感觉没什么是我不能干的。
>
> （2）疫情是创新器。
>
> 2020年2月1日以后，很快我们就推出了11项数字化创新业务。以前做这些事没有动力，现在做了之后，发现效果真不错。
>
> （3）疫情是"照妖镜"。
>
> 疫情也确实照出了一批"南郭先生"，平时滥竽充数，现在现了原形。

03 数字化变革成果：特殊时期的"四全"建设

如果总结一下这次疫情下我们在线化发展的战术收获，我认为主要是"四全"：全员数字化营销，全面开放创新，全力削减成本，全员提升组织效率。

1）全员数字化营销包括两个细分子类：一是全员小程序商城分销，董事长带头，每个人都有任务；二是全员天猫直播。全员数字化营销的最大收获，是让公司后台这数百人对一线的销售、产品、流程、服务、业务更熟悉和精准，将来在服务一线销售团队的时候，他们就会成为最懂业务的人。

2）全面开放创新，在此时此刻是救命的办法。人不被逼迫就不会开放。林清轩以前有一堆"不"：不加盟、不代理、不批发、不打电视广告、不见媒体等，结果这次疫情把我自己脑袋里的思想蹂躏了一遍。例如，以前我不看好B站，但是最近在B站里有几个年轻人分享了林清轩，点赞和受欢迎的程度非常高。组织上也是如此，我们临时成立了一个跨部门的协同组织叫内容工厂，结果突然发现一线有很多高手，一个搞物流的小伙子写的内容非常好，一线门店里有一些小姑娘拍的抖音视频非常赞。企业内部有些人才，你平时根本看不见，现在"嘭"地一下就出来了。创始人一定要有一颗随时准备全面开放创新的心。

3）全力削减成本。对于滥竽充数的"南郭先生"，你就要全力削减成本，具体大家也知道该怎么办。除此之外，还有很多节约成本的方式。最近，我们做了一个活动叫"降本方案"，汇总出来的方案吓我一跳，我们如果2020年所有部门都按照这个降本方案实施，能省3000万元。

4）全员提升组织效率。我们的组织机构原来都是层级制的，呈一层一层的树状结构，我对这个事儿挺反感，希望有一天大家能够组织扁平化，推了三四年一点结果都没有。但是，在疫情期间彻底发生了变化。大家都不见面，各部门负责人也都隔离在家，我们开始按照项目来建群，刚才统计了一下，有35个正在推进的项目，项目主管都在向我汇报。我突然发现"部门墙"没了，组织完全在线化、扁平化了，随后，我们取消了KPI、打卡，完全用OKR（目标与关键成果法）方式的项目制管理，工作效率有了很大的提升。

尽管疫情促使林清轩当前的业务全面在线化，但是疫情之后，我们的实体门店还会继续扩张，因为我相信实体门店还是消费者的刚需。

当然，消费者的信心恢复要有过程。要想让线下门店的生意回来，一是通过模式的创新，二是要洞察消费者的需求。我们将和购物中心协同，一方面做全球最卫生门店，另一方面做数字化直播门店。

> **导师观点**
>
> ### 企业在线化的"四全"战术
>
> （1）全员数字化营销。
>
> 全员数字化营销包括两个细分子类：一是全员小程序商城分销，董事长带头，每个人都有任务；二是全员天猫直播。
>
> （2）全面开放创新。
>
> 人不被逼迫就不会开放。这次疫情把我自己脑袋里的思想踩躏了一遍。创始人一定要有一颗随时准备全面开放创新的心。
>
> （3）全力削减成本。
>
> 对于滥竽充数的"南郭先生"，你就要全力削减成本，具体大家也知道该怎么办。
>
> （4）全员提升组织效率。
>
> 我们开始按照项目来建群，项目主管都在向我汇报。我突然发现"部门墙"没了，组织完全在线化、扁平化了。随后，我们取消了KPI、打卡，完全用OKR方式的项目制管理，工作效率有了很大的提升。

我今天也加入了黑马会。如果单枪匹马，我觉得疫情真的很难过去，必须系统化地应对，需要我们同供应商、员工、客户，各个利益相关方，乃至于我们这些创业者之间都要相互支持。所以，大家要相互抱团取暖，加入黑马会，加入黑马创始人交流群，参与企业共生计划，与黑马创业者一起生存、一起成长。

在疫情结束的时候，我愿意请大家喝茶，请大家来林清轩深度交流。

连锁商业——转战线上，生态共荣

Q&A 黑马问答

Q 黑　马　如何选择与产品相匹配的直播平台？主流的几大直播平台各自的特点是什么？

A 孙来春　这是个好问题，我也希望跟大家探讨。我觉得淘宝直播比较适合卖货，上淘宝的人都是为了购物。抖音平台直播则有很多好玩的部分，娱乐、科普知识、炫酷秀等，与淘宝直播不是一个逻辑。基于社交平台的微信直播，我认为也会很有前景，大家拭目以待。

快手直播也很猛，淘宝、抖音直播很多时候是头部KOL（关键意见领袖）占据了核心流量。

❖ 创始人精神：中小企业如何应对黑天鹅

8.2 持续打造跨越功能到情感的爆品

打造 IP，其核心是需要对 IP 进行持续的投入，我们要帮助设计师不断地推出优秀的设计，优秀的设计代表优秀的产品，通过好产品不断地吸引更多的消费者，反向打造出更好的 IP。

口述 | 司　德【泡泡玛特首席运营官】
整理 | 张九陆

泡泡玛特是国内领先的潮流文化公司，我们主要做潮流玩具这个市场，所以以下也会主要分享与潮流玩具相关的话题。大概会包括三个方面：①什么是潮流玩具？为什么它会在当下火爆；②如何孵化和运营IP，这也是眼下创业者普遍比较关心的问题；③我们目前的渠道策略是什么？

01 什么是潮流玩具？

潮流玩具（以下简称潮玩）文化是二十几年前从东京、纽约等几个潮流文化的圣地发展起来的，最初是一些艺术家选择用PVC和搪胶材料作为载体，表达自己的艺术创作。所以，潮流玩具早期的英文叫作Art Toy或Designer Toy，即艺术玩具或设计师玩具，因为它带有强烈的设计师个人符号和艺术理念。

潮流玩具其实并不具备可玩性，更像是静态造型艺术，前面提到的PVC和搪胶的材质比较容易做出非常复杂的造型和色彩，可以满足设计师们的需求，而且成本较低，比较容易复制。

正是由于潮流玩具的这些特点，为其后来的商业化奠定了基础。

对于爱好艺术、设计、潮流的年轻人来讲，传统雕塑或者油画不论是价格还是其他各个方面，都超出了他们的消费能力，但潮流玩具几百元一个，这个售价是可以被大家所接受的。

早期潮玩市场的商业模式，就是一个艺术家每次做一两百个玩具，在网上或者线下的潮玩店以几百元的价格卖出去，属于小众市场。多年以来，潮玩文化就是通过这种形式在线下慢慢积累粉丝，等待某一个比较好的契机，出现在大众面前，成为大众主流文化。

泡泡玛特是在2014—2015年开始参与到潮玩领域里来的，我们做的事情主要是在大众市场推广潮玩文化，帮助行业里的优秀艺术家和优秀IP实现更大范围的商业化。

我们从开始就一直在强调，潮流玩具本身就是给大人玩的。目前，潮流玩具的核心用户一般为18~35岁，女生占75%，多为一二线城市的年轻白领，有比较好的学历水平和收入水平。一般来说，她们都对美、设计和美好的东西有自己的追求，同时也愿意为自己热爱的东西买单，有着非常不错的消费品位。

收集潮流玩具并不是奇怪的爱好。我们的上一辈人很多都喜欢收集邮票，我们这一代男生可能会喜欢收集球鞋，我的一个同事喜欢收集各种卡片，从星巴克的储值卡到移动、联通的电话卡。所以，可以说购买潮流玩具就是当下年轻女生们的集邮活动，收集活动本身会给大家带来非常强的满足感。

现在中国潮玩领域最火的形象叫Molly，它的设计师叫肯尼（Kenny），是我们合作的第一位潮玩设计师，目前已经合作了4年。在刚刚过去的2019年"双十一"，我们自己的天猫店一天卖出了超过200万个潮流玩具，第一次超过了乐高这样的顶级玩具品牌，成为天猫玩具大类目中的旗舰店销售第一名，这意味着成年人给自己买的玩具超过了给小朋友们买的玩具。

为什么会出现这种状况？我认为很大一部分原因在于"悦己"的需求。在现代社会里，每个都市年轻人压力都非常大，也有很强的孤独感，需要有情感的寄托，潮流玩具本身有着非常强的陪伴属性。

现在也有很多人在谈论"盲盒"。盲盒其实仅仅是一个比较经典的营销方式，就像很多年前就开始流行的日本扭蛋或者我们小时候玩的小浣熊干脆面卡片一样。盲盒本身是一个非常有仪式感的东西，大家都喜欢拆礼物，因为那是一个能带来惊喜的过程。但有些人认为只要关注盲盒这种形式就够了，这种想法我们理解是把这件事想得太简单了。大家喜欢拆礼物，但更重要的是礼物究竟是什么，要让人在看到礼物盒里的那件东西时，发现它真的是自己喜欢的，这才是最重要的。这也是潮流玩具本身的价值和魅力。

02 为什么潮玩IP能够火起来？

一提到IP这个词，大多数人会想到类似于米老鼠、唐老鸭或者漫威英雄这些基于内容的IP，但是潮玩IP与它们不同，本身没有承载任何内容，有的只是设计。

为什么在今天，这些没有内容的IP可以产生这么大的影响力？我认为主要有三个原因。

第一个原因是时间。例如皮卡丘，大家过去花了大量的时间在观看这部动画片上，产生了非常深的感情，等到长大有了消费能力，就想要去购买其衍生产品，这其实就是IP的力量和价值。过去，当你要去塑造出这种IP的时候，需要消费者投入大量的时间，但在今天年轻人最宝贵的就是时间。而潮玩IP的优势，就在于它不依赖于故事情节，相比于过去是从故事到认同，潮玩IP变成了从形象到认同，路径更短，更节约时间。

第二个原因是价值观。现在年轻人的价值观会变得更加自我，或者说更加有自主选择和判断能力，而潮玩IP本身没有内容和价值观，它自己是空的，你把它看作什么它就是什么，它成了你的代表。

第三个原因是艺术。因为经济在不断地发展，生活水平在提高，潮流玩具成为年轻人接触艺术的入门产品。也许随着年轻人不断地成长，收入水平和生活阅历不断地增加，他们可能会从潮流玩具走到更深的艺术品系列。但眼下，正是年轻人对艺术的喜爱造成了潮流文化快速发展。

> **导师观点**
>
> **为什么潮玩 IP 能够火起来？**
>
> （1）时间。
>
> 潮玩IP的优势，就在于它不依赖于故事情节，相比于过去是从故事到认同，潮玩IP变成了从形象到认同，路径更短，更节约时间。
>
> （2）价值观。
>
> 潮玩IP本身没有内容和价值观，它自己是空的，你把它看作什么它就是什么，它成了你的代表。
>
> （3）艺术。
>
> 随着年轻人不断地成长，收入水平和生活阅历不断地增加，他们可能会从潮流玩具走到更深的艺术品系列。但眼下，正是年轻人对艺术的喜爱造成了潮流文化快速发展。

03 我们是如何打造超级IP的？

IP的形象是第一步，也是最重要的。以Molly为例，大家仔细观察，会发现Molly的脸其实并不是非常典型的那种美美的、很可爱的造型，她噘着嘴，有一颗痣，从某些角度看感觉很奇怪。也正是因为这样的设计，让它有了很强的辨识度和记忆感。我们这几年做玩具，也看到过很多新出现的IP的设计，总会让你感觉到它们大同小异，那种甜甜的、美美的产品，有点像所谓的"网红脸"，它缺少了真正的积累和设计师自己的符号，看多了会有一些"腻"。

在我们看来，设计这件事儿本身并不简单。成功的设计都需要大量的积累，我们一直在全球范围内签约那些我们认为非常优秀和有潜力的艺术家、设计师，并努力创造条件，解放设计师可持续设计的能力，使其不断产出好内容。

我们现在会给合作的设计师配备一个上百人的支持团队，包括工业设计、供应链、市场营销等，让设计师专注于最重要的原创设计，使其不断产出好的设计内容，这对于IP的形成和持续非常重要。

一般来说，艺术追求独特性，设计追求普遍性，而对于商业来讲，则追求独特性和普遍性的结合。我们自己现在做潮流玩具，也相当于面向大众市场，追求的是更大的市场认同感，这其实是一种普遍性。但潮流玩具设计本身又是一件非常独特的事情，怎么跟设计师沟通，把独特性和普遍性进行融合，确实非常考验我们的运营能力。

04 泡泡玛特的渠道策略是什么？

由于泡泡玛特是从线下零售开始的，所以我们的渠道策略也相对比较丰富。

从2010年到现在，我们成立已经有十年，发展了超过130家线下直营门店，都是在一二线城市相对比较好的商场里，还有超过800台自动售卖机，我们称之为机器人商店。同时，在线下我们还会采用无人店和快闪店形式，作为对市场的补充。

线下的机器人商店是我们在2018年第二季度开始推出的，大多数开在商场，小部分放在一些写字楼和交通通路中，包括机场、地铁等。门店选址很复杂，我们做了十年才做了不到140家门店，因为我们总是希望找到每个城市最好的商场、最好的位置，但商场中的好位置一定早有别的品牌占有，所以我们需等待少则几个月，多则一两年的时间。此时，机器人商店就可以先行铺设，而且机器人商店本身能够起到一个非常好的雷达作用，有很多的城市和商场原来并不在我们开店计划里，但是因为机器人商店的销售表现特别好，我们会决定在那里开店。

线下渠道的管理非常不容易，我们现在有一个超过100人的补货团队，都是我们自己的员工，保证机器人商店货品的充足。

在线上，我们主要有天猫和微信小程序两个渠道。疫情期间，我们还特别加急给门店开设了有赞的微商城。我们从2019年开始新增了一个数据分析团队，帮助我们进行流量管理和数据预测，效果特别好，2019年"双十一"的销量预期与实际差别不到2%。而且我们也在天猫渠道尝试了很多游戏化的玩法。电商相对于线下购物，最大的问题是时效性，购物之后需要等待一两天甚至更长的时间才能拿到货，疫情期间更是往往需要一周时间。而对于我们这种产品来说，顾客开盒的一刹那是一个非常重要的体验点。所以，我们新增了小程序的玩法，顾客在下单之后就可以在线开盒，这是个非常好的体验。

在疫情期间，线下渠道受影响比较大，所以我们加大了在抖音、B站、小红书，包括微信、微博等社交网络、社交媒体的人力、物力投入，希望在这个时候，通过这些线上的新媒体渠道，能够帮助品牌跟消费者实现更好的触达。

虽然目前疫情很严峻，我们依旧还是非常看好线下渠道，现在要积累能量，希望更好的时候可以到来。

Q&A 黑马问答

Q 黑 马 推出一次爆品容易，但很难持久，如何能够实现从流量到品牌的升级，持续输出爆品？

A 司 德 泡泡玛特坚持的可能不是所谓"爆品逻辑"，更多关注的还是消费者喜欢的东西是什么，怎样做出好设计、好质量、好品牌，这可能更重要一些。这不是"爆品逻辑"，而是研究怎么打造优秀的IP。

打造IP，其核心是需要对IP进行持续的投入，我们要帮助设计师不断地推出优秀的设计，优秀的设计代表优秀的产品，通过好产品不断地吸引更多的消费者，反向打造出更好的IP。

对于泡泡玛特来讲，我们现在也算是积累起了一些所谓的优势，包括本身的品牌、渠道供应链、IP设计能力等，这让我们相对更有能力帮助合作的艺术家，把他的产品更好地推向我们的消费者，也相对更容易帮助他们取得第一步的成功。

但归根到底，还是要看艺术家本身的艺术积累、设计经验积累，能够持续地推出好的设计。

8.3 疫情之下，健康产业更需砥砺前行

此次疫情之后，不管是疾病还是传染病的预防，相关细分市场都会得到比较大的推进。例如，预防性的筛查、检测试剂、疫苗研发，还有跟公共卫生相关的领域都会加速。

口述 | 张贺锋【黑马实验室导师、天亿集团副总裁】
整理 | 李　虓

首先要向全体医务工作者致敬，特别要向奋战在一线的白衣天使们致以崇高的敬意！并向所有为抗击疫情做出贡献的企业和人们致敬！

疫情虽在持续，但在这样一个特殊时期里，政府、组织、企业、个人都在用自己的方式抗击疫情，健康产业也发挥着自己的特殊作用，全力助推整个国家渡过难关。

作为健康产业的企业家与创业者，并不存在"受益者"一说，相反这个行业比其他行业面临着更大的责任、义务和挑战。疫情可能会改变很多人对很多事的看法，可能改变很多企业家的决策，也许也会改变很多企业的命运。当下，我们应该以什么样的心态、什么样的视角、什么样的对策来面对健康产业的发展呢？

01 心态篇

首先，越是困难的时刻，我们越要增强信心。虽然企业的业务暂时停摆、

成本加剧、计划停滞，面对大量突如其来的不确定性，人们难免焦虑甚至恐慌。但困难时期，信心比黄金更重要。

信心是支撑企业家跨越九死一生的内心支柱，一旦失去基本就等于放弃。因此，要对未来保持积极、乐观的态度，要相信疫情一定会过去，工作和生活一定会很快恢复正常。

因为疫情过后，结构性的存量调整会更趋向于合理，未来的增量业务和空间会变得更大，健康产业一定会比过去更具有动力。那么，与其焦虑地关注疫情，不如多关注这两个问题：我当下能做什么？我为未来准备了什么？

其次，越是困难的时刻，我们越要回顾初心。企业提供的产品和服务究竟是否能满足用户的需求？是否为行业带来价值创造？

健康产业的投资回报周期很长，很多细分领域都是频次低、门槛高、难度大、业务个性多元的。而疫情更像是一面放大镜，把很多极端的场景放大了，给我们的产品和服务的真实价值带来了巨大考验。

因此，在行业竞争者也在原地踏步的时期，好好思考企业到底做的是什么、做了什么、做到了什么、还能做什么，看清行业的价值与属性。

最后，越是困难的时刻，我们越要修炼内功。一方面是尽量关注主流媒体、权威渠道的信息和报道，减少外界不良信息的影响，尽量不去阅读、传播真伪不明的信息，避免动摇我们的心智、干扰我们的判断；另一方面就是抓紧学习与思考，做足准备让企业能在疫情结束之时，马上进入全力奔跑的状态。

02 趋势篇

任何行业在任何时间都是危与机并存的。我们要学会用冷静的心态与辩证的方法，找到当前自己在行业中的位置，仔细找准下一步的发展方向。

坏的方面不要回避，好的方面不要忽略。如今是健康产业最受瞩目的时期，一旦疫情结束，很多细分领域都将产生契机。

在这里，我跟大家分享几点自己感受的趋势：

1）从治疗到预防。此次疫情之后，不管是疾病还是传染病的预防，相关细分市场都会得到比较大的推进。例如，预防性的筛查、检测试剂、疫苗研发，还有跟公共卫生相关的领域都会加速。整个国家和社会，以及企业和个人，都有可能在这上面加大对预防的投入和布局。

2）与卫生行为、健康行为相关的卫生消费领域，将会迎来持续性的良好发展。

3）分级诊疗体系将得到进一步落实和发展。分级诊疗体系包括与分类管理体系相关的领域，比如区域信息化、家庭医生、社区首诊等的建设，都会得到比较充分、快速的落实。

4）大健康行业中与医学专业相关的产品和服务会更加受到青睐。本次疫情中，无论是公共管理阶段，还是抗击疫情的一线，医生、专家都起到了无可比拟的作用。因此，未来大健康产业一定会持续不断地加大专业的力度和定位，更突出专业人士的重要性与价值。

5）医疗物资的战略储备体系将会得到较大的优化和改进，比如涉及医药等的流通、分销等。

6）与公共卫生相关的社区管理的技术方面会有变化，这点与医疗服务大数据、行业信息化、政务管理数字化等领域紧密相关。创业者不仅要关注自己业务与上述领域的创新、匹配、链接，更重要的是思考如何打通自己的产品和服务的"最后一公里"。

导师观点　　**未来健康产业有哪些趋势？**

（1）从治疗到预防。

此次疫情之后，不管是疾病还是传染病的预防，相关细分市场都会得到比较大的推进。

（2）与卫生行为、健康行为相关的卫生消费领域，将会迎来持续性的良好发展。

（3）分级诊疗体系将得到进一步的落实和发展。

> 包括与分类管理体系相关的领域，比如区域信息化、家庭医生、社区首诊等的建设，都会得到比较充分、快速的落实。
>
> （4）与医学专业相关的产品和服务会更加受到青睐。
>
> 未来大健康产业一定会持续不断地加大专业的力度和定位，更突出专业人士的重要性与价值。
>
> （5）医疗物资的战略储备体系将会得到较大的优化和改进。
>
> （6）与公共卫生相关的社区管理的技术方面会有变化。
>
> 创业者不仅要关注自己业务与上述领域的创新、匹配、连接，更重要的是思考如何打通自己的产品和服务的"最后一公里"。

除了上述大的趋势与变化，针对一些细分领域我也有几点观察和分析：

1）目前口罩、药品、检测试剂等领域确实需求很大，相关企业的瞬间集中化很快，在做好支持抗疫的同时，要同步关注疫情的发展，按照国家调控，做好疫情结束之后巨大的产能与库存消化的预研，这是我们要理性思考的地方。

2）为了保障抗疫需要，很多医药厂商与科研机构瞬间进入行业，药品器械的审批流程提速明显，政府为此做了较大的政策与流程优化，但是疫情结束之后，企业也要考虑好对未来产品、流程、需求等细节的管理和预期。

3）在线的咨询、问诊、健康教育等在疫情时期展现出很大的价值，但是线下诊疗的体验仍很难被替代。未来线上与线下环节、场景的不断打通、融合，包含很多创新的可能。

03 对策篇

在这样一个时间点，除了要理性地分析未来，也要适时地优化和调整企业的业务模式。毕竟面对无法经营、成本飙升等因素的影响，企业首先还是要活下去。

最近，从苏州、上海、北京开始，很多地方政府陆续出台了相关政策，来缓解企业的压力。我们不仅要关注到这些有效的资源，也要从各个方面努力为企业争取减负的可能。

1）在产业链上下游，我们要动之以情、晓之以理地实现减少或者递延支出，控制好必要的现金流。

2）行业里的中小微企业，如果遇到特殊时期订单陡增，既要抓住契机扩大生产，为抗击疫情做努力，也要评估好自身的实力和资金的调配能力，避免想做好事却把自己业务和资金链搞坏的情况出现。

3）在企业内部，我们应当加大降本增效的力度，减少不必要的成本和开支，杜绝浪费，优化流程。

4）加强人才结构优化的意识。调整人员结构不是简单的招聘和裁员，而应当是企业日常的管理任务，企业需要根据业务实时调整。企业在疫情期间更要长远思考业务，本着尊重员工、培养员工的方式来进行决策，否则未来的隐性成本超乎想象。

5）一定要重视企业自身的商业模式和业务模式的系统性思考和规划，在当下投资市场谨慎的环境里，必须想清楚接下来的业务环节再开干，避免产生巨大、隐性的"摇摆"成本。

而针对商业模式，大家可以从以下几个维度来展开思考：

1）价值回归的时代，要考虑创业初心、需求刚性、比较优势，以及业务场景，这些大的方面一定要过关。

2）小到一个业务单元，大到一个战略问题，都要用"6W"的思考方法来仔细分析，往往细节决定成败，如今更容不得半点浪费。

3）随着技术的不断提高，互联网、物联网、5G的概念将不断与健康产业进行交互和渗透，因此一定要保持对技术与信息化的关注和适度应用。

4）每个企业都要遵循自己的基因。因为隔行如隔山，跨行的机会、线上线下转型的机会，背后也是高昂的成本，只有想清楚投入产出、价值创造等方面后，才能去做。

Q&A 黑马问答

Q 黑马 疫情对口腔行业有什么影响?

A 张贺锋 口腔行业主要以私营诊所为主,行业发展也已经比较成熟,疫情之后的恢复毋庸置疑。在疫情当中,大家可以这样想,减少焦虑:

1)不要恐慌,大家都处于暂停期,疫情总会过去,要坚定信心,坚守到可以开门的那一天。

2)控制好成本,修炼好内功,做好客户维护,争取在疫情结束后快速实现弯道超车。

Q 黑马 未来中国心理咨询、家庭医生、线上医疗的趋势如何?

A 张贺锋 心理咨询的市场很大,但心理咨询的本质是咨询业务,线上还是线下、是不是付费、怎么付费、怎么持续性付费、怎么看待它的效果、线上如何解决效率、线下如何解决成本,很多细节要考虑全面。

未来,家庭医生在中国的市场会较大,无论是社区医生到家也好,还是私人医生也好,小而美与规模化将各有特点和价值。两种业务模式不一样,机制也不一样,切忌混同。

线上医疗一定会得到越来越多的肯定,但是企业的未来与价值要形成匹配,不要以赶风口的心态去做事,过高估值可能会让自己陷入被动。要做到业务、资金、效果、政策四者匹配,让企业进入良好的循环,从而不断创造价值。

Q 黑马 医美行业趋势如何?

A 张贺锋 1)虽然当下医美行业受到了影响,但是"美"已成为一个非常普遍的、发自内心的需求,会有周期上的波动,但不会减少;会受消费力影响。

2)对医美企业专业性与渠道的监管一定会加强,这也有利于行业健康发展。

3)医美企业一定要打造几个拳头产品、特色产品和强项。

9 教育和互联网服务行业

敢为人先，刺破危机

在线教育是未来 — 在线教育是未来，这点已经形成全面共识，现在转、马上转、立刻转。春节期间，中小学生需要优质的教育内容、在线渠道需要有优质的教育内容，创业项目可以把师资转型到线上。

O型消费行为 — 线下体验、线上购买，线下付费、线上送货等，用户是完全自主选择的。而不是线下消费就得线下取货，线上体验就得线上交割。例如教育机构，可以让所有用户都可以用线下交的钱来兑换线上课程；或者线下体验以后，也可以预约消费线上课程。

迅速盘点现金 — 账上的现金可用月数超过18个月，是非常安全的；超过12个月是相对安全的；超过6个月是处于危险边缘的。如果公司账上资金只能维持3个月，则处于危机之中，需要立即裁员、降薪，对应收账款进行催款。

9.1 教育行业创业者的危机自救指南

在线教育已经成为必经之路。第一次在线,每个人都姿势不好看,因为不熟悉。一个新的价值网络上,原来擅长的东西会变成你的劣势。但是,这也正是新锐诞生的时候。

口述 | 宁柏宇【黑马实验室导师、蓝象资本创始合伙人】
整理 | 马继伟

01 两个新共识:疫情带来的认知迭代

这次疫情,令教育行业快速达成了两个共识:

1)供应链共识:如果不具备线上服务交付的能力,未来十年是没有你的位置的。

短短几天,不仅仅是在线教育公司的创始人,传统线下机构的创始人也都意识到未来五年乃至十年,如果没有在线提供教育产品或者服务的能力,几乎没有办法生存。

因为一旦遇到大规模公共卫生事件,大家不能线下聚集,这对平时现金流比较好、比较安全的线下公司就是灭顶之灾。无论多大的公司都经不起大规模的退费、房屋空置和员工社保发放。如果线下持续不盈利,能够撑3～6个月就已经很不错了。

一个行业发展得慢,是因为供应链没有达成共识,所以没有办法组织起大规模的供给。换句话说，整个教育行业没有办法聚集大量的在线老师，是因为在线老师是在线平台或者在线培训机构自己培训的。这个速度非常缓慢。经此一疫，所有教育从业者突然之间意识到应该做线上教育的供给了。

2）消费者共识：部分需求可以通过在线教育产品解决。

什么叫消费者共识？教育行业的消费者共识是指今天的家长、孩子，甚至包括成年学习者，经历了疫情，在家待七天，需要且体验了在线教育产品，发现在线教育产品能够解决一些问题，这就是消费者共识。消费者共识能够带来极大膨胀的需求。

2017年，我提出过两个观点：

1）2025年中国的教育产业会出现100只独角兽。这100只独角兽是100个估值超过5亿美元，甚至超过10亿美元的教育公司。

2）2025年，仅就教育培训这一领域，线上教育培训将会超过线下教育培训。

培训跟传统教育不一样，培训是在规定时间内拿到更好的结果。它的核心要素是效率。从这个角度来讲，在线培训跟线下培训的成本结构是完全不一样的。对线上用户来说，他们消费在线产品，不需要花路上的交通费用，不需要浪费通勤的时间，不需要花停车费用，甚至不需要花家长陪伴的费用。对在线教育的线上服务商来说，他们不用支付高昂的房租，也可以省去其他不必要的线下成本。消费者买得便宜，教育供给方卖得也便宜。供需能够达到一个更加好的匹配，整个行业因此蓬勃发展。

成本结构发生变化，价值网络会随之发生变化。在线培训和线下培训是两个截然不同的物种。这不仅仅是一个融合的状态，在某种程度上是一个取代的状态。跟电商相比，在线培训在整个培训行业中的收入比重不会仅停留在20%或者30%，比例会更大，甚至超过50%。

上文中提到的两个新共识意味着线上化正在教育行业进行更为普遍、更为深度的普及，线上化成为投资人、新创业者、教育行业从业者、消费者所有人的共识。

基于这两个新共识，我可以坚定地判断：无论公司过去对线上交付教育产品的准备是多是少，在今天这个场景下，全面地、瞬间地、强力地保证公司有在线交付的能力是必然选择，是大势所趋。

02 乘势而起：好风凭借力，送我上青云

凡是有危险的地方，也孕育着机会。

2019年10月，蓝象资本投资了一个在线体育教学直播的早期项目。此团队比较小，不到20人。

在疫情还没有引起全社会关注的时候，他们做了一个决定：团队所有人春节期间留在北京，将新产品上线。疫情暴发后，他们乘势发展，团队全员在春节期间做了七天不打烊的在家体育锻炼的直播。结果大家应该能猜到，他们完美地接住了这波红利。

创业前两年决定一个公司的生死存亡。这位创始人倒不是对疫情的暴发先知先觉，他只是觉得如果公司想做大做强，早期努力特别重要。对于新成立的在线教育创业公司，早期大家要攻击，中后期大家要做好防守。

再讲一个蓝象资本投资的一个在快手上做教育的项目。

春节期间，名校的师资闲置，尤其是优质的清华大学、北京大学的学生。疫情暴发这段时间，他做了一个"学霸帮你"，聚集了100位清华大学、北京大学、哈佛大学、剑桥大学、斯坦福大学的优秀学生，为中小学生做直播分享，收视率和关注率都非常好。这也是危中有机的案例。

从在线的角度讲，快手是一个新流量的来源。疫情期间，中小学生需要优质的教育内容、在线渠道需要优质的教育内容。创业项目可以把师资转型到线上。

03 应对疫情的三个步骤：转业务、稳团队、保现金

疫情来临，教育行业中的线下企业都普遍遇到了现金流问题，我们会建议创始人用三个步骤来检查一下，化解危机。

（1）以攻代守，用行动化解恐慌

疫情来临，创业公司靠熬过去是不现实的。疫情目前并不知道终点在哪里，

教育行业中的绝大部分企业都是周期型公司。停工停课1个月，就相当于给线上教育公司重新开了一个暑期班，相当于毁了线下教育公司的整个春季收入。

相信很多创始人在面临机会的时候，也在犹豫、恐慌、纠结，到底要不要转型？转型需要投入，万一投入没有结果，现金流断了怎么办？

我们建议，不要在自己具备核心优势的点上去做改变，需要做的是路径创新。大家都应该绞尽脑汁，做行为模型和组织上的创新，然后回到自己最擅长的事情上去。

（2）稳住军心，留住团队

疫情期间，不仅是创始人很恐慌，员工也很恐慌，大家担心现金流能不能承担住，工资能不能继续发。

我们建议，初创团队一定要计算好现金流，另外最大限度地保障公司的核心团队，这些都是宝贵的资产。最好的做法是及时沟通，和员工协商好解决方案。初创企业没有那么多资金，如何留住核心团队？我们投资的公司，有创始人在目前的阶段口头承诺了股份。

面对疫情，信心比黄金都珍贵。

（3）规划现金流，储备多条资金通道

有部分创始人可以考虑提前启动下一轮融资计划，这个时候不要纠结估值。

另外，你要倒推，未来几个月拿到融资，你需要准备哪些数据来证明自己的公司具备穿越周期的能力，能在未来大有作为。

导师观点

教育企业应对疫情的三个步骤

（1）以攻代守，用行动化解恐慌。

不要在自己具备核心优势的点上去做改变，需要做的是路径创新。大家都应该绞尽脑汁，做行为模型和组织上的创新，然后回到自己最擅长的事情上去。

（2）稳住军心，留住团队。

初创团队一定要计算好现金流，另外最大限度地保障公司的核

> 心团队，这些都是宝贵的资产。最好的做法是及时沟通，和员工协商好解决方案。
>
> （3）规划现金流，储备多条资金通道。
>
> 有部分创始人可以考虑提前启动下一轮融资计划，这时候不要纠结估值。另外，你要倒推，未来几个月拿到融资，你需要准备哪些数据来证明自己的公司具备穿越周期的能力，能在未来大有作为。

04 穷尽所有手段：寻求股东的帮助

当你做完了上述三个步骤，你的脑子应该很乱，不知道未来在哪里，我告诉你，你还没有穷尽你的所有手段，因为你还没找你的股东寻求帮助。你的股东，作为曾经帮助过你的人，仍然是这个阶段最愿意帮助你的那群人。

2020年1月24日晚上，我接到一个电话，对方是蓝象资本投资的一个综合体项目的创始人。他问我："疫情很严重，综合体遇到了一个问题，房东让我们交租金。因为新型冠状病毒肺炎疫情，原来同意入驻的商户，把钱交给我们时有些犹豫，他们不知道疫情还会延续多久。3~6个月的时间，账上现金会出现压力。这种情况下，我们应该怎么面对？"这是位非常有经验的创始人，有问题，先寻求股东的建议。

我的建议是，当项目遇到现金流或者经营问题的时候，一定要开好股东会，因为他们在你的公司投了钱，是你的利益相关方。除了蓝象资本以外，这家公司还有其他2~3个投资方。后面投资方是一个战略投资方。战略投资方对该项目有一个合作方案。项目可以在战略投资方合作过程中优先能拿到资金。当天晚上，我们通了半个小时电话。这个投资项目按照方案执行，跟战略投资方保持良好沟通，在资金上有了一定保障。

05 自强者自救：创始人应调整心态去面对

在线教育已经成为必然趋势。

未来，所有教育公司都是在线教育公司。未来，所有的学校都是在线学校。从这个角度讲，在线是一个必由之路。

第一次在线，每个人都姿势不好看，因为不熟悉。所有东西都是新的，都要学习。一个新的价值网络上，原来擅长的东西会变成你的劣势。你原来擅长大规模服务中心的获取，今天这点可能变成你的劣势。最开始，上线一定让我们不适应，但还有比今天更好的机会吗？时下，从创始人到高层管理者，再到公司所有员工，都需要屏息凝神，花十二分精力开始学习上线。

疫情之下，每个公司都会遇到问题，遇到压力。自强则万强。无论是创始人还是创业公司的高管、行业的从业者，都要去学习。今天，这个世界变化超出你的想象。很多已知的条件都不成立了。今天除了上线没有别的选择。人类数字化的进程，由现实世界走向虚拟世界的进程，浩浩荡荡，长远趋势排在那儿。短期之内，这个趋势可能有起伏，但从长远来看，这是一个必然趋势。

面对这个趋势，大家面临的是生死问题。但你把生死问题拆解一下，其实是一个学习的问题。每个人的学习能力可能有差别，但是学习动力、学习环境的问题都已经解决了。你必须上线，这是大环境决定的。遇到问题，解决问题，现在是创业者最应该心无旁骛地解决问题的时刻，是最应该心无旁骛地把精力放在创造股东价值、员工价值、社会价值的时刻。现在也是你的能力增长的最佳时机。

面对一个历史性的事情，面对一个急剧变化的社会，面对一个大的社会趋势，只有学习、只有自强，才能够把企业继续延续下去，明天才能更美好。而且在整个行业或环境发生巨大变迁的时候，往往是弯道超车的时候，往往是新锐诞生的时候，这对初创企业来讲，是一个新的机会。

真正让我很兴奋的是，我能清晰地感觉到，我们在创造历史。分享三句话：

第一句话： 在线教育是未来。马上转、立刻转，直到做好。

第二句话： 疫情是重大契机。因为疫情，在线教育产业迎来崛起和弯道超车的历史时刻。

第三句话： 现在不是渲染情绪的时候，要认认真真地解决问题。冬天都来了，春天就不会太远了。

❖ 创始人精神：中小企业如何应对黑天鹅

9.2

疫情下学生上课时长实现 8 倍增长，我是如何绝地反击的？

> 我给自己的企业定的目标是在没有收入的情况下坚持两年，一定要熬过任何一家竞争对手。这件事其实不难做到，难就难在如何让你的员工愿意长期跟你走下去。

口述 | 栗浩洋【黑马大师兄、松鼠 AI 创始人】
整理 | 李　虓

在本次疫情中，松鼠AI遇到了非同一般的压力。我们在全国原本处于经营状态的2000多家线下学校暂停，这些学校及总部销售额高达20亿元左右。

与很多餐饮、娱乐等行业相比，其实教育行业受到的冲击更大。因为这个行业预付款比例高，如果停课3个月或更久，家长纷纷前来退费，这种挤兑压力将是很多线下中小教育机构的灭顶之灾。

但是截至2020年2月15日，松鼠AI的学生人数比2019年同期增长了429%，学生上课时长同比增长8.9倍。在逆势中完成绝地反击，我有五个方面的经验与感悟希望与大家分享。

01 超前预判+铁血执行

我们在2020年1月21日就做出一个判断：疫情比所有人想象中还严重。因为我在一篇海外文献中得到了"无症状感染者"这样的信息，而当时国内还没有报道。

但与此同时，我们所有的教育培训同行都纷纷宣布，除武汉地区外仍旧全部开业，还通过公众号晒他们消毒杀菌、开窗通风，以及准备口罩、体温枪等图片，告诉大家可以安心学习。我看完心惊肉跳。

对于我们来讲，学生的安危一定是第一位的。如果因为复课，哪怕万一给学生及其家庭造成了灾难性的后果，这将是我们内心不能承受之痛。因此，即便是损失三四个月甚至更久的收入，我们也要"壮士断腕"，做与品牌和价值观一致的事情，把自己的线下学校关掉。

于是我们随即与全国所有的校委会委员紧急开了两个会，在第一个会里跟大家传达了我们的思考与决定；在第二个会里做投票表决，不愿意关的一定要讲出自己的困难。我本以为至少有20%～30%的学校会反对，结果却出乎意料，2000多家学校全部同意暂停，这让我深受感动。

但是关店之后，我们怎么办？答案只有转线上，而且必须态度坚决，不给自己留退路。因为2020年1月31日就是培训学校原本线下复课的日子，我们线下关店，线上的准备一定要提前做好。否则，到时候老师不具备线上授课能力会"翻车"，学生不习惯线上听课也会"翻车"。

1月21日号开完两个会，全体员工进入7x24小时战备状态。1月22日我们就开始给全国1万多名老师做线上培训。那时候有的老师在回家的路上，有的在旅游，但是通过半强迫半说服的方式，有4800多名老师在第一天就参加了培训。甚至在2020年的除夕晚上，老师们也都没有看春节联欢晚会，而是在看总部的培训。

不仅如此，除夕（2020年1月24日）当天我们还通知所有家长，让他们也一起转线上。我们罗列了十几个家长会不满的风险点，比如家长觉得孩子在线学习注意力不集中，或者要求退费去报更便宜的在线直播课，或者家长认为线上应该免费等。针对这些潜在问题，我们做了一套家长千问千答手册，来解决他们的焦虑。

在销售策略上，我们也做了一系列的设计。一方面是坚定线上要收费，只有收费学校才能销课，才会有续费，如果一切免费就全完了。而另一方面，我们预计到直播课程一定会翻车，所以我们做了一个7天免费的松鼠AI智适应课程，既给了家长一段适应期增加认可度，同时也让老师尽快练手熟悉网络教学。

就这样，在2020年2月1日线下原班转线上收费的时候，家长、学生和老师基本实现无顿挫转型。

02 产品的转危为机

中国的在线教育通常有两种形式，一种是1对1，但它的成本很高；另一种是班课教学，但人数越多教学互动性越差，以及跟学生水平和需求越不匹配。

因此教育产品的线下转线上，绝对不是简单地用同样的老师、同样的教学内容，把几十名学员全部搬到直播里就完事了。所以，我们的视频课程并不是传统的直播教学，还加入了我们最新的AI智适应产品。

目前，市场上其他产品都是通过检测学生的表情和动作来判断其是否走神、专心，但这无法从根本上解决学生是否学会的问题。而借助我们的AI智适应系统，老师可以直接看到每个学生究竟还有多少知识点没有掌握，以及他们的学习速度与成长度。

因为知识之间是相互连续的，上一个知识点没学好，下一个知识点肯定学不会。但是在现实中，如果让一个八年级的学生降到五年级去补课，家长肯定不同意。所以，我们通过AI智适应系统把知识点拆分，把"打地基降级补课"这件事潜移默化地在做练习中完成，最终实现学生自主查漏补缺，打好"地基"。

例如，一个孩子不会做分数的连加连减，系统会把题目难度降到两个分数相加，还不会再降到两个同分母分数的相加，还不会再降到同分母分数相加且不需要约分，直到他会为止，然后再开始增加难度。

这样做的逻辑是：连错会让孩子失去学习的信心，而当一个八年级的学生降到五年级，其实个个都能成为90分的学霸，所以"打地基降级"越多，他不会的知识点越少，成就感反而越高。因此，学生用我们的产品学起来，老师和家长都拦不住，在不知不觉中不断攀升，就把漏洞都补齐了。孩子的自学打地基让松鼠AI的产品从原来的老师在一旁辅导的"AI老师半自动驾驶"，一下子跨越到L5级别的"AI老师全自动驾驶"。

凭借这个产品，我们极大地减轻了线下转线上的压力。不仅做到了老师只需要讲最基础的教学内容，减少了他们70%的教学时间，还做到了教育的"千人千面"，让学生有更多时间用来专项练习自己的问题，有针对性地提高。

这个打地基的产品是从2019年12月开始的，由我亲自带领五六百人的AI、技术、产品、教研四大团队，一刻不停地打造出来的。春节前我们把原来的产品研发进度都停掉，临时改成"战时"的需求。通过不断测试不断改进，突破各个学科各个知识点的算法运算与系统调用，最终实现了短期内上线。

03 大胆抓住品牌扩张机遇

如今看来，我们所有的线下竞争对手也都相继关店了。但由于我们最早提出了这样的思考，最早采取关店行动，最早制定好关店后的措施与安排，所以媒体也最早对我们进行了认可和宣传。这对品牌带来的声誉，虽然无法估量，但是我认为价值是巨大的。当你越早于别人，你的每一步才会处处先机。如果犹豫来犹豫去，最后受伤的只能是自己。

在疫情期间，我们还做了一件非常疯狂的公益，就是赠送价值5亿元的课程给全国的学生。后来大家看到，网上有很多机构开始免费赠课，但又是因为我们是第一个做的，所以又赢得了一大轮媒体的报道，当然也为我们带来很多增长。

但同时，5亿元的免费课也给我们带来了巨大的挑战。这5亿元的课程在前3个月是100%免费的，所以我们要承担所有研发、运营等成本，只有抗住这段时间，才能迎来后期的导流与转化。

而一时间由于免费带来的巨大流量，虽然让我们的品牌排名有了大幅度上升，但也让我们一下进入到火力全开的状态。我们的服务器不能崩，客服、运营24小时加班不能崩，研发与产品的迭代不能崩。

当我们2000多所合作学校收到免费赠课的通知时都炸了锅。因为原本劝说家长转线上还要收费已经很困难了，现在一搞免费，家长岂不是要全部退费去领免费的课程账号？但是，种种问题其实我们早已规划好。我们把免费的课程账号与现有的做了明显的区分，对于免费的我们只送一个科目的课程，对于付费的学生我们不仅送第二个科目，再送一个"打地基"的课程，让这些家长没有吃亏，反而让家长因此感受到公司对老客户更多的关怀。

有些人质疑说我们这是导流课为了招生转化，怎么能叫作公益？而事实上，非疫情期间，我们的正式课在10000元左右，导流课也要49～800元，还只有2~10次课，而这次3个月的账号最多可以上90次课，还都是全免费，所以确确实实是真正的公益。

这个事情做得早，报名的家长也多，如果做晚了就抢不到这个市场了。所以，创业者可以好好思考一下，在疫情期间自己是否能做一些真正意义上的公益，来帮助和支持你的用户，同时也要大胆抓住品牌扩张的机会，虽然短期内品牌无法给你带来直接的收入，但是通过合理的产品与服务设计，品牌在后期一定会释放出大量的业务增长点。

04 给员工以尊重、希望

疫情让很多行业和企业都陷入绝境，但我想说的是，疫情只是加速了企业问题的爆发，疫情初期倒闭的企业都不是因为疫情出问题，都是之前大量问题导致的"并发症"，只有未来3~5个月倒掉的公司才有资格归咎于疫情，根据最近几家咨询公司的统计，85%的中小企业现金流顶不住3个月，而我们的资金相比之下还算是特别充足的。

我给自己企业定的目标是在没有收入的情况下坚持两年，一定要熬过任何一家竞争对手。这件事其实不难做到，难就难在如何让员工愿意长期跟你走下去。

越是困难的时期越见真情。目前，我的公司账上虽然有3亿元现金，但是我从现在开始只给员工发放35%的工资，而且到今天为止90%以上的员工都接受了。原因就在于，如果员工相信你的未来会更好，他一定跟你走；如果不相信，即便你发全额工资，他也在想着换地方。

因此，企业要做的第一步是给员工希望。

我跟大家讲，教育6000亿元的市场份额，有4800亿元在线下。而其中新东方、好未来占200多亿元，只有4%~5%；行业排名前十家企业加起来也就10%出头，剩下80%~90%都是100万家中小机构。

在疫情期间，家长们会逐渐发现，只有大品牌才能持续服务，才不会倒掉跑路，那些小机构撑不过3个月就会倒闭。所以对松鼠AI来讲，未来的需求只会增大不会减少，我们一定要努力活下去，成为值得用户信赖的品牌。

同时，我还告诉大家，我们一直在挖人才来公司，这其中不仅有千亿美元级公司的首席科学家，还有AI领域的各路专家，他们也都相信松鼠AI的未来。

另外，2019年12月，我挖了曾在阿里巴巴中供铁军、赶集网、瓜子二手车担任核心高管的陈国环。起初他明确拒绝，因为他已经掌管过百亿美元的企业，而我们目前只是个几十亿美元的公司。但后来经过深度沟通，和他对行业的深度尽调，他相信我们有机会做到千亿美元。

所以，有这么多十倍、百倍规模与人才还在源源不断地加入企业，员工就能感受到希望。

第二步，要与员工坦诚相见。

过去，我从来没有向员工汇报过账上有多少资金、一个月花多少钱、各个板块的成本是多少、公司能活多久等事情，如今我全部跟大家交代清楚。

如果你不说，大家就会猜疑，而且往往猜得比实际情况要差很多。虽然创业者是孤独的，我们的痛苦一般不能说，但是危急时刻就要采取特殊方法，你越坦诚，反而每个员工感觉到被你尊重了，越会自发地支持你。

第三步，与员工一对一沟通。

这一点很重要，在通知全员发放35%的工资之前，我们领导班子和中层先开了个会，我要求所有领导要与自己的员工一个个打电话沟通，不是问问大家行不行，而是要问出每个人的实际情况与难处。

结果有员工说，35%不行，发放50%可以；还有的说，以35%的比例发放五个月没问题；甚至有员工表态不拿工资也可以。根据大家的不同岗位、不同情况，综合了大家的回答与建议，我们在原有的基础上做了六七项调整，比如在上海最低工资2400元基础上我们最低保底4000元保证基础生活；比如给员工承诺在什么情况下补发缓发的工资；比如奖金不打折全额发放；比如承诺公司上市或者超过30亿美元估值加倍补偿缓发的工资；比如员工可以自愿选择把一部分缓发工资按照两年前的估值折算成股份等，最终使得90%以上的员工都达成一致。

对于不愿意接受的员工，我们把1月和截至2月中旬的工资全额发放，如果没有找到工作，社保我也一直替大家上到5月。因此，最终员工很感动，甚至有的基层经理和员工自掏腰包，补齐属下的工资，公司上下一下就凝聚在了一起。

> **导师观点**
>
> **如何让员工愿意长期跟你走下去？**
>
> （1）给员工希望。
>
> 如果员工相信企业未来会更好，他一定跟你走；如果不相信，即便你发全额工资，他也在想着换地方。
>
> （2）与员工坦诚相见。
>
> 虽然创业者是孤独的，我们的痛苦一般不能说，但是危急时刻就要采取特殊方法，你越坦诚反而每个员工感觉到被你尊重了，越会自发地支持你。
>
> （3）与员工一对一沟通。
>
> 在通知全员少发工资之前，我们领导班子和中层先开了个会，我要求所有领导要与自己的员工一个个打电话沟通，不是问问大家行不行，而是要问出每个人的实际情况与难处。

05 有所为，有所不为

从我个人的角度来看，我是"五不CEO"：不抽烟、不喝酒、不打德扑、不打高尔夫、不唱歌，因为这样可以节省很多时间。并且企业创始人的言行，员工平时也都看在眼里，如果你是一个油腻的人，在危难时刻想要说出、做出一些领导大家的事情，相信也很难让人信服。

从公司业务角度来看，由于我们品牌带来了巨大流量，有一家线下学校声称可以联系到当地教育局，届时将有12万名学生的资源进入到我们的系统。

但是我拒绝了，我认为这家学校目前只能服务好5000人，不能服务好12万人。如果接了，服务不了，最后双方的口碑都会不好。所以，无论疫情有多艰难，企业的初心与价值观不能改变。

从投资人的角度来看，企业千万不要到出事的时候，才跟董事会沟通。一定要长期、定期跟董事们保持深度沟通和交流，他们能够给你带来最全面的外部信息和战略高度的经验和建议。而且在大多数情况，他们不但支持你，还会给你有效的意见和方法。

我们公司的很多战略，比如账号费收取规则、免费学习打口碑等，都是董事给的意见。包括俞敏洪老师也是我们的股东，在很多情况下也会为我们推广。

Q&A 黑马问答

Q 黑 马 线上化竞争如此激烈，怎么脱颖而出？

A 栗浩洋 线下一定要转线上。未来没有线上，就好像你到了一个地方，不能用支付宝一样别扭，一定要变成一个双栖的公司。然而线上的技术、教研、AI算法的研发投入成本很高，没有10亿元资金根本做不好，而线上对品牌的依赖度也会很高，所以，未来单打独斗的日子会越来越难过，如果自己不能变成大品牌、大生态，就尽早找一个加入进去，越早与巨头绑定，就能越早分享到优质资源。

Q 黑 马 如何激发员工的凝聚力？

A 栗浩洋 （1）大梦想。没有大梦想就凝聚不了人才和员工。必须要让员工与你的初心、价值观、理想产生共鸣。小的梦想就凝聚能力小的人，越远大的梦想才能凝聚能力和视野更高的人。

（2）创始人要全力以赴。我是用生命在奋斗，而且我的状态同事们都看得到。就算员工没有我那么忙，他也会觉得跟这样的老板值了。

（3）创始人舍得。我们公司的股份80%都分给员工了，但是表决权在我手里。马云的公司上市后他还有8%左右的股份，我的公司上市以后可能我只有5%~6%的股份。只有舍得自己、舍得拼命、舍得利益，团队才愿意跟这样的老板。当每个员工开始看长期，不看短期的时候，企业才真正有凝聚力。

9.3 音乐人在线工作的时代机会

> 我们将花费大量精力去帮助这些音乐爱好者积攒自己的私域流量，最终实现他们自我版权、自我品牌上的进一步变现。

口述 | 陈　华【黑马导师、唱吧 CEO】
整理 | 李　虓

新型冠状病毒肺炎疫情最出乎我意料的是，当我们自认为在基建、物资、生活等层面已经达到发达国家水准的时候，却看到面对重大事件，其实很多城市与产业的应变能力与管理能力还存在着巨大的不足。

相比之下，我们的企业，尤其是互联网企业，能够快速地完成"在线生活、在线工作、在线成长"的转变，我认为一方面在于它们对焦虑与变化的强大适应能力，另一方面则是一套在线的业务拓展逻辑。

01 唱吧在线业务的拓展路径

从2012年唱吧上线，到后来与麦颂合作，再到如今线上与线下共计2亿多名用户，我们从K歌这个需求起家，一步步构建起一个巨大的娱乐圈子。

在这个过程中，我们一直在思考变化，比如4G的普及、短视频的爆发、娱乐的多样化；同时，我们也一直在思考竞争，比如K歌本身的吸引力、对手的威胁、行业的机会。

表面上，这些是企业在进行业务拓展时必答的问题，但其实很多企业家、创业者都是为了思考而思考，过于渴望得到"正确答案"，反而忽略了最关键的出发点。

（1）满足核心用户的需求变化

其实在过去很长一段时间，我们也曾认为唱吧以K歌起家，就只能做与K歌相关的事情。但后来我们想通了，企业和业务发展的过程，实际上就是紧紧围绕那一群核心用户，不断发掘、满足他们新需求的过程。

唱吧的核心用户群体是音乐爱好者，他们其实拥有着强大的音乐表演能力、原创能力、改编能力，甚至有着以音乐为生的梦想和欲望。因此，除了K歌和翻唱，我们可以从更多的需求入手，打造他们想要的产品。

所以在2020年1月，唱吧发布了10.0版本，正式升级为"1～10分钟的泛音乐视频平台"。从过去的K歌和对唱，到现在的拍摄、剪辑、弹唱、修音，开始提供各种各样的音乐玩法。通过帮助用户更简单、快速地创作出优质的音乐内容，再以这些内容来驱动个人的流量与品牌，这样就在平台内建立起一个良性的循环，吸引越来越多的音乐爱好者来唱吧玩音乐。

不仅如此，在我们的平台上还生存着相当一批音乐人。过去他们需要巨大的时间和金钱成本才能推出自己的音乐，因此我们看到很多音乐人浪费了大量精力在打一份自己并不喜欢的工上。如今，唱吧通过解构传统的音乐产业链条，为这些音乐人用户提供了音乐超市、版权服务、MCN服务、Live House服务等，帮助任何有演唱能力、作词能力、弹奏能力、修音能力的音乐人拥有一首真正属于自己的歌曲，并且能够通过版权与演出获得收益。

因此，围绕这两种核心用户的需求，我们完成了从普通的K歌，到玩音乐、创音乐的跨步。而在未来，唱吧还可以用在线音乐教学等玩法和服务，帮助更多人提高音乐能力，成就音乐梦想。

（2）帮助所有用户实现价值

满足用户的需求只是业务拓展的第一步，对于任何一家企业来讲，如果不能帮助用户实现价值，那么业务将很难达到理想的高度。

从很多图文、视频内容平台的发展中我们看到，绝大部分用户其实不懂得如何包装、推广自己的内容，导致他们创作的价值和热情随着时间不断衰退。因此，唱吧希望提供一个平台，让所有用户都能轻轻松松玩音乐，开开心心赚大钱。

通过提供优质的工具和服务，用户只需要专心把自己的才华用在好音乐的创作上，至于如何把内容带来的流量并变成品牌与收益，是我们唱吧团队要思考的问题。

有原创能力的，我们通过音乐超市帮他把歌卖出去；有修音能力的，可以通过唱吧接单为成千上万的用户提供服务；有宣传发行和运营能力的，我们可以一起做活动来造星。

因此，未来在唱吧里不仅会诞生更多的"西单女孩""东单男孩"，任何一个在平台上提供服务、参与创作的用户都将获得相应的回报。我们将花费大量精力去帮助这些音乐爱好者积攒自己的私域流量，最终实现他们自我版权、自我品牌上的进一步变现。

这样一来，不仅每一个用户的价值都能得以实现，我们的商业模式也会变得更加健康、更加直接。

02 业务拓展的三点核心能力

（1）理解线上与线下

最近"云蹦迪""云健身"很火爆，也听说有一些电影院、KTV在关门。疫情的突然来袭打破了我们很多常规的观念与习惯，让我们看到很多事情在线化的可能，但并不意味着我们可以看空线下。

如今很多技术壁垒的突破让很多线下的生意被搬到了线上，但无论线上做得多好，线下始终有它的机会。因为，线下是体验式的消费，而线上是一种"懒"的消费，如果用户想要获得最佳的体验，线下依旧是一个不可替代的场景。

所以，线上与线下虽然在当下看来有相互的冲突，但是不见得是完全冲突的。因此，如今线下企业更重要的是控制成本、坚持信念，疫情过后一定会有一个报复式的增长；而线上企业也需要趁机打通线下场景，这样未来线上与线下才有更大的结合。

（2）盈利模式

唱吧的盈利模式来自用户间的互动。当看到好听的歌、好看的内容时，点个赞、送个礼物是用户最自然的习惯。而一个良好的收益分成机制，不仅支撑了优秀作品的持续生产，也让这种模式进入良性循环。

除了礼物，唱吧还拥有平台广告的收入、版权的收入，以及硬件的收入。唱吧的麦克风一直被称为是网红爆品，而光靠麦克风，我们在音影业务已经可以打败很多公司。

因此，只有当主要的盈利模式实现良性闭环的时候，企业才有足够大的底气和实力去做更多的业务和能力拓展，才有可能构建一个多维度的盈利模式，提升自己的核心竞争力。

（3）核心竞争力

其实，我们对于核心竞争力的思考一直在变化，但可以肯定的是，唱吧之所以能够一直引领行业前进，一方面是对用户需求的挖掘，从K歌、合唱，到一键修音、智能混音，再到弹唱和各种各样的玩法，我们总能够看到用户最渴望的需求，并且通过产品与技术的创新，用最好的方式去满足用户。另一方面在于谨慎地活着。这一点在疫情下显得尤为重要，但唱吧一直以来都很注重良性的收入、利润，保证不论遇到什么困难，都能让自己安全生存。

这两点能力帮助我们持续用最小的成本去试错和创新，同时也让我们每一次都能在正确的方向上取得最大的收益和进步。

导师观点

企业业务拓展的三点核心能力

（1）理解线上与线下。

线上与线下虽然在当下看来有相互的冲突，但是不见得是完全冲突。因此，如今线下企业更重要的是控制成本、坚持信念，疫情过后一定会有一个报复式的增长；而线上企业也需要趁机打通线下场景，这样未来线上与线下才有更大的结合。

（2）盈利模式。

只有当主要的盈利模式实现良性闭环的时候，企业才有足够大的底气和实力去做更多的业务和能力拓展，才有可能构建一个多维度的盈利模式，提升自己的核心竞争力。

（3）核心竞争力。

一方面是对用户需求的挖掘。企业应看到用户最渴望的需求，并且通过产品与技术的创新，用最好的方式去满足用户。另一方面在于谨慎地活着，注重良性的收入、利润，保证不论遇到什么困难，都能让自己安全生存。

后记

疫情期间，黑马企业接连逆势融资

疫情期间，短短十几天之内，黑马学员企业和黑马导师基金投资的企业掀起一股融资小高潮。

2020年2月16日，线下自助设备产业公司"乐摇摇"（黑马营第11期）完成1.5亿元C轮融资，由腾讯领投，璀璨资本、老股东广发信德跟投。

2020年2月17日，水果烘焙供应链企业鲜沐农场（李祝捷，模式进化黑马实验室第3期）完成了新一轮的融资，由起点创业投资基金领投。

2020年2月21日，线上直播健身平台TT直播健身（黑马营第18期，吴世春，创业心学黑马实验室第2期）于2019年年底完成千万级A轮融资，本轮投资方为熊猫资本、复朴资本和老股东梅花创投。

2020年2月24日，食材供应链企业锅圈（黑马营第20期）宣布完成5000万美元B轮融资，由IDG资本领投，黑马导师基金嘉御基金、不惑创投跟投。

2020年2月26日，凯叔讲故事（黑马基金投后企业）宣布完成6600万美元C+轮融资，由挚信资本领投，淡马锡和正心谷跟投。

……

按照普遍预测，疫情期间，餐饮、消费、健身等行业受疫情的冲击最大，连海底捞、西贝、老乡鸡等餐饮龙头企业都损失惨重，不得不向银行申请巨额信贷渡过难关。

同时，疫情之下，中国创投机构也陷入困境：募资停摆，主要任务变成帮助已投项目渡过难关（提供过桥资金等），投资节奏放缓甚至不投。

这样的环境下，黑马系企业还能获得这么多的融资，为什么？

仔细观察可以发现，这些项目具有一定的共性：

1）它们都是产业互联网类的项目。这样的项目是符合大趋势的。

正如黑马导师、嘉御基金创始合伙人卫哲所说："如果说2003年的'非典'普及了电子商务，启蒙了消费互联网，那么2020年这次大疫情将会极大地促进产业互联网的崛起。"

2019年3月16日，创业黑马集团董事长牛文文做了"产业互联网的机会"的主题分享，预测中国将从消费互联网时代进入产业互联网时代。2019年，阿里巴巴、腾讯全力推动中国所有的产业互联网化。

这次疫情倒逼所有企业不得不将员工、产品、客户、管理搬到线上。这四个在线不仅仅要求企业用视频做一些开会的基础工作，还要求企业把供应链、客户服务、产品开发、内部管理等诸多流程都在线化。产业互联网就这样猝不及防地在中国加速普及。

"回想2003年'非典'疫情过后，电子商务基本成了企业的标配备用方案，我们相信很多企业在这次疫情中养成的良好习惯和经营模式在疫情过后也都会很好地保留下来。后疫情时代的春天也一定是产业互联网的春天。"卫哲说。

回到这些获得融资的黑马系企业，它们都处在冷冻食材、火锅食材、烘焙食材等餐饮的细分供应链领域，针对上游食材供应链不规范、供应分散、品类复杂、标准化程度低、采购价格不够透明、信息不对称等问题，通过IT系统，将C端/小B端即时销售数据打通供应链，指导上游供应商数字化运营，降低成本。这样的产业互联网企业，自然越是在疫情困难时期，越受资本青睐。

2）这些黑马系企业在疫情中还实现了逆势增长。疫情虽然对海底捞等餐饮堂食企业冲击巨大，却让每日优鲜、叮咚卖菜等到家服务迎来了爆发。这些黑马系企业大都是B2B2C模式，通过半成品、到家服务模式满足了消费者的需求。疫情期间，锅圈仍然有千余家门店坚持营业，深入社区，绝不涨价及保障着供给，满足社区百姓在家吃火锅的刚需。与2019年同期相比，2020年前两个月锅圈的收入增长超过400%。

3）这些黑马系企业符合"重度垂直"的创业理念。他们十几年如一日地在一个细分产业里深耕，不追风口，不需要融资，能围绕有限的用户做体系化的重度运营，知道怎么赚钱。但他们又能不断地通过参加黑马营、黑马实验室的学习，升级自己的模式，接上产业互联网的天线。这样的团队在产业互联网时代是最具有竞争力的团队。

所有迹象表明，现在是产业互联网的春天。

感谢信

各位黑马导师、各位黑马兄弟：

2020年初春，我们一起做了一件非常有意义的事。

疫情发生时刻，当一切节奏都被打乱，无数国人陷入困惑、无奈之时，我们没有慌，我们团结起来，发出了属于中国创业者的声音。

从2020年1月30日开始，到2月28日，整整30天，从"战疫情"公益直播到"黑马企业共生计划"，12位黑马大师兄、11位黑马实验室导师、25位独角兽创始人和行业专家参与了我们的直播行动，并引发更多机构跟进，成为中国创投界的一面旗帜。

这一行动，让众多的中小企业经营者不再恐慌，感到温暖。更重要的是，我们找到了一些应对疫情危机的方式、方法，能够帮助全国的创业者更好地应对突发挑战。

这段时间，我收到了许多来自各地政府、各位老黑马成员和老朋友的赞扬和鼓励。我很自豪，也很感激。荣誉属于你们，这是你们为黑马同学、为中国创业者提供的一份宝贵财富。借此，我们整理出本书，以资纪念。

再次感谢诸位的担当和奉献！

黑马学院院长
2020年2月29日